伍婵提 等著

大学生创业团队理论构建
与绩效创新研究

DAXUESHENG CHUANGYETUANDUI LILUN GOUJIAN
YU JIXIAO CHUANGXIN YANJIU

中国财经出版传媒集团

经济科学出版社
Economic Science Press

图书在版编目（CIP）数据

大学生创业团队理论构建与绩效创新研究／伍婵提等著．
—北京：经济科学出版社，2019.5
ISBN 978 - 7 - 5218 - 0601 - 4

Ⅰ. ①大⋯　Ⅱ. ①伍⋯　Ⅲ. ①大学生 – 创业 – 研究
Ⅳ. ①G647. 38

中国版本图书馆 CIP 数据核字（2019）第 103448 号

责任编辑：杜　鹏　刘　悦
责任校对：王苗苗
责任印制：邱　天

大学生创业团队理论构建与绩效创新研究
伍婵提　等著
经济科学出版社出版、发行　新华书店经销
社址：北京市海淀区阜成路甲 28 号　邮编：100142
编辑部电话：010 - 88191441　发行部电话：010 - 88191522
网址：www. esp. com. cn
电子邮件：esp_bj@ 163. com
天猫网店：经济科学出版社旗舰店
网址：http: //jjkxcbs. tmall. com
固安华明印业有限公司印装
710 × 1000　16 开　18. 5 印张　290000 字
2019 年 5 月第 1 版　2019 年 5 月第 1 次印刷
ISBN 978 - 7 - 5218 - 0601 - 4　定价：88. 00 元
（图书出现印装问题，本社负责调换。电话：010 - 88191510）
（版权所有　侵权必究　打击盗版　举报热线：010 - 88191661
QQ：2242791300　营销中心电话：010 - 88191537
电子邮箱：dbts@ esp. com. cn）

前　言

　　"大众创业、万众创新"被正式确立为我国经济转型和保增长的引擎之一。由此，我国开启了全民关注创业、万众支持创业的新时代。同时，随着我国日趋严重的就业难问题，不少大学生或者社会人群选择了自主创业，但由于其自身的资金、资源、经验等众多因素的限制，更多的人选择了团队创业。研究表明，创业团队所产生的企业绩效远远大于同期的个人企业。强有力的工作团队是一个企业长远发展的基础，因此，越来越多的人是基于一个团队的创业个体而非一个单独的创业个体。在创业团队成为一种新的选择方式时，关于创业团队的研究也成为广大学者及专家的研究重点。

　　创业，最早仅仅是人们谋生或实现自身价值的一个手段；而在当今世界，创业已经成为解决就业、推动经济增长、促进科技创新的重要途径。在创新创业的浪潮中，大学生是不可忽视的力量，大学生作为一个极具开拓思维和创新能力的群体，他们掌握先进的科学知识、科学技能，对新事物的接受能力强，具有创新性的思维能力，拥有创新创业所要求的基本素质。在"大众创业、万众创新"的时代背景下，大学生创新创业所需要的条件也日渐成熟，随着社会创新创业浪潮的不断推进以及相关政策、体制的不断完善，大学生创新创业成功的基础越来越扎实。团队创业作为当代创业经济的一个显著特点，已然成为主流，并且是一种绩效较好的创业组织形式。但是，要想大学生在创新创业过程中获得更大的成功可能性，则针对大学生创业团队进行理论性和系统性的分析尤为重要。

　　目前，国内众多学者对大学生创业的理论多有研究且著述颇多，然而对于创业的研究更多地停留在个体创业的基础上，对于创业团队的研究力度明显较弱且研究角度相对分散，这也就导致了至今未形成对大学生创业团队的统一见解且缺少系统分析大学生创业团队理论与实践的著作。本书以宁波大学生创业团队为具体研究对象，梳理国内外大学生创业的支持体系，从动机、结构、领导胜任力、沟通、冲突、绩效评价六个方面进行分析，为国内所有的大学生创业团队提供参照和学习借鉴。

本书共由三篇组成。第一篇"大学生创业团队理论及支持体系研究"，包括第1章至第4章。第1章是大学生创业团队界定及相关基础理论。从创业团队的相关概念入手，从主客观角度，进行了大学生创业的理论研究。第2章是国外大学生创业支持体系研究。主要对美国、德国、日本等发达国家的高校创业支持体系进行研究。第3章是我国大学生创业支持体系研究。从政府支持、创业教育、资金扶持、文化养成等方面对我国大学生创业支持体系进行梳理归纳。第4章对宁波大学生的创业环境进行了系统性分析。通过模糊灰色综合评价理论，对宁波大学生创业环境满意度进行实证分析研究。第二篇"大学生创业团队结构——行为理论及实践启示"，包括第5章至第9章。第5章是大学生创业团队的动机分析。通过"理论研究＋实证分析"的方法，总结出大学生创业团队动机具有的三大特点。第6章是大学生创业团队的结构分析。从团队人数、扮演角色、成员组成方式等方面入手，对宁波市大学生创业团队的结构进行了实证分析，并对创业团队结构优化提出建议。第7章是大学生创业团队的胜任力分析。通过研究大学生创业团队四个不同的创业阶段，分析大学生创业团队胜任能力的动态变化，阐明其胜任力在不同的发展阶段是呈现动态变化的，并从学校和创业者两个角度总结出大学生创业团队培养和提高其胜任力的方法。第8章是大学生创业团队的沟通分析。从沟通以及团队沟通的相关理论入手，分析归纳出宁波大学生创业团队存在的沟通问题，并提出了相应的改善对策。第9章是大学生创业团队的冲突分析。从冲突以及团队冲突的相关理论入手，从团队成员人口统计、团队结构、团队成员认知三个角度对影响创业团队任务冲突和关系冲突的因素进行了研究和实证分析，并归纳总结出宁波大学生创业团队冲突管理存在的问题及对策建议。第三篇"大学生创业团队绩效评价理论与实证分析"，包括第10章至第11章。第10章是创业团队绩效评价的指标体系。全面梳理绩效评价基础理论与方法，设计创业团队绩效评估指标体系。第 11 章是大学生创业团队绩效评价模型构建及优化措施。构建大学生创业团队绩效评价模型，并针对宁波大学生创业团队进行实证分析并提出优化措施。

本书系浙江省教育科学规划项目重点课题（2019SB042）、宁波市教育科学规划重点课题（2017YZD023）和宁波市学科带头人培育项目的研究成果。全书由宁波财经学院伍婵提负责出版策划、组织和统撰工作。参加课题研究的成员有罗茜（执笔第 8 章至第 11 章）、葛云锋（执笔第 5 章至第 7 章），邵将（负责部分初稿的修订）。

感谢宁波财经学院的领导和同事对本书的撰写与出版给予支持和帮助，尤其是蒋天颖教授在全书的撰写过程中提出了很多宝贵意见，并给予了很大支持，在此表示由衷的感谢！同时，本书在编写过程中参阅了国内外一些关于创业团队方面的教材、文献、资料，在此，特向有关单位和个人表示感谢。

最后，需要说明的是，参加本书撰写的全体作者对自己撰写的内容均进行了深入研究与思考，但由于作者研究水平有限，且本书在研究过程中受认知水平和客观条件的影响，再加上编写时间仓促，书中难免有疏漏之处，我们真诚地希望广大读者不吝赐教，恳请相关专家和读者批评指正。

伍婵提

2019 年 1 月

Contents

目录

第一篇

大学生创业团队理论及支持体系研究

第1章
大学生创业团队界定及相关基础理论

1.1　创业团队及大学生创业团队的界定

1.1.1　创业团队的概念与特征

1. 创业团队概念。创新作为新时代的一个重要主题，已经成为推动经济发展的重要因素，我国更是将打造创新型社会列为发展的重要目标之一。所谓创新型社会即是让社会的每一个个体、每一个组织的创新能力都能得到充分的发挥。然而，社会技术更新的速度化，经济主体的多样化，市场需求的多样化，生活方式的多态化等原因，使得社会主体经济格局逐渐发展变化。新时代背景下以个人为主体的创新面临着市场的挑战，创业团队的发展已经成为一条新途径。虽然创新团队是当今社会发展的主要施行者，然而对于创业的研究多停留在个体创业的基础上，对于创业团队的研究力度明显较弱且研究角度相对分散，这也是导致至今未形成对创业团队的统一见解的原因。

创业团队是指两个或者两个以上的个体参与企业创业的过程并投入相同比例的资金。这一概念由卡姆，舒曼，西格，努里克（Kamm，Shuman，Seeger，Nurick，1990)① 率先提出。而高德纳，谢弗，盖特伍德，卡茨（Gartner，Shaver，Gatewood，Katz，1994)② 则在此基础上实现了进一步延伸，他们认为创业团队中包含了对战略选择有直接影响的个人。此后，古柏与戴丽（Gooper & Dailey，1997)③ 也提出创业团队相对于一般群体的基本特征主要是创业团队要求每一个成员必须有可以共同分享的投入或承诺。这一概念相对初期的等比例投入有了一个明显的进步，也更适用于社会的现实发展。1998 年，郭洮村④提出"创业团队是由两个或两个以上个人组成的，并且其中每个个人都参与创业过程并且投入一定的资金"。它明确了资金对于创业团队的重要性，可以说资金是创业起步的一个重要支撑点。但在如今高速发展的社会，资金已经不是唯一资源需求，科技、知识、信息的发展也已成为创业的一部分。所以对于创业团队的概念，一些学者进行了新的定位。其中，维亚卡姆等人就针对企业资金是唯一重要资源的理论进行了补充说明，他们认为在企业的起步阶段，两个人或两个以上的更多人群，一起努力的同时投入个人的各项资源以实现创业目标，并且他们负责企业的创立和管理。这一观点的提出，让创业资源理念得到了新的补充，使得创业团队的内涵更加立体、真实。

除了创业资源上的补充，一些学者也尝试从责任角度对创业团队进行新的界定。例如，将创业团队作为一个群体去定义，而在这个群体中的每一个人都要承担一定的任务和实现任务后的结果，同时，群体中的每一个成员都相互认同其处在一个社会集团单位中，这一观点是由科恩和贝利在 1997 年提出的。汉德尔伯格（Handelberg，2001）等人强调创业团队内成员为他们共同建立的企业承担创建和管理的责任。

---

① Kamm, J. B, Shuman, J, C, Seeger, J, A, and Nurick, A, J, Entrepreneurial teams in new venture creation；a research agenda [J]. Entrepreneurship Theory and Practice，1990，14（4）：7 – 17.

② Gartner, Shaver, Gatewood & Katz. Finding the entrepreneur in entrenpreneurship [J], Entrepreneurship theory and Practice，1994，18；5.

③ Cooper, A, C, Daily, C, M, Entrepreneurial teams [M], in Sexton, D, L, Smilor, R. W, (Eds). Entrepreneurship，1997；127.

④ 郭鹳村，工研院研发人员离职创业相关因素之研究，中国台湾；私立中原大学企业管理研究所硕士论文，1998.

对于创业团队的理解，不可否认资金、资源、责任等在创业实施中的重要性，但是所有的创业团队都应在现实社会的基础上对创业团队有一个清晰的定位，而这个定位也必须符合当下社会经济的发展。因为只有完全适应且符合社会需求的创业才能实现成功。

基于当下社会的发展以及原有创业团队的界定，在此，本研究对创业团队进行了新的定位：两个或者两个以上的个体在积极主动寻求创业机会的过程中，通过资源的共享、技术的支持以及风险共担的责任意识而形成的以创业为基础的实际利润的转化和增长的和谐团队。

2. 创业团队的特征。创业团队之所以被称为一个团队，是因为它是由两个及以上的个体组合而成的，因此，在创业团队形成及发展的过程中，它必须是一个不断组建、完善、优化的过程。而在这个过程中创业团队会对创业的实施、创业的绩效以及企业的未来发展产生巨大的影响。这些影响的根源就在于创业团队自身的一些特征。

其一，完整性。一个创业团队的完整性是其实现长远发展和被社会所认可的一个基础。团队的绩效以及团队的实际发展程度都严重被它所影响。而创业的完整性则主要表现在职能完整性、技能完整性、资源充实性三个方面。首先，职能完整性主要是指在创业实施中所有相关职责都能被团队成员所分担并承担，即可认为是所有的组织机构内部成员完整，全部成员都到位，都能各司其职。其次，技能完整性则主要是指团队成员基本上都具备实施某种创业工作所具备的技能程度，它包含了团队成员之间的能力互补程度以及团队成员与创业技能所能融合匹配的程度。最后，资源充实性则主要表达了创业团队拥有创业所需要的资源充实程度，它包含了团队成员之间的共享资源程度以及团队成员自愿为团队所贡献的资源的程度和资源能否满足创业需要的程度。

其二，开放性。开放性是影响创业团队完整性的重要因素，因为只有一个开放的创业团队，才能实现团队的构建和完整。在创业团队的构建过程中，由起初的少数人到后期的完整，这个过程就是创业团队对外开放的过程，也是创业团队开放性的重要体现。创业团队在发展的过程中不断与外界接触交流，从而实现资源的互换、信息和价值的体现，实现创业绩效。对于创业团队而言是否开放以及开放程度如何，都取决于与外界的交流和学习。所以，资源拓展机制以及群体学习机制都取决于创业团队的开放性，更需要创业团队实现开放性来达到一个保障。

其三，异质性。异质性是创业团队的重要特征之一，同时也是最复杂的一项特征。异质性的复杂来源于创业团队成员内部的多样化，即创业团队内部成员因为年龄、学历、专业知识、经验、价值观和人生观的不同而形成的独特个人特征。创业团队的异质性具有一定的相对性，这一特性主要是针对创业环境。创业环境的不同使异质性对于企业的影响也不同，因此，异质性对于创业团队的影响也不能得以明确。但是当团队之间的异质性导致团队存在明显的认知冲突时，这是有利于团队创业的；然而当异质性导致团队之间出现人际关系冲突时，这也是不利于团队创业的。因此，团队的异质性与创业的绩效也具有相关性。

其四，适应性。在创业过程中存在很多的不确定性因素，故创业团队的组织构架和人员构建的变动都是十分频繁的，这也是其适应性行为的结果。创业团队作为一个新生态的群体，需要不断地磨合及融合，在这个过程中创业团队所做出的调整和调动就是创业团队适应性的结果。而在这一过程中，团队会实现组织与业绩的同步发展，这也进一步体现出适应性对于创业绩效的重要性。从创业角度出发对于团队而言，第一步就是要适应社会。市场中存在商机，这是它发展确立的基础。良好的商机基础是资金等资源吸附的根本，只有具备一定的发展空间，才会为创业团队吸引更多的资源。商机与资源是创业团队适应发展的起步基石，只有两要素相辅相成，才能让创业团队更好地适应市场，这也是创业团队适应性的重要表现。

创业团队的这四大特征并不是相互独立的，其中创业团队的开放性、异质性和适应性是实现创业团队完整性的基础。而创业团队的完整性又是一个动态发展的过程，也可以说是一个创业团队发展的必须要求。但是在这个过程中团队的开放性以团队的适应性为前提，且是团队出现异质性的基础。任何一个缺乏开放性的创业团队，其发展都是缺乏方向性和动力的。

1.1.2　大学生创业团队的界定

　　大学生是指正在接受或者已经接受大学教育的一类人，他们处于社会和校园之间的一个临界点上。在一定程度上讲，大学生是掌握先进科学知识与技术且处在创新思想的最前沿，是未来社会经济发展和推动社会进步的推动者。然而由于我国的就业压力不断增加，很多大学生开始了自主创业的过程，同时针对大学生的创业，很多院校都提供了一定的培训和实践机会。创业作为一种复杂的发展手段，它所涉及的领域不仅仅在于技术的开发、产业的经营和资产的获取，还在于必须顺应社会市场的要求，从而进行一系列的商业活动。但是，因为大学生在专业、经验、时间、经营方式、精力等方面有所欠缺，所以团队创业成为众多大学生创业时的首选模式。

　　对于大学生创业团队的研究，目前很多学术专家都有不同的观点。王红军（2008）[①]针对我国大学生创业团队的成员来源，认为其多是由一些关系很好的伙伴或是私交关系不错的人一起组成的，多是通过人际关系来寻找创业伙伴，或者彼此之间有相似的理念或者观点，在基于对某一技术的热爱上实现结合。针对这一观点，胡俊峰和周奭（2011）[②]则进一步进行了完善，他们认为大学生创业团队是由两个或者两个以上不同专业的大学生组合成，成员之间具备相同或者相近的创业意愿，并以团队创业为导向，强化自我管理，坚持独立分工，强调彼此之间的配合，且在专业和技能上有一定的互补作用。基于胡俊峰和周奭的这一观点，王年军（2012）[③]指出，大学生创业团队相较于一般的创业团队存在一定的区别，其中最明显的区别就在于他们的创业成员全部是大学生。他们都具有较高的学历、较强的专业知识以及丰富的知识背景，在技术和能力方面也都具备一定的优势，通常他们会选择一

---

　　① 王红军. 我国大学生创业团队建设问题研究 [J]. 浙江工商职业技术学院学报，2008（3）：51–53.

　　② 胡俊峰，周奭 大学生创业团队建设机制研究.《科技创业月刊》，2011，24（12）：20–22.

　　③ 王年军. 大学生创业团队的理论与实证研究 [D]. 武汉：武汉理工大学博士论文，2012.

些技术性较强的方向或是高科技产业进行创业，从而实现他们知识和技能的施展。

综合上述所言，可以将大学生创业团队定义为：一般围绕一个新的产品、技术、服务而产生的，发起者通过大学生关系网而联合不同专业或者不同学校的学生或毕业生等，一起以实现团队目标为导向，通过各自技术或者专业等不同资源的互补，来实现创业团队的利润增长。

1.2　大学生创业与创业团队的研究综述

1.2.1　大学生创业相关研究

随着创业型社会的构建，近年来我国的创业比例在不断增加，其中，大学生创业在整个创业板块内占有重要地位。社会的就业难问题是促使大学生创业的主要因素，故社会各界对大学生创业研究也极为重视。目前关于大学生创业的研究可谓百花齐放。从总体上来讲，关于大学生创业的研究主要分为大学生创业的主观角度和客观角度。其中主观角度主要是针对大学生创业的思维角度，以创业精神为重点。客观角度则主要是针对大学生创业能力、创业政策和创业教育体系三方面。

1. 关于大学生创业主观角度的研究。创业精神对于大学生创业而言是重要的思想支柱，同时，它对于大学生的创业实践具有极为重要的作用。在八届人大一次会议的闭幕式上，江泽民同志（2003）[1] 就高度概括了新时期的创业精神，他指出大学生创业的基本内涵还是应该体现在"对生存环境的主动适应、对文化与生活的综合阅读和对奋斗目标的执着追求"。

对于大学生创业应该具备怎样的精神，谢志远（2004）[2] 在立足温州人

---

[1]　十六大报告新思想新论断新举措专题读本 [M]. 研究出版社，2003.

[2]　谢志远. 大学生创业教育与创业精神的培育 [J]. 船山学刊，2004（3）：193 – 195.

对温州经济发展的创造奇迹中，提出了四个大学生创业应当具备的精神，即：白手起家、自主创业的精神；特别能吃苦的创业精神；特别能闯、敢于冒险的创业精神；特别敢于创新的创业精神。针对创业精神对创业的作用，吴起华（2005）[①] 认为在大学生的综合素质考量中，创业精神是应当具备的一个重要方面，在大学生综合素质中创业精神可以说是一个核心。在大学生教育中应当把中华民族的优秀传统和时代精神紧密结合起来，实现对大学生创业精神的培养。学校应当发挥校园文化的积极作用，将学校的正确引导和大学生主动参与紧密结合起来。

针对创业精神的内涵，许多学者都有不同的观点。钟建华等人（2006）[②] 认为创业精神就是人们通过兴办实业，在追求物质和精神财富增长中实现推动社会进步的思想意识。而在整个创业过程中，创业精神是无处不在的。大学生的创业精神包括自强不息、艰苦奋斗、抓住机遇、拼搏进取、团结协作、诚实守信、以义取利、同心同德、追求卓越、永不止步等内容。而王璜（2008）[③] 则认为艰苦奋斗、自强不息；善于学习、勤于实践；抓住机遇、拼搏进取；实事求是、敢于冒险；追求卓越、永不止步等内容可以概括为大学生创业精神的内涵。同时，他提出要建立优秀的校园文化以培育大学生的创业精神；通过培育创业人格，以使其形成健康向上的创业精神；坚持知识、能力、素质的辩证统一，科学地培养创业精神；强调创新能力的培养，以提升创业精神；通过实践来强化大学生的创业精神。以这五个培养大学生的创业精神。

创业精神的培养并不是单方面的，余敢才（2008）[④] 指出大学生的创业精神培育是一个长久的系统工程。全社会都应该给予关注和支持，鼓励大学生通过创业的方式来实现就业，在这一过程中，政府、高校、教师、大学生以及学生的家长甚至家庭都应该各尽其职，为他们构建一个和谐的创业就业环境。首先，政府要做的就是营造气氛，并给予政策配套和实现机制运行的

---

① 吴起华. 以民族精神培养大学生的创业精神 [J]. 国家教育行政学院学报, 2005 (3): 79-82.
② 钟建华, 胡明山, 易聪. 大学生创业精神培养探析 [J]. 探索与交流, 2006 (26): 174-175.
③ 王璜. 大学生创业精神的重要性及培养途径 [J]. 现代经济信息, 2008 (10): 155-156.
④ 余敢才. 试谈大学生创业精神的培育 [J]. 传承, 2008 (12): 62-63.

支持。其次，高校应当给予系统性的指导以及进行有效教育，营造实践实训平台。而大学生自己也应当及时更新自己的观念，不断提升自己的素质，坚定自己的信念。最后，学生的家庭也应当抛开世俗的观念，支持孩子创业，并能给予孩子创业就是最好就业的思想。

2. 关于大学生创业客观角度研究。

（1）关于大学生创业能力的研究。我国对于大学生创业的研究相较于国外起步较晚，主要是随着我国的就业难问题而逐渐开始研究。学者们从不同的角度对大学生创业能力进行了研究，并且获得了一定的研究成果。从整体上来讲，创业能力也是一种极强的创造力，它是社会性、实践性、综合性的整体体现。它也直接影响和制约着创业实践活动的进行，是创业实践活动赖以成功和启动的重要操作因素。

关于培养大学生创业能力的必要性以及创业能力形成的重要性，蔡鑫萍（2000）[1] 提出了新的观念，并立足知识创新、现阶段就业形势以及新的教育目标，论述了创业能力培养对大学生的重要性。基于蔡鑫萍的这一理论观点，高树琴和杨艳萍[2]（2007）在立足大学生能力培养方面也提出了新的观点。他们认为培养大学生的创业精神、提高大学生的创业能力是目前所有高校都应当重视的一项任务。王春明和莫光政阐[3]（2008）就正确认识大学生创业能力的形成以及培养创业型人才的规律上做出了研究，并且探索了财经类院校创业型人才培养体系对培养大学生创业能力的重要性和现实意义。

在探究大学生创业能力培养作用的基础上，不少学者对于大学生创业能力的培养方式也进行了同步探索。胡振宇等人（2006）提出以点带面辐射模式、产学结合模式和多学科渗透模式构建大学生创业能力培养模式。徐若臻[4]

---

① 蔡鑫萍. 论大学生创业能力的培养 [J]. 湖南农业大学学报（社会科学版），2000（3）：60–62.

② 高树琴，杨艳萍，高校创业教育与大学生创业能力培养 [J]. 湘潭师范学院学报（社会科学版）. 2007，29（4）：159–160.

③ 王春明，莫光政. 经管理类大学生创业能力培养的实践与探索 [J]. 教育与职业，2008（2）：47–49.

④ 徐若臻，臧明军，钟云萍. 构建"三个课堂"教学管理模式，培养大学生创业能力 [J]. 陕西教育（理论版），2006.

等人（2006）提出了实现教学管理优化及大学生创业能力提高的"双赢"方法，即构建有利于创业能力培养的"三个课堂"教学模式。王取银①（2008）就大学生创业能力的培养提出正确的培养方法，并且他认为大学生将来能否实现成功创业，主要取决于大学生的思想意识、心理素质、决断能力等诸多主观因素，以及大学生本身就应当具备的专业知识、创业环境、硬件设施等客观条件。"实践是检验真理的唯一标准"，他建议在平时的学习和培养过程中，既要强化对大学生的理论培训，更要让大学生在理论中结合实践尝试，使他们真正能做到理论与实践的相结合，从而在实践中不断调整理论方向，切实提高实际的创业能力。

（2）关于大学生创业政策的研究。大学生创业政策作为创业政策的重要组成部分，其主要目标和目的就是通过培养大学生的创业精神、强化大学生的创业意识、提高大学生的创业能力，从而有效地促进大学生的创业活动。关于大学生创业政策的实行以及其未来发展方向，我国众多学者、专家都进行了不同程度的研究。熊伟②认为应当从三个方面实施大学生创业政策，首先，针对的就是实施主体，应当打破创业主体的单一化，实现真正的多元化。通过建立公共服务体系，将企业单位、事业单位以及社会中的非营利组织、志愿者组织团体都归入创业主体中，让他们也共同参与、享有并实施大学生创业政策；其次，就是管理考核制度方面，应当建立目标责任制度、质量监测制度、评估制度以及激励制度等考核机制，使其管理系统化、明确化；最后，就是要建立一个大学生创业政策实施的整合模型，并且要将政策、环境、教育、文化等众多因素包含在其中。政策在运行过程中并不是一帆风顺的，针对大学生创业政策运行中存在的障碍，刘华等人对此进行了分析，并在此基础上提出了大学生自主创业政策运行机制框架结构，其主要包括政府职能部门评价与考核机制、金融政策运行机制、财政政策运行机制、降低"门槛"准入机制、法律保障机制五个方面的内容。同时，他们主张加强对大学生自主创业扶持政策运行机制的落实，以此保障政策效益

① 王取银. 软件与硬件的准备，理论与实践的结合—谈大学生创业能力的培养［J］. 太原城市职业技术学院学报，2008（10）：76 - 78.

② 熊伟. 大学生创业政策体系的构建框架与实施模式［J］. 陕西教育学院学报，2009（9）.

的最大化。

为了让创业政策更好地实施，对创业政策进行有效的评估不仅有利于提高决策的正确度、科学性，也能最大限度地避免政策的失误，缓解矛盾。因此，有不少学者针对大学生创业政策的评估问题进行了专门研究。其中最具有代表性的就是刘兰剑、温晓兰[①]撰写的《大学生创业政策评价体系研究》。作者在书中以各地区的创业绩效现状、创业政策的推行是否有效促进了创业活动、如何对一个区域的创业活跃情况、创业企业的存活时间、创业对就业的带动情况等为标准，设立了3个一级指标，6个二级指标，22个测评点，并以此为基础构建了大学生创业政策的评价体系，同时，运用层次分析法处理指标数据，评价各地区大学生创业政策的实施效果，其主要目的是弥补目前研究中对大学生创业政策效果评估标准的缺失和不足。

（3）关于大学生创业教育体系的研究。大学生创业教育是培养创新型大学生人才、缓解大学生就业压力、解决大学生就业难的根本途径。袁美学（2005）[②] 在分析了导致大学生就业难的社会、高校、学生自身各方面的因素后，提出了这一观点。同时，施菊华（2005）[③] 在充分了解和分析了大学生就业面临的压力和困难后，提出了创业教育的内涵以及创业教育对于大学生实现就业的指导作用。张俊和颜吾芟[④]（2008）分别从国家和大学生角度提出了创业者教育的意义，立足国家角度，他们认为大学生创业教育是一个时代发展的必然要求，更是实现创新型国家发展的必然条件；而立足大学生自身，他们认为大学生创业教育是解决大学生就业难问题的一种必要途径，也是大学生实现自我价值的需要。

在探索大学生创业教育意义的重要作用中，对于大学生教育的发展模式

---

① 刘兰剑，温晓兰. 大学生创业政策评价体系研究 [J]. 厦门理工学院学报，2011（1）.

② 袁美学. 市场经济条件下创业教育是解决大学生就业难的根本途径 [J]. 商场现代化，2005. 444（2）：106 - 107.

③ 施菊华. 大学生创业教育引导就业教育的探讨 [J]. 当代教育论坛，2005（7）：126 - 127.

④ 张俊，颜吾芟. 论大学生创业教育 [J]. 北京交通大学学报（人文社科版），2008，7（1）：95 - 99.

及大学生教育内容等方面，不少学者也进行同步探索与研究。戴育滨等 (2006)① 在深度探析了我国大学生创业教育发展历程后，总结出了我国大学生创业教育的三种模式。熊礼杭 (2007)② 则把目前现存的大学生创业教育模型进行了归纳，将其归纳为学习创业教育模型、尝试创业教育模式、自主创业教育模式等。而朱先奇 (2007)③ 则立足文化角度，针对创业教育提出了不仅要构建多种类型的创业模式，还要在大学生文化层面上形成创业理念以及创业氛围。

针对创业教育的意义，房欲飞 (2004)④ 提出，大学生创业教育就是通过高校课程体系、教学内容、教学方法的改革以及第二课堂活动的开展，不断增强大学生的创业意识、创业精神和创业能力，使其最终能内化成大学生自身的素质，以便在合适的条件下催生创业人才。陈文华和邱贵明 (2007)⑤ 基于对组织生态学理论的运用，进一步分析了影响我国大学生创业教育的十大"限制因子"，他们认为大学生创业教育体系应该通过独特的教育课程体系和专门的组织运行，才能让大学生创业教育体系植根于社会生态系统中，才能进一步获得有效的生存和发展。

对于大学生创业教育评价体系的建设研究也极为重要，朱再法和郭亚芳 (2011)⑥ 提出关于大学生创业教育的评价评估体系，他们认为大学生创业教育是以培养创新型人才为目标的，而这个目标的实现应当通过完整的评价系统来加以验证。关于评估体系，他们认为应当从评价方式的选择、评价标准的制定、评价操作系统的设计等几个方面入手。李国平等人⑦ (2004) 提出了关于大学生创业的评价方法，这一评价方法主要是基于模糊综合评判理论。

① 戴育滨，张光辉，张日新. 浅论知识经济时代大学生创业教育 [J]. 科技创业，2006 (6)：48 - 49.

② 熊礼杭. 高校大学生创业教育的实践探究 [J]. 武汉科技大学学报（社会科学版），2007，9 (4)：397 - 400.

③ 朱先奇. 对大学生创业教育的文化思考 [J]. 黑龙江高教研究，2007，27 (17)：61 - 63.

④ 房欲飞. 大学生实施创业教育的内涵及意义 [J]. 理工高教研究，2004 (8)：23 - 25.

⑤ 陈文华，邱贵明. 社会生态系统中的大学生创业教育 [J]. 江苏高教，2007.31 (5)：85 - 87.

⑥ 朱再法，郭亚芳. 推进大学生创业教育的若干思考 [J]. 中国高教研究，2001 (6)：69.

⑦ 李国平，郑孝庭，李新平等. 大学生创新创业教育质量的模糊综合评判与控制方法研究 [J]. 特区经济，2004 (9)：170.

同时，他们还设计了质量控制系统结构，其主要是由模糊多级综合评判方法、评价指标体系与质量控制系统组成。

1.2.2 创业团队相关研究

面对我国的就业难问题，不少大学生或者社会人群选择了自主创业，但由于其自身资金、资源、经验等众多因素，更多的人选择了团队创业。研究表明，创业团队所产生的企业绩效远远大于同期的个人企业。强有力的工作团队是一个企业长远发展的基础，故而更多的创业者都开始选择基于一个创业团队进行创业，而不是选择一个人单独进行创业。当创业团队逐渐成为一种新的创业选择方式时，关于它的研究也势必会越来越多，而广大学者和专家对于它的研究也会越发深入。

1. 创业团队的界定研究。关于创业团队的定义有很多，但是目前并没有一个统一的定论。大部分学者认为：创业团队是由两个或两个以上的个体联合起来而创建的一个企业，在这个团队中每一个个体都有着共同的财务利益，而且这些财务利益是在企业创立的前期就已经存在的。创业团队的概念是卡姆、舒曼、西格和努里克在1990年率先提出的。他们认为创业团队是指两个或者两个以上的个人共同参与企业创立，并且在这一过程中投入相同比例的资金。这一观点的提出，在日后的研究中也得到了延伸。在1994年，Gartner Shaver，Gatewood & Katz提出了新的观念，他认为创业团队包含了对企业发展战略选择有直接影响的个人，创业团队和一般群体相比，其明显特征在于创业团队要求每个成员必须有一定的可以共同分享的投入或承诺。钱德勒等人[1]（2001）对创业团队的概念提出了新的观点，他们认为创业团队指的是企业在成立之前管理公司的人或者在企业运营的前两年加入的新成员，但是在这其中并不包含没有企业股权的一般雇佣员工。而施乔特（Schjoedt，2009）[2] 则

---

[1] Chandler G N, Lyon D W, Entrepreneurial teams in new ventures: Composition, turnover and performance [J]. Academy of Management Proceedings, 2001: A1 – A6.

[2] chjoedt, L, Kraus, S, Entrepreneurial teans: definition and performance factors [J]. Management Research News, 2009, 32 (6): 513 –524.

认为只要在创业初期履行职责、执行任务的员工都可以被认为是创业团队的成员。针对创业团队的界定，张振华①（2009）给出了一个更全面性的解释，他认为创业团队是由参加公司创建、制定发展战略和从事企业管理的两个或者两个以上的人员组成的团队。在这个团队中，每一个成员之间的技能是互补的，同时，他们为了实现共同的创业目标而承担一定的责任，且为了达成一个更好的结果而共同努力，并且他们都占有共同创立的企业的股份或者享有一定的企业所有权。

2. 创业团队的构成研究。以往的研究成果显示，大部分创业团队都是自然形成或者是自发形成的，并且他们彼此之间都具备较高的熟悉度和社会情感的一致性（Chandler & Lyon，2001）。创业团队在起初的创业过程中，团队成员更多的是基于人际关系的吸引、人际交往之间的信任度、彼此之间的友谊程度和相同的共同爱好而聚到一起的，很少是基于能力或者职能之间的互补性。团队成员之间多是熟悉的并且有着良好的友谊和彼此信任的同学、同事，或者是有着相同经历的人群，或者他们之间有着一定的家庭纽带关系。他们之间具有很高的凝聚力，而新的成员更多的是在创业团队组建了一段时间之后，由于职能的需要而进入的，这一阶段才出现团队之间的职能互补（Cam et al.，1990）。即使职能互补在创业团队初创时期没有得到很好的满足，但是在后面的发展过程中，也会通过学习、角色、职能的分工，或者通过吸收同时满足两个条件的新成员加入。只要团队还处于创业的过程当中，那么它就一定会按照这种模式来组建。当创业团队向一般管理团队转变、创业企业向常规企业转变的时候，就很有可能通过吸收只满足第二个条件的新成员加入，从而进一步实现团队资源和职能的互补。

在创业团队的发展过程中，创业团队的组成并不是一成不变的，反而可以说它是随时变换的。随着创业过程的发展，创业团队中的成员也会进行不停地变化。这个过程中有的老成员可能会离开，而新的成员也可能会加入。但经研究证实，在家族式的创业团队中，很少有老成员会退出。而在一般的

---

① 张振华. 创业团队胜任力结构与创业绩效的关系研究 [J]. 当代经济研究，2009（12）：22 – 25.

创业团队中，其发展中的异质性则是导致很多老成员退出的根源，再有就是创业团队初期创业成员就比较多的团队，在后期发展中吸纳的新成员也就较少。乌巴萨兰等（Ucbasaran et al.，2003）认为主要是留下来的老成员在认知专长和角色分工上发生变化。钱德勒和里昂（Chandler & Lyon，2001）认为对于新成员加入的创业团队，其新成员与初创成员之间的社会情感及认知专长的一致性和分布性会有新的情况。

3. 创业团队的绩效研究。在创业团队研究中关于创业团队的绩效研究也是一大重点，创业团队的绩效考量是衡量创业团队能否实现成功创业的标杆。为此，众多专家、学者对于创业团队的绩效研究尤为重视。关于创业团队的绩效研究主要集中在创业团队的创业绩效和个体创业者创业绩效的对比及影响两大方面。

（1）创业团队的创业绩效对比研究。文彻（Venture，1990）发表的报告显示，在 1988 年的风险投资调查中，有 56% 的公司是由创业团队创办的，这一数据来源主要基于 100 家绩效最好的 IPO（initial public offering，初次公开出售股票或上市）公司。而在这 100 家企业中，在创业经历了 2～10 年后，只有 56 家企业是由 2～4 个执有股权的创始人在领导，其余的 44 家企业则是由单个创业者或剩下的一名创业团队成员来领导的。针对这两类企业的 T 检验表明：这两类公司在股票市值上存在明显的差异，创业团队所领导的公司在营销收入、净收入方面相对个体创业者所领导的公司存在明显的优势，但是这一优势并没有达到显著水平（Cam，1990）。

针对创业团队的创业绩效要优于个体创业者的创业绩效这一现状，很多学者都进行了深度研究。高德纳（Gartner，1985）认为导致这一现象的原因，在于单个创业者难以满足高技术行业的技能要求，而创业团队能有效满足这一要求，因此创业团队能使得创业成功。对此，维斯珀（Vesper，1990）、维亚卡姆（1997）也认为创业团队能有效整合不同的个性、知识、技能和能力。库柏和戴利（Cooper & Daley，1996）认为以团队的形式进行创业能避免企业对某些个体的依赖程度，能尽量削弱因为某些人的离开或者缺陷给企业造成不好的影响。同样，博伊德和甘伯特（Boyd & Lanbert，

1983）也认为团队形式的创业能尽可能降低因为创业环境的不确定性而带来的创业压力。同时，也能使创业团队之间更加信任，从而最大限度地提高创业绩效。

（2）影响创业团队绩效的因素。虽然调查显示，以团队为基础的创业绩效明显高于以个人为单位的创业绩效，但是在创业的成功率上，以团队为基础的创业则明显要低于以个人为单位的创业。创业环境是一把双刃剑，对于创业企业的绩效具有一定的影响。伦道夫和德斯（Randolph & Dess, 1984）认为创业环境是企业的一种资源，并基于对宽松性创业环境对创业企业绩效影响的观察，得出了创业环境资源的可用性对于创业企业的机会以及组织成长和机构存活具有直接性的影响这一结果。而在竞争激烈、环境复杂的今天，布桑尼茨等人（Busanitz et al., 2003）则认为资源限制才是制约创业企业生存和发展的最大因素。同时，昆克尔（Kunkcl, 1991）、鲁滨逊（Robinson, 1995）等人的研究表明，公司的战略方法和行业结构对于处在竞争中的创业企业绩效也有着显著的影响，并且他们还通过对企业战略和行业结构的交互影响研究发现了影响创业绩效的最大因素。

莱文（Levine, 1990）基于对创业团队中人际关系互动过程和创业绩效之间的关系研究进一步得出，团队的组成会影响团队成员之间的社会人际关系互动，而团队的组成和团队成员关系之间的互动共同影响着创业团队的任务绩效。同时，这些任务绩效和团队之间的人际互动又共同决定着创业的绩效。关于创业绩效的影响因素，冯华、杜红（2005）提出了影响创业绩效的三种能力。其一是竞争力范畴概念能力，它主要包括战略能力、机遇能力和关系能力这三种能力；其二是执行力范畴，它主要是由组织能力和承诺能力组成；其三是创业者基础能力，它主要包括情绪控制能力和学习能力。这三种能力并驾齐驱直接影响创业绩效。

1.3 大学生创业团队 SCP 研究综述

1.3.1 传统产业组织 SCP 理论的演进

20 世纪 30 年代起，以梅森（Mason）和贝恩（Jibing）为主要代表的哈佛学派以新古典学派的价格理论为基础，以实例研究为手段，从结构、行为和绩效三个方面对产业进行分析，构建了系统化的"市场结构（structure）—市场行为（conduct）—市场绩效（performance）"的分析框架，即为 SCP 分析范式。从哈佛大学建立 SCP 分析范式开始到今天，其发展大致经历了四个阶段，形成的主要理论成果综述如下。

第一阶段：哈佛学派结构主义观点。以实证研究和案例分析为手段，20 世纪 30～60 年代的产业组织理论第一阶段的重要成果是提出了 SCP（structure-conduct-performance）的理论范式。其主要观点如表 1 – 1 所示。

表 1 – 1 哈佛学派主要观点一览表

主要贡献	主要文献
1）提出市场绩效是有效竞争是否成功的标准； 2）提出市场结构、市场行为和市场绩效三个研究因素，随之奠定了产业组织理论研究的基本框架	哈佛大学教授梅森《大企业的生产价格政策》
提出"有效竞争"的概念，并指出长期均衡和短期均衡是不协调的，要在现实情况下缩小这个矛盾必须明确有效竞争。同时，提出 SCP 理论公共政策的补充因素	克拉克《有效竞争的概念》
1）提出用分析垄断和产品需求之间关系"贝恩指数"； 2）提出了"集中度—利润率"假说； 3）提出 SCP 框架的两者：市场结构和市场效益	贝恩（J. S. Bain）《产业组织论》

主要贡献	主要文献
1）产业组织理论由市场结构、行为和绩效三部分构成； 2）政府公关政策是产业组织的外部因素与指导因素； 3）三者具有因果联系，其逻辑程序为"市场结构决定市场行为，市场行为决定市场绩效，市场绩效决定公共政策"。 在SCP理论范式中，结构、行为、绩效和政府政策存在严格的"决定"关系	谢勒（sherrer）《产业市场结构和经济绩效》
主张采用企业分豁、禁止兼并的方法改善结构从而改善市场绩效。	凯森和特纳（C. Kayson & D. F. Tumre）《反托拉斯政策》

总之，20世纪30~70年代，以梅森和贝恩为主要代表的哈佛学派建立了完整的SCP范式，这一范式以案例分析和实证研究为主要手段，把产业分解成特定的市场，从结构、行为、绩效三个方面，在一个相对静态的环境中研究和解决产业问题，构造了一个既能深入具体环节又有系统逻辑体系的市场结构—市场行为—市场绩效的分析框架，并针对垄断提出了一系列的解决方法，对战后美国反垄断和强化生产也产生非常大的影响。但也正是因为哈佛学派这种研究相对割裂，也相对静止，仅将市场中企业的多寡作为衡量效率的判断标准，所以，这一时期的研究也被称为"结构主义"的研究时期。其理论范式图解如图1-1所示。

第二阶段：芝加哥学派的自由主义观点。20世纪60~80年代，美国传统优势产业的国际竞争力持续下降，而遵照哈佛学派SCP范式提出的反垄断政策被认为是削弱美国产业竞争力的最重要原因。与此同时，在国际经济领域，反垄断带来的高昂诉讼成本和大量的时间消耗，也使人们开始对结构主义的政策规制产生了诸多疑问，越来越多的经济学家开始提出放松政府规制，加强产业竞争力。

以芝加哥大学、威斯康星大学和普林斯顿大学的研究中心等为代表的欧美学术界就不断延续着对SCP范式的研究、继承、批判与发展。其中来

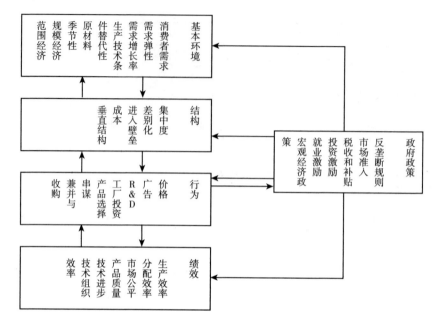

图 1 – 1　哈佛学派 SCP 理论范式图解

自芝加哥大学的经济学家，包括乔治·施蒂格勒① （Geiger. J. Stigler）、德姆塞茨② （Harold Deserts），米尔顿·弗里德曼③ （Milton Friedman）等对 SCP 分析范式提出诸多质疑，形成了所谓的芝加哥经济学派 （Chinago School of E-conomics）。其主要观点如表 1 – 2 所示。

---

① 乔治·施蒂格勒 （Geiger. J. Stigler） 是美国经济学家，经济学史家，1982 年诺贝尔经济学奖得主。他有两大重要贡献，其一，是信息经济学创始人。认为消费者在获得商品质量、价格和购买时机的信息成本过大，使得购买者既不能、也不想得到充分的信息，从而造成了同一种商品存在着不同价格。施蒂格勒认为这是不可避免的、正常的市场和市场现象，并不需要人为的干预。其二，他对社会管制政策 （哈佛学派的观点） 进行了精辟抨击，反对垄断和国家干预。

② 德姆塞茨 （Harold Deserts），美国伊利诺伊州芝加哥人，1930 年生于美国伊利诺伊州芝加哥。1953 年在伊利诺伊大学获学士学位，1954 年和 1959 年先后在西北大学获工商管理硕士学位和经济学博士学位。1963 年在芝加哥大学任教授。1971 年离开芝加哥大学，在斯坦福胡佛研究所任高级研究员直至 1977 年。1978 年在加利福尼亚大学洛杉矶分校任教授至今。

③ 米尔顿·弗里德曼 （Milton Friedman） 以研究宏观经济学、微观经济学、经济史、统计学及主张自由放任资本主义而闻名。1976 年取得诺贝尔经济学奖，以感谢他在消费分析、货币供应理论及历史、稳定政策复杂性等范畴的贡献。弗里德曼是《资本主义与自由》一书的作者，在 1962 年出版，提倡将政府的角色最小化以让自由市场运作，以此维持政治和社会自由。他的政治哲学强调自由市场经济的优点，并反对政府的干预。他的理论成了自由意志主义的主要经济根据之一，并且对 20 世纪 80 年代开始美国的里根经济政策以及许多其他的国家经济政策都有极大影响。

表 1 – 2 芝加哥学派主要观点一览表

主要贡献	主要文献
其标志着芝加哥学派在产业组织相关理论上的成熟，观点如下： 其一，修正哈佛学派关于"进入壁垒"的理论，提出"所有权壁垒"的概念。 其二，即使市场存在垄断力量，但只要长期有新参与者大量涌入，超高的因集中产生的利润就难以为继，市场有力量实现自然均衡 第三，一个产业之所会有持续的高利润率，不是因为产业的高集中度或垄断势力，而是因为该产业的高效率。所以只要市场运转正常且业绩良化，则政府规制就没有必要。	施蒂格勒的《产业组织》
批驳了贝恩的"集中度—利润率"假说，指出集中度高的产业获得的高利润率与其说是资源配置效率低的指标，不如说是生产效率低的结果。	德姆塞茨

芝加哥学派认为哈佛学派提出的 SCP 范式过于简单，企业的市场结构、市场行为和市场绩效是双向的、相互影响的多重复杂关系，而非单一的单向因果关系，其认为在结构、行为、绩效的关系链中，市场绩效起着决定性的作用，不同的企业效率形成不同的市场结构。如果一个产业持续出现高利润并开启以大企业和高集中为特征的市场结构，则完全可能是该产业中企业的某些高效率因素作用的结果，而不像哈佛学派所指出的那样，是因为产业中存在垄断势力。

芝加哥学派一直相信市场的自我调节能力，信奉自由市场经济中的竞争机制，认为一个对市场有利的政府，对市场应该尽量不干预，不参与，让市场力量自动起调节作用。与哈佛学派认为 SCP 理论中的线性逻辑关系不同，芝加哥学派认为起关键作用的是市场绩效，哈佛学派看重的高集中度和高效率正是市场自由配置资源的结果。他们断言，高集中度市场中的大企业必然有高效率，因为这是规模经济的必然。并且，芝加哥学派非常关注市场集中度及定价是否能提高或降低效率，而非像哈佛学派只着眼于竞争。这也是为什么芝加哥学派被称为自由主义学派的理由。

第三阶段：行业主义学派观点。在对传统 SCP 范式批判的诸多学派中，奥地利经济学派致力于从人类行为角度切入分析的观点令人耳目一新，这派理论建立在卡尔·门格尔（Carl Manger，1840 ~ 1921 年）[①]、欧根·冯·

---

① 卡尔·门格尔（Carl Manger，1840 ~ 1921 年），奥地利著名经济学家。现代边际效用理论的创始人之一。

庞巴维克①创立的奥地利传统经济学派基础上。以路德维希·冯·米塞斯（Ludwig von Misses，1881～1973 年）、追随者弗里德里希·奥古斯特·冯·哈耶克（Friedrich August von Hayek，1899～1992 年）以及其后受教于美英的诸多经济学家为代表的奥地利学派的社会达尔文主义提供了产业经济学研究的新思路和新方法。在更看重人的价值的同时，认为垄断也是市场竞争的一种方式，政府要想促进有效竞争应该废除那些过时和规制的政策。

如果说芝加哥学派和新奥地利学派都是对传统 SCP 理论的修正，那么 20世纪 70 年代末到 80 年代提出的可竞争主义观点，则对新古典经济学做了一次釜底抽薪。其主要观点如表 1-3 所示。

表 1-3　　　　　　　　行为主义学派主要观点一览表

主要贡献	主要文献
其标志着奥地利学派在产业组织相关理论上的成熟，观点如下： 1）均否定新古典经济学的价值理论； 2）着眼于个人行为逻辑的分析，注重研究动态的行为发生过程，而非静态一般均衡	路德维希·冯·米塞斯（Ludwig von Misses，1881～1973 年），追随者弗里德里希·奥古斯特·冯·哈耶克等
经济规律是通过一些不言而喻的功力（如人性的某些共同点）进行逻辑推论而发现的。 同时指出：经济学本质上是一种研究人的行为的科学。	德米塞斯 1996 年出版《人类行为学》
首次提出并诠释了"可竞争市场"的概念，认为可竞争市场是完全市场的一般化，可代替完全市场去衡量绩效。	美国经济学家鲍莫尔（1981 年的演说中）
系统阐述了"可竞争市场"的原理和假设前提，并提出了沉默成本（sunk cost）概念，用以分析可持续发展、高效率的产业组织的基本态势和内生性的形成过程。	鲍莫尔（Baumol）、帕恩查（J. C. Panzar）、韦力格（R. D. Willing）1982 年

可以说，自 20 世纪 80 年代以来，随着新产业组织效率的产生和运用，产业经济学研究出现了从"结构主义"向"行为主义"转变的趋势。这一时

---

① 欧根·冯·庞巴维克（Eugen Bohm - Bawerk，1851～1914 年），奥地利学派经济学家，奥地利学派的主要代表人物之一，曾就读于维也纳大学法律专业，后在海得尔贝格大学、莱比锡大学和耶拿大学攻读政治经济学。1881 年任英斯布鲁克大学的经济学教授。1889 年进入奥地利财政部，任币制改革委员会的副主席。自 1895 年开始，曾 3 次出任奥地利财政部长。1904 年辞去财政部部长职务，任维也纳大学经济学教授。提出时差的价值、资本和利息理论。

期的博弈论与案例研究的结合，使产业组织中 SCP 范式的影响呈现出上升的态势。至此，SCP 理论从创立伊始至 20 世纪 70 年代的渐渐衰落，再到 80 年代的理论复兴，西方产业经济学到此已经发展为一个对象明确、研究方法明确、体系完整的产业经济学体系，但问题也很明显。一方面，SCP 范式缺乏深刻又明确的理论基础，虽然 20 世纪 30 年代的"哈佛产业经济学"体系被普遍接受，但不能很好地与大型企业成长行为及日益突出的产业集中趋势相并列，理论在现实面前站不住脚。另一方面，实践中的人们也无法建立起具有普遍意义的模型关系。人们发现，SCP 理论并非一无是处，问题在于，需要新的理论方法的注入。于是，出现了 20 世纪 80 年代后的百花齐放局面。

第四阶段：20 世纪 80 年代以来的百家争鸣。80 年代末期以来，许多一流的跨行业理论家加入了产业组织的研究，大力促进了产业组织理论的蓬勃发展。而非合作博弈论以及与此相关的不对称信息理论的引入，也为产业组织的研究带来了大量新的研究方法和分析工具，也提出了更前沿、更值得探讨的新问题，翻起了产业组织理论研究的热潮。

这一时期的主要研究方向和成果有两类。

一类是沿着传统 SCP 理论继续发展，对 SCP 理论进行不断地修正。代表作品有法国经济学家泰勒尔（L. Taylor）在 1988 年出版的《产业组织理论》；斯蒂芬（Steve J. Martin）出版的《高级产业经济学》等。他们将博弈论，尤其是非合作博弈论理论引入产业组织研究中，对整个产业组织理论体系进行改造，将研究的重点从传统 SCP 理论中关于市场结构的论述，调整到突出市场行为上，且市场结构被看作一种内生变量；同时，否定哈佛学派指出的"结构和行为"两者的明显因果关系不存在。并由此形成"新产业组织理论"体系，这个体系有以下三个特点：第一，研究重点从市场结构转向突出市场行为，并完成由"结构主义"到"行为主义"的转变；第二，突破了传统 SCP 理论的静态格局，建立了动态双边的 SCP 理论；第三，博弈论的引入。但根源于博弈论方法的内在缺陷。该体系的缺点有两方面，一是均衡的多种性；二是某些博弈论本来就很难通过数理的方法去检验，在现实操作性上有一定难度。于是，针对这些问题，一些新的理论流派再次产生。

另一类是通过新的角度去研究 SCP 理论。代表之一是以交易费用理论为基础，提出"新制度产业经济学"，领导人物是罗纳德·哈里·科斯、道格拉斯·诺斯、威廉辨斯（O. E. Williamson）等人，其理论为企业行为研究提供了新的视角。在这些流派中，还有经济学家利用产权理论、制度变迁理论对企业策略性行为做多角度诠释，继续深化 SCP 理论研究。

综上所述，SCP 理论可追溯到哈佛流派的传统 SCP 理论，且以此为脉络发展至今的西方产业组织理论研究成果丰硕，这一理论的发展不仅为西方国家产业实践提供了大量理论支撑，也进一步促进企业和政府政策的优化，同时，各国间频繁的国际交流与合作，使 SCP 理论在全球范围内流传开来，使全球各国的产业、企业与政府收益颇丰。

1.3.2　大学生创业团队的 SCP 研究范式

SCP（structure-conduct-performance，结构—行为—绩效）模型是产业经济学的概念，S 代表结构（structure），C 代表行为（conduct），P 代表绩效（performance），该理论是由哈佛大学的 Joe. S. Bain 和 Scherer 等人在 20 世纪提出的，其核心思想是该模型提供了一个产业分析的经典范式，认为行业的结构决定市场中企业的行为模式，企业的行为模式又决定了市场运行的绩效。

借鉴产业经济学的 SCP 模型，通过对团队理论分析发现，团队研究的三个关键变量团队的结构、行为和绩效之间也遵循结构影响行为，行为影响绩效这一规律。我们在借鉴前人研究的基础上构建创业团队结构—行为—绩效的分析范式（见图 1 - 2），认为创业团队在创业过程中，创业团队的团队结构（structure）决定创业团队的行为（conduct），创业团队的行为又会影响创业团队的绩效（performance）。创业团队的结构包括角色结构、技能结构和权力结构三个方面，创业团队的行为主要体现在创业团队的风险行为、决策行为和学习行为三个方面，创业团队的绩效包括创业团队的内在绩效和外在绩效，内在绩效反映在团队的成长性和领导力两个方面，外在绩效主要通过创业企业的绩效来衡量。

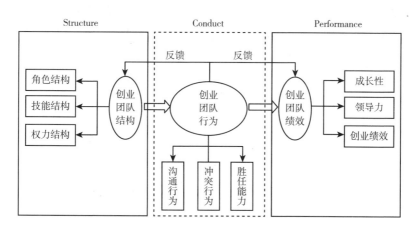

图 1-2　创业团队结构—行为—绩效的 SCP 分析框架

需要指出的是，创业团队的结构—行为—绩效的模型借鉴了产业经济学的理论，但是做了两点主要的改进。

从"决定论"向"影响论"的改进。产业经济学中的 SCP 模型，遵循的是"决定论"，即行业结构决定企业行为，企业行为决定市场绩效。本文的创业团队结构—行为—绩效的模型遵循的是"影响论"，即团队的结构影响团队的行为，团队的行为又影响团队的绩效。改进的原因是团队的结构、行为和绩效变量都是潜在变量，不能直接测量，变量之间并不存在严格的函数决定关系，"影响论"更为合理。

从"开环"向"闭环"的改进。产业经济学的模型是开环的，即相互作用是单向的，而创业团队结构—行为—绩效的模型是闭环的，在模型中增加了反馈的环节，即一方面创业团队的结构会影响团队的行为，团队行为会影响团队的绩效，另一方面团队的绩效又会影响团队的行为和团队的结构。

运用产业组织 SCP 范式分析大学生创业团队。大学生是社会的特殊群体，大学生创业团队是创业团队的一个特殊组织，具有一定的结构形式，其团队构成的合理性和稳定性对团队创业活动的有效推行至关重要，在此基础上，团队成员通过有效的创业行为来开展创业活动，以提高创业成功率和取得良好的创业效果。因此，大学生创业团队的结构决定团队成员的创业行为，其创业行为又决定了团队的创业效果如何，团队成员的创业行为在大学生创业团队的结构和创业绩效之间起中介作用。另外，最终所取得的创业绩效会以某种形式表明大学生创业团队的创业行为是否适当，是否需要重新进行调整，创业绩效和重新完善的创业行为会在一定程度上反过来对大学生创业团队的结构产生影响。这一过程并不是单向的，而是双向互动的。同时，大学生创业团队的创业活动也处于特定的创业环境中，其团队结构的构成和创业行为的实施受到各种环境因素的制约，进而决定了创业绩效，因此，大学生创业团队的创业环境条件也是 SCP 分析框架中不可缺少的主要因素，如图 1-3 所示。

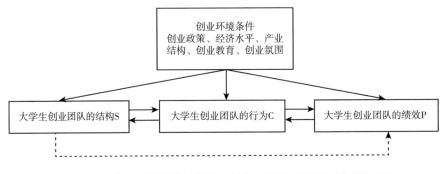

图 1-3　大学生创业团队的结构—行为—绩效（SCP）模式关系图

1.3.3　大学生创业团队 SCP 系统动力学模型

1. 系统动力学原理。系统动力学是 1956 年由美国麻省理工学院 Forrester 教授创立的一种运用结构、功能、历史相结合的研究方法，它是以定性和定量的研究方法为基础，模拟系统的功能。系统动力学是以系统的结构决定系统行为为前提条件而展开研究的，它认为系统内的众多变量在其相互作用的反馈环节里存在因果联系，这些联系就构成了该系统的结构。系统动力学认为，系统行为的性质主要取决于系统内部的结构，强调从系统的内部反馈结构出发对系统的功能和行为做出描述、分析和解释，不管系统的外部发生何种变化，其发展都要根植于系统的内部，这就是系统动力学的"内生"观点，因此，系统动力学是通过寻找系统的较优结构来获得较优的系统行为和功能。

同时，系统动力学是利用反馈回路来描述复杂系统的结构，把一阶反馈回路作为系统的基本结构或基本单元，所谓反馈回路就是一系列的因果与相互作用链组成的闭合回路，或是由信息和动作组成的闭合通道。复杂系统中决策（行动）的产生依赖于信息反馈的自我调节。一个复杂系统由基本结构按子系统、层次组织，进而组成总的反馈系统结构。这些反馈回路之间相互作用、相互耦合形成了系统的总功能和行为，并对环境的变化做出反应。

2. 基于系统动力学的大学生创业团队 SCP 分析。系统动力学中的系统是指一个由相互区别的各部分有机地联结在一起，为同一目的而完成某种功能的集合体，即系统是结构与功能的统一体，其系统包含物质、信息和运动三部分。反馈回路是由一系列的因果关系与相互作用链组成的闭合回路或者说是由信息与动作构成的闭合路径。反馈系统就是相互联结与作用的一组回路或者说反馈系统就是闭环回路。可见，系统动力学认为系统间及系统内部各因素之间存在着互为因果的关系，通过对这种因果相互关系进行分析，可以确立系统的反馈结构框架，因果关系和反馈的存在使环境和系统处于动态之中。这里我们可以从系统论的角度出发，把大学生创业团队看作是一个为完成共同的目标，将创业团队的结构、创业行为和创业绩效等有机联结在一起的复杂、动态创业系统。该系统内的结构、行为、绩效三个部分之间互为因果关系，同时，创业系统内部与外部环境之间都存在着众多复杂的因果和反馈关系，这些内外部的相互影响关系形成了大学生创业团队创业活动强大而持久的系统动力。系统是随着时间变化的，在这一过程中系统所展现出来的特性即为系统的行为。随着外部环境不断变化，大学生创业团队的组成结构、创业行为和创业绩效也随之不断变化、调整，系统内部和外部环境因素的综合作用决定了大学生创业团队的行为与活动规律。因此，只有在系统动力学原理指导下，才能更深入揭示大学生创业团队系统的行为与活动规律，建立系统动态模型以对大学生创业团队的创业过程进行模拟研究。

以产业组织理论的 SCP "结构—行为—绩效" 分析框架为基础，对大学生创业团队进行动力学模型分析，可以认为大学生创业团队的结构、创业行为和创业绩效及它们之间的信息交互共同构成了大学生创业团队这一复杂、动态系统。要关注大学生创业团队本身的系统性，不能只强调某一局部，因为系统具有非线性的特点，即整个系统具有其组成部分或部分总和所没有的性质。大学生创业团队作为一个整体，在整个创业过程中具有其特定的协同作用，即整个团队的创业绩效一般大于成员绩效之和，故应从系统论的角度出发，将其内部各组成部分串联起来，完善大学生创业团队的结构，系统实施创业行为，只有这样才能保证大学生创业团队系统的合理性，使其创业活动能够达到理想的效果。

（1）基于SCP结构的大学生创业团队系统的相关影响变量。大学生创业团队系统涉及较多的变量因素，分析这些变量因素是建立大学生创业团队SCP动力学模型的基础。根据大学生创业团队的SCP分析框架的总体描述及其自身的结构特点，在建立因果关系模型的过程中，从结构、行为和绩效3个层面来衡量大学生创业团队。大学生创业团队的创业活动受到团队结构、创业行为、创业绩效、外部创业环境等众多因素的影响，这些因素交织关联、相互促进又相互约束，共同在大学生创业团队系统内部形成了众多的反馈回路，进一步显示出其复杂性。因此，分析变量的确定可基于下列假设：影响大学生创业团队因素以外的其他因素保持不变；尚不考虑各因素之间的时滞性。

①大学生创业团队的团队结构。大学生创业团队的团队结构是指以大学生为创业主体的成员之间的内在联系和团队创业活动的运行机制及其特征，是引导和制约创业活动的基本准绳，是创业团队系统开展各项协作、协调创业活动的基础要素，大学生创业团队结构的合理性直接影响着其创业行为的有效性，是决定团队成员创业行为内部和外部因素及其相互关系的反映，是创业团队成员集体特性的体现。团队结构一般包含角色结构、技能结构、权利结构。同时，大学生创业团队的结构会随着环境和创业过程不停地变化，从而更好地推动创业活动。此外，大学生创业团队作为一个复杂系统，包含诸多相互关联的要素，要使大学生创业活动有效进行，关键在于有效协调创业团队结构与其他要素，消除系统负影响。

②大学生创业团队的创业行为。大学生创业团队的创业行为是保障大学生创业团队的创业活动顺利开展的关键性要素，主要包括创业团队成员的创

业动机、胜任力、沟通行为和冲突行为。大学生创业团队的结构影响创业行为，创业行为也会间接影响创业团队结构，而且还直接关系到团队的创业绩效水平。大学生创业团队的创业行为如果以创业团队的结构特征为根据，符合创业过程的要求，适应外部创业环境条件，则会提高创业成功率，实现大学生创业团队的创业绩效。比如大学生创业团队成员的创新能力、机会能力、组织能力、承诺能力、学习能力等胜任力要素的不断提升必然能使团队创新能力不断提高，从而有利于增强团队整体发展水平，进而会促进团队绩效，而团队绩效水平的提高反过来又会促进成员的学习和成长。

③大学生创业团队的创业绩效。大学生创业团队的创业绩效是创业活动的最终追求目标，是在一定的外部创业环境条件和大学生创业团队结构的基础上，通过大学生创业团队实施的有效创业行为实现的，能够反映大学生创业团队的创业活动效果，同时，创业绩效的实现程度会促进大学生创业团队的结构和创业行为的调整和改善。大学生创业团队的创业绩效一般表现为内化绩效和外在绩效，内化绩效是指大学生创业团队的内部凝聚力和发展性，对团队绩效具有影响作用；而外在绩效则是通过新创企业的业绩和社会效益直接体现出来。

④大学生创业团队的外部创业环境。大学生创业团队的创业环境是影响其 SCP 结构的外部因素，能够对创业活动发展进程的缓急起到显著影响，如良好的创业市场发展前景有利于激发大学生创业团队的创业意愿，政府针对大学生创业制定的公共政策能够为大学生创业团队的创业活动提供各种公共服务平台，且大学生的社会创业文化氛围也能为大学生创业团队的创业活动创造发展条件。

（2）基于 SCP 分析的大学生创业团队主要反馈回路。因果关系是构成系统动力学仿真模型的基础，系统中诸要素（变量）之间的因果关系是体现系统结构和系统整体的关键环节。在大学生创业团队的 SCP 范式理论模型中，变量之间相互作用因而形成的反馈回路构成了模型的基本结构（如图 1-4 所示）。不同的因果反馈回路对大学生创业团队的创业活动系统造成或多或少的影响，这些因果回路间的耦合形成了系统基本动态行为。

针对基于 SCP 分析范式的大学生创业团队的影响因素的多元化与复杂性

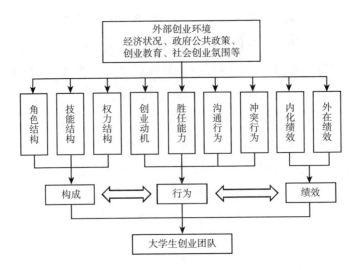

图1-4 基于SCP范式的大学生创业团队影响因素框架模型

而言，利用系统动力学中的因果关系图来描述各方面因素的动态反馈情况，可作如下理论假设。

假设1：团队结构对团队创业行为具有直接影响。

假设2：团队创业行为对创业绩效具有直接影响。

假设3：团队创业行为在团队结构与创业绩效之间起中介作用。

假设4：团队创业行为和创业绩效对团队结构具有反作用。

假设5：外部创业环境对团队结构、创业行为和创业绩效都具有约束作用。

在上述假设与理论分析模型基础上，抽象出如图1-5所示的SD因果关系。

如图1-5所示，以SCP分析框架为基础，大学生创业团队的系统动力学模型是个复杂的多重因果反馈体系，保持了系统平衡并推动了系统发展。其中，主要的反馈回路包括以下内容：

①创业环境→大学生创业团队的结构→团队创业行为→创业绩效→创业环境；

②大学生创业团队的结构→人员构成→团队创业行为→学习行为→成员技能知识构成→大学生创业团队的结构；

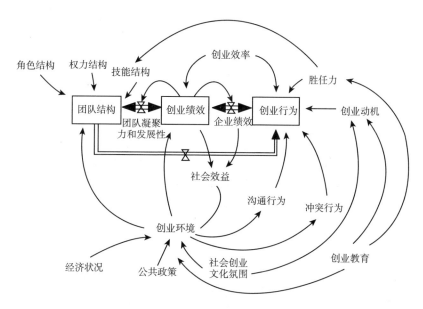

图 1 - 5　大学生创业团队 SCP 结构的 SD 因果图

③大学生创业团队的结构→团队规模→创业绩效→团队凝聚力和发展性→大学生创业团队的结构；

④创业绩效→社会效益→创业环境→创业绩效；

⑤创业绩效→社会效益→创业环境→创业动机→创业行为→创业绩效；

⑥大学生创业团队的结构→创业绩效→社会效益→创业环境→大学生创业团队的结构；

⑦创业环境→创业教育→创业动机→创业行为→创业绩效→社会绩效→创业环境。

由图 1 - 5 可以看出，基于 SCP 分析范式的大学生创业团队系统主要受团队结构、创业行为、创业绩效和外部创业环境等内外因素的促进与约束。在一定的创业环境条件下，大学生创业团队为适应其发展的需要，在角色结构、权力结构和技能结构等方面会形成特定的团队结构。大学生创业团队的结构通过人员构成和技能知识构成会影响团队成员之间的互动，决定团队成员的创业行为，进而影响团队的创业绩效；大学生创业团队的结构在团队规模方面会影响创业绩效，团队规模越大，团队的创业绩效越好，但团队规模必须有一定的限度，不能无限制地扩充下去，因为团队规模过大可能造成团队成员冗余，团队角色混乱，引起创业团队的管理问题；而良好的创业绩效会增强团队内部的凝聚力和发展性，提高大学生创业团队结构的稳定性；大学生创业团队的创业行为不仅取决于创业团队的结构，还会受到外部创业环境条件的影响，同时，创业绩效提高反过来也会促进成员创业行为的调整；在创业的外在绩效表现形式中，大学生创业团队的创业活动产生的社会效益越好，越能推动整个社会创业活动的深入开展，形成更好的创业氛围，进一步优化创业环境；在大学生创业团队的创业行为方面，通过学习方式改变团队成员的创业技能知识结构，不断完善大学生创业团队的整体结构；大学生创业团队所处的创业环境从不同方面对创业团队的结构、创业行为和创业绩效产生直接或间接的影响。

此外，由以上因果反馈分析还可以得到以下启示。

①团队结构是大学生创业团队系统的基本构成因素，决定了大学生创业团队创业行为的科学有效性和创业绩效的增减趋势，必须对团队结构的各子要素进行改进和完善，以使大学生创业团队的结构更加合理化。

②基于 SCP 分析框架，大学生创业团队系统的内部动因即团队结构、创业行为和创业绩效三者之间的关系是相互作用、相互影响的，没有独立的、单向存在的关系，必须清晰地确定各要素的双向互动关系，以更好地推动整个大学生创业团队系统的发展。

③大学生创业团队系统所处的创业环境会从不同的方面对团队结构、团队创业行为和创业绩效产生影响。一个具备高效率的创业团队，只有通过良好的外在条件才能使其创业优势得以发挥和利用，外部的创业环境条件制约着大学生创业团队的发展，制约着创业活动的深入开展。因此，对大学生创业团队而言，重视创业环境对创业活动的影响是十分必要的。

（3）基于 SCP 范式的大学生创业团队的子系统因果反馈回路。大学生创业团队 SCP 结构 SD 关系模型清楚地揭示了各类影响因素对大学生创业团队的结构、创业行为、创业绩效的影响。因此，以 SCP 分析框架为基础，进一步将大学生创业团队的 SD 因果关系图分解，将分别得到大学创业团队结构、大学生创业团队的创业行为、大学生创业团队的创业绩效 3 个子系统的 SD 因果关系，如图 1-6、图 1-7、图 1-8 所示。

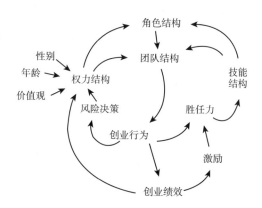

图 1-6 大学生创业团队的结构 SD 因果关系图

图 1-6 表述了大学生创业团队的结构与创业行为、创业绩效之间相互影响、相互制约的关系。此因果关系图揭示了如下内容。

①团队结构影响着团队创业行为的有效性。随着创业行为的调整，成员的风险决策能力不断提升，使团队成员对创业活动的认知得以深化，而团队成员构成的合理化反过来又会使整个团队结构得以改进。

②合理的团队结构通过有效的创业行为能够提高整个团队的创业绩效。团队创业绩效的提升会对成员产生激励效果，促使成员通过学习进一步规范和完善自身的创业行为，进而强化创业活动所需的知识技能。而团队成员知识技能构成合理化又会完善整个团队结构。

由以上反馈分析可以得到以下启示。

①在大学生创业团队的组建过程中，要强调团队的人员构成。团队的人员构成可以从性别、年龄、价值观和认知类型等方面去理解，人员构成是团队结构形成的基础，合理的人员构成有利于提升整个团队的内在效率，使团队更具竞争力。同时，人员构成会影响整个团队的规模，合理的团队人员构成能够实现团队规模对团队绩效的有效推动作用，所有这些都要求大学生创业团队必须提高自身内部人员构成的科学性。

②成员的知识技能是大学生创业团队开展创业活动的关键要素，主要是指团队成员的专业素养。强调团队成员的技能知识构成，有利于提高团队对

专业知识的掌握程度，强化团队成员的各项创业技能，使整个团队结构得到进一步的优化。因此，针对大学生创业团队而言，必须积极参与政府主导的创业知识技能培训，以了解和掌握更多有关创业方面的知识，提升自身以及整个团队的技能水平，进而完善团队结构，实现大学生创业团队的专业性。

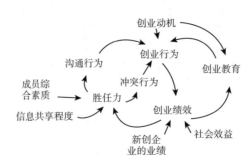

图 1-7　大学生创业团队的创业行为 SD 因果关系图

图 1-7 表述了大学生创业团队的创业行为与创业绩效之间相互影响、相互制约的关系。此因果关系图揭示了以下内容。

①大学生创业团队的创业行为决定着其创业绩效，有效的创业行为不仅能够提高新创企业的业绩，还有利于增加大学生团队创业活动的社会效益。良好的创业绩效会激发团队成员的学习动力，使团队成员的创业知识技能水平得以提高，增强了团队创业决策的有效性。即创业绩效会反过来改善团队的创业行为。

②大学生创业团队的创业行为会影响其创业绩效的实现程度，而良好的创业绩效会增强新创企业的竞争实力，能够更好地抵御创业过程中存在的各类风险，创业团队的风险承受能力获得提高，进而能够促使其成员调整创业行为。此外，团队成员的创业精神也会影响团队的风险行为，共同实现对整个创业团队创业行为的改进。

由以上反馈分析可以得到以下启示。

①加强大学生创业团队成员学习氛围的培育，形成创新型创业团队。学习行为是创业团队对新知识和新信息的吸收消化过程，一方面团队成员通过学习有利于不断提升自身的创业知识和技能，提高团队成员的综合素质，在团队内部实现信息的共享，更便于成员相互之间的沟通交流，提高团队的创

业效率。另一方面，团队成员通过不断地学习，能够深化对创业活动的认识程度，在面对各种创业风险和创业机会时能够及时作出更为理性、准确的创业决策，提高创业决策的质量和满意度，避免增加不必要的创业成本。

②大学生创业团队的创业行为对创业绩效具有推动作用，良好的创业绩效有助于形成团队凝聚力和发展性，而团队凝聚力是团队成员之间发展和谐关系的基础，促进团队成员之间的相互信任与合作，使得团队能够准确界定和评估创业风险；团队的发展性则有利于更好地把握创业机会和调整企业战略决策，加深对创业风险的认识。因此，创业行为与创业绩效之间是相互影响、相互促进的，积极培育团队成员的创业精神并提高其风险识别和抵御能力是优化创业行为的必然要求，进而提高创业绩效。

图 1-8 表述了团队创业行为在团队结构与创业绩效之间发挥中介作用，团队结构采取有效的创业行为以获得创业绩效，创业绩效通过创业行为能够反作用于团队结构。此因果关系图揭示了以下内容。

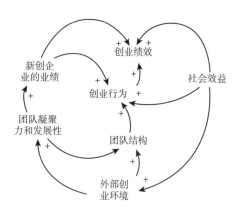

图 1-8　大学生创业团队的创业绩效 SD 因果关系图

①在一定的外部创业环境影响下，稳定合理的团队结构会产生有效的创业行为，进而使得与创业过程相适应的创业行为能够推动创业活动的顺利开展，并取得良好的创业绩效。而创业绩效水平的提高会增强团队内部的凝聚力和发展性，团队成员的特质及相互之间的关系会得到优化，使整个团队的结构得以完善；同时，团队凝聚力和发展性反过来会影响新创企业的业绩，成为创业绩效的影响因素。

②大学生创业团队的创业绩效体现为社会效益的形式。一方面，良好的社会效益会优化外部创业环境，为团队内部结构的构建提供更好的基础条件，进而影响创业行为，以取得团队创业的目标绩效；另一方面，社会效益会直接对团队创业行为构成影响，对创业绩效发挥反作用。

由以上反馈分析可以得到如下启示。

①大学生创业团队应该注重增强团队凝聚力和发展性，加强团队成员对团队创业的信心和忠诚度，强调团队成员相互之间的沟通交流和信息共享，将全体团队成员凝聚在一起，在综合成员各自创业优势的基础上，合理构建团队结构，提升团队的潜在发展力，最大限度地发挥整个创业团队的力量，共同推动创业活动的顺利展开。同时，团队凝聚力和发展性不仅是其创业绩效的内在表现形式，还能够影响大学生创业团队的绩效。因此，团队凝聚力和发展性是大学生创业团队开展活动的关键要素，必须积极为成员搭建交流和学习平台，提升团队的凝聚力和发展性。

②大学生创业团队在注重提高新创企业业绩的同时，也要强调其创业活动的社会效益，实现团队创业的社会意义。社会效益作为团队创业绩效的表现形式，其好坏程度直接体现了创业绩效的水平，且反过来会影响创业绩效。大学生创业团队创造较好的社会效益，不仅会起到优化外部创业环境的作用，鼓励更多的人加入创业行列，而好的社会效益会强化潜在创业者的创业意识，还为新的创业主体提供了创业经验，使其创业行为更具科学性和有效性，进而会推动创业绩效水平的进一步提升。

（4）基于 SCP 分析范式的大学生创业团队系统结构流图分析。系统因果关系图虽然能够比较直观地描述系统反馈结构的基本方面，但不能表示不同性质的变量区别，也不能定量表示系统各个变量之间的关系，因此，要将因果关系转化成系统结构流图。系统结构流图是用以表示反馈回路中各水平变量和速率变量相互联系的形式及反馈系统中各回路之间互连关系的图示模型。在此基础上，首先必须确定哪些是状态变量，哪些是速率变量，哪些是辅助变量等信息。状态变量是系统内随时间而变化的积累量，是系统内物质、能量或信息的储存环节，是构成系统和反馈回路的最基本变量，其动态变化情况代表了该系统的动态行为特征；速率变量是直接导致系统状态变量变化的变量；辅助变量主要是指系统内的中间变量。大学生创业团队系统的主要变量及参数如表 1 - 4 所示。

表 1 - 4　　　　　　　　大学生创业团队系统的主要变量及参数

状态变量与速度变量	辅助变量	外部参数及变量
创业绩效 创业绩效变动幅度	角色结构 技能结构 权利结构 胜任力 沟通与冲突有效性	政府创业政策 创业文化氛围 创业教育

针对大学生创业团队 SD 因果关系图中的所有变量，在构造系统结构流图时重点突出了创业绩效这一状态变量，控制状态变量的相应速率变量是创业绩效的变动幅度。在大学生创业团队的整个创业过程中，构建合理的团队结构和实施有效创业行为的最终目标都是为了实现良好的创业绩效，因此，创业绩效可看作是大学生创业团队系统内的核心变量。辅助变量是根据大学生创业团队的结构和创业行为而确定的，主要包括团队规模、成员技能知识构成、人员构成、学习效率和决策有效性。外部参数及常量是参考外部创业环境制定的，包括政府创业政策、创业文化氛围等。根据因果关系图与变量划分，可做出大学生创业团队 SCP 结构的动态系统结构流图，如图 1 - 9 所示。

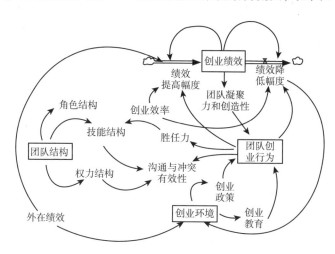

图 1 - 9　大学生创业团队 SCP 结构的动态系统结构流图

基于 SCP 分析范式的大学生创业团队动态系统中元素间的具体关系如下。

①团队结构的总影响分率 = 团队规模对结构的影响分率 + 成员技能知识构成对结构的影响分率 + 人员构成对结构的影响分率 + 外部创业环境对结构的影响分率

假设不受外部创业环境和其他创业系统内部因素的影响，在合理的团队结构中，团队规模、成员技能知识构成、人员构成在对团队结构的影响中所占的比值是一定的。

团队规模对团队结构的影响分率 = a/团队规模的合理比值，a 值待定，表示团队规模的实际比值

成员技能知识构成对团队结构的影响分率 = b/成员技能知识构成的合理比值，b 值待定，表示成员技能知识构成的实际比值

人员构成对团队结构的影响分率 = c/人员构成的合理比值，c 值待定，表示人员构成的实际比值

②创业行为的总影响分率 = 决策有效性对创业行为的影响分率 + 学习效率对创业行为的影响分率 + 团队结构对创业行为的影响分率 + 创业绩效对创业行为的影响分率 + 外部创业环境对创业行为的影响分率

③创业绩效的总影响分率 = 团队结构对创业绩效的影响分率 + 创业行为对创业绩效的影响分率 + 外部创业环境对创业绩效的影响分率

创业绩效的变动幅度 = 创业绩效的总影响分率 × 创业绩效

由上述系统结构流图可以得出以下结论。

首先，大学生创业团队系统的发展主要包含两个阶段。第一阶段为正反馈主导阶段，系统性能通过内在各种反馈的共同作用而不断增强，即创业团队的发展阶段；第二阶段为负反馈主导阶段，在该阶段中负反馈环节发挥主要作用，各变量对系统的制约作用越来越明显，系统逐步趋于稳定，即随着团队创业活动的不断开展，其将会受到各方面因素的影响和制约，新创企业的发展逐步趋于成熟并要应对该阶段的各类创业风险。

其次，以创业绩效作为状态变量，意味着大学生创业团队的创业活动的最终目的是追求高水平的创业绩效。而将大学生创业团队的结构和创业行为作为系统发展的重要辅助变量，是指团队结构和创业行为对创业绩效具有决

定作用，并且通过与外部创业环境的交流强化来影响创业活动的发展进程。

最后，外部创业环境作为影响大学生创业团队系统的外部因素具有动态性，对团队结构、创业行为和创业绩效都会产生直接或间接的影响，能够从不同的方面对各阶段的创业活动起到显著的影响作用，比如通过政府创业政策可以影响大学生创业团队的创业行为，进而影响其创业绩效。

本章小结

本章梳理了大学生创业以及创业团队组成和绩效等方面的相关文献，并对创业团队进行了界定，同时，回顾了传统、经典的 SCP 理论所包含的内容，分别从大学生创业团队结构、创业行为、创业绩效、创业内外环境等方面进行分析，构建了基于大学生创业团队的 SCP 分析的"结构—行为—绩效"框架。通过系统动力学的相关原理，从大学生创业团队入手，以 SCP 为范式，构建了大学生创业团队的系统动力学模型。

第 2 章
国外大学生创业支持体系研究

大学生创业源于国外，通过研究国外高校创业支持体系，积极借鉴美国、德国、日本等发达国家在大学生政府扶持、创业教育、资金扶持、文化养成等方面的经验和做法，并对开展适合我国高校实际的创业教育进行思考，有利于更好地促进我国大学生创业。

2.1　美国大学生创业支持体系

在美国，包括政府部门、社会机构、高等院校在内的全社会，都在为大学生创业提供更便利、更丰富的条件，例如简化公司申请手续，提供健全的信用制度、充足的资金保障以及覆盖面更广的社会帮扶。灵活的教育体制保证了大学生创业者的创业时间，并在政府、社会、学校之间形成良性创业制度支持体系。①

1. 政策支持。（1）政府的政策支持。专门设立小企业局。根据美国官方的数据统计，全美小企业（规模在 500 人以下）占到在美企业的绝大多数（99%），有超过 3/4 的就业岗位，均由小企业提供。

根据《小企业法》（small business act），美国政府于 1953 年设立了小企

---

① 吴启运. 我国大学生创业支持体系构建研究 [J]. 科技创业月刊, 2008 (3).

业局，简称 SBA（即 small business administration）。SBA 的设立初衷，即为小企业和创业者提供帮助，主要涵盖以下四个方面的内容。

其一，小企业担保贷款。小企业担保贷款计划，由小企业局进行具体执行和管理，主要包括四部分内容：微型贷款计划、注册开发公司贷款计划、小型企业贷款计划、小企业投资公司计划。其中，微型贷款计划、注册开发公司贷款计划、小企业担保贷款计划，主要通过本地银行和信用社，为创业者提供由政府进行担保的债务投资。

其二，权利融资。1958 年，"小企业投资公司计划" SBICs（small business investment companies program）由小企业局发起。SBICs 是具有独立法人资格的、由个人投资的私人投资公司，对符合规定条件的小微企业进行权利投资。SBICs 的主要投资对象是资金需求量在 30 万~500 万美元的、银行做出投资决策相对困难的小企业；对资金需求量大于 500 万美元的企业，则通过股票市场等领域进行资金融资。小企业投资公司的资金来源包括股东自有资本以及由美国小企业局进行担保的基金。①

其三，小企业创新研究。美国政府于 1982 年颁布《小企业发展法案》（即 small business innovation development）以促进小微企业创新；另外，政府设立了小企业创新研究项目，即 small business innovation research（SBIR），其设立初衷是帮助小企业的创新研发活动，其本质是以合作或赠与为主要形式的创业种子基金。

其四，咨询和管理服务。SBA 专为小企业提供覆盖全程的创业顾问、企业管理服务，在必要时还会给予创业财力扶持。SBDCs（小企业发展中心，small business development centers），是政府与大学合作的产物，以小企业和创业者为主要服务对象，服务内容包括创业培训、创业顾问服务等。SBDCs 遍布全美各州以及哥伦比亚区、波多黎各，目前已有数千个。每个 SBDCs 中心都设有主管一名、工作人员若干，人员构成包括志愿者和兼职人员。SBDCs 的工作人员中包含几万名富有经营管理经验的已经退休的职业经理人，他们

---

① 杨军. 美国风险投资和小企业投资公司（SBIC）计划比较研究［J］. 金融经济，2006（5）：57 -58.

以志愿或合约的形式为小企业、创业者提供创业技能。从筹备、规划企业运营计划，到融资、企业经营等，SBDCs 企业创立提供"一条龙"全程服务，且所有的咨询管理服务都是免费和保密的。另外，还提供费用低廉的培训项目供创业者使用。

在创业企业成长期，风险投资对其迅速发展的作用是非常关键的。根据不完全统计，美国聚集了全球的绝大多数风险投资。美国经济平稳发展，在很大程度上依赖于风险投资的快速发展。美国"风投"的强劲发展，与美国政府的政策关系很大。风险投资（venture capital）根据全美风险投资协会的界定，是职业风投者对新创型企业实施的一种风险资本。发展前景良好的创业企业尤其受职业风投者的青睐。

在美国，《小企业法》被认为是保障小企业最主要、最重要的法律之一。该法于 1953 年获得颁行，在促进小企业的技术转移、加强出口能力、提高竞争能力、在自然灾害中获得资助等方面，《小企业法》都有详细规定。1953 年成立的 SBA，旨在鼓励和帮助小企业，扶助弱势群体和少数民族获得资金帮助，并保证他们获得管理技巧。应该说，《小企业法》是创业企业的"保护伞"，为其提供了多方面的保障。同时，自 1970 年以来，美国政府先后通过了《商标法》《专利法》《反不正当竞争法》《版权法》《拜—杜法案》以及《斯蒂文森—威尔德勒法案》等一系列法律法规，以加强知识产权保护。

（2）学校的政策支持。一是创业教育。美国的创业教育涵盖从小学到大学的"全程教育"，与普通教育相辅相成，贯通整个教育全程。创业教育包括了课程教育和非课程教育两部分。邀请具有丰富实战经验的创业者，为大学生进行创业指导，是创业教育非课程教育部分的主要做法。在校园内设立形式多样的"创业俱乐部"等，使有创业想法的大学生能够在校内就很好地提升创业能力，并组建创业团队。二是创业计划竞赛。为了有效激励学生进行创业，美国高校坚持举办商业计划竞赛，并对竞赛优胜者给予物质或经费奖励。1983 年，美国在德州大学奥斯汀分校举办了第一届"商业计划竞赛"。自此之后，美国各大高校纷纷开展商业计划竞赛。三是创业休学制度。在美国斯坦福大学，大学生享有休学创业的自由，只需学生提出申请，校方按照规定，将准许创业大学生休学进行创业。在创业活动结束后，学生可以继续返回学校完成学业。高校为在校大学生提供了在校期间创业的机会，容忍失败，使大学生能够最大限度随时抓住创业机遇。

2. 资金支持。（1）政府资金。对于从正常渠道（金融机构等）获得资金困难的小型企业，主要通过 SBA（小企业局）获得资金支持。SBA 负责制定小型企业担保贷款计划，并进行后续的执行和管理。小型企业担保贷款计划包括适用范围广泛的众多子计划，从而为小型企业提供多重融资选择，以最大限度适应小型企业的创业发展。在债务融资领域，政府推出了微型贷款计划、小型企业担保贷款计划和注册开发公司贷款计划，小型企业可以根据自身发展和实际需要，向金融机构申请政府担保贷款。

另外，为鼓励小型企业创新，美国政府于 1982 年建立了小型企业创新研究项目。该小型企业创新研究项目由 SBA 协调管理，联邦机构校外总研究预算中的 1/40 的资金项目，以及其他校外研究预算项目（超过 1 亿美元），都直接资助小型企业或与小型企业进行合作。小型企业创新研究项目对小企业创新有重要扶持作用，是以赠与或合作为主要形式的创业基金。

（2）学校资金。对创业计划竞赛获奖大学生给予经费奖励，是美国高校对大学生创业进行资金支持的主要形式。例如麻省理工大学曾举办过奖金为 5 万美元的商业计划竞赛。除此之外，"种子基金"也是美国各高校创业资金支持的常见形式，是一种具有优惠性质、甚至是无偿性质的创业支持资金，基金通常来源于高校校友会等机构。根据大学生创业者的基金申请，凡是符合既定条件的，学校都会予以批准。尽管各高校对种子基金的申请条件规定各有不同，但其目的都是对大学生创业活动提供支持。

（3）社会资金。"风投"资金。由于"风投"对创业企业具有其他投资无法取代的作用，故在创业企业的初创期，"风投"能够起到巨大的扶持作用。"风投"本质上是专业的投资人对新创企业进行的一类权益资本投资，具有良好发展前景的创业企业尤其受到风投者的青睐。1980 年前，美国禁止退休信托基金用于"风投"。1980 年，退休人员收入保障法案中有关规定被取消。该法规修订，一定程度上放松了对退休信托基金的用途制约，使退休信托基金得以合法进入"风投"领域，极大扩充了美国社会"风投"资本量，从而保证了日益增多的创业企业创业资金来源。20 世纪 80 年代，"小企业投资激励法案"取消了投资顾问法有关"风投"基金注册规定的限制和制约。

信用卡借贷融资。对于达不到担保贷款项目要求的资产比例又急需流动资金的小型企业来说，通过信用卡借贷进行融资，不失为一个好办法。在美国，很多大型商业银行都可以为企业提供信用卡借贷融资服务，审批期间短（一般为 7～10 天），手续简单，且无需抵押，甚至无需良好的信用记录，贷款人只需向银行提供销售记录等相关证明，即可办理。另外，小企业信用卡借贷的贷款额度远低于一般银行贷款额，通常从 1 万～50 万美元不等，选择空间相对较大。

3. 教育支持。美国高校创业教育，主要表现为创业计划竞赛、创业教育两种形式。

首先，美国已经把创业教育纳入国民教育体系，创业教育内容贯穿初中到研究生的教育全程。创业学在近 20 年内，迅速成为美国高校发展较快的学科之一。据不完全统计，近乎一半的美国高校开设创业学课程，并已形成较为完整、科学的教研体系[①]。学生从小学直到大学，始终在进行创业教育，无形中形成了较为完整的创业技能框架，这对学生产生创业意识、进行创业行为，都将起到非常关键的作用。在课程教育之外，学校内部设立有形式多样的"创业俱乐部"，从而为有意愿创业的大学生提供相互熟悉、认识他人的媒介和平台，通过该媒介优势，进而帮助不同学科、不同优势的大学生组成创业集体，集合优势，开展创业实践。另外，众多美国高校定期邀请成功人士与学生开展面对面的沟通。成功人士的实践经验，可以转化为大学生们的蓝本。通过这种面对面的激励，能够帮助大学生更快地将理想转变为实现。

其次，与创业教育同步，美国高校的创业计划竞赛日益发展成熟。创业计划竞赛也被叫做"商业计划竞赛"。1983 年，在德州大学奥斯汀分校举办的第一届商业计划竞赛，被视为美国以至全世界创业计划竞赛的起源。在此之后，创业计划竞赛如雨后春笋般在世界各国开展起来。创业计划竞赛的举办学校，往往会拨出一部分创业基金或其他经费，对表现优秀者进行嘉奖，

---

① 周荀, 姜峰. 英美国家大学生创业支持体系对我国大学生创业的启示 [J]. 出国与就业, 2010 (7).

以激励大学生积极开展创业活动。

4. 公共服务支持。（1）创业孵化。在美国，企业孵化器的历史已经超过半个世纪，总数多达 750 余个。企业孵化器大多为公益性质，往往与高校结盟。对创业企业而言，企业孵化器有着重要的扶植作用，这一点对以高新技术为导向的企业尤其明显。硅谷与斯坦福大学联合创办的世界闻名的电子工业高新技术创业园区，是最具代表性的企业孵化器，硅谷以高新技术中小企业为根基，每年不仅能够为自身带来丰厚的收益，还为学校带来不菲的经济效益。在美国，企业孵化器不仅能够为创业企业提供全面丰富的服务，还是大学生创业企业的摇篮，尤其是科技型创业企业的腾飞起点。[①]

（2）咨询与管理支持。美国小企业局 SBA 不仅为以商业服务为宗旨的创业企业提供财力支持，还面向企业提供内容丰富的顾问业务。美国小企业发展中心（small business development centers，SBDCs）由美国小企业局管理，为政府和大学之间搭建桥梁，构建合作伙伴关系，以为小型企业和创业者提供培训为主旨。SBDCs 遍布全国，分支机构超过数千个，可以为小型企业提供低成本的培训选项。另外，在 SBDCs 的服务人员中，有很多都是已经退休的具有经营管理经验的人，他们不但能够为小型企业提供全程专业服务，而且所有的咨询与管理，都是免费和保密的。[②]

2.2　德国大学生创业支持体系

德国开始实施创业教育的时间可追溯到 20 世纪 70 年代中期。在发展之初，仅仅在高校开展创业教育和研究工作，例如，通过支持高校制定相关政策、积极推进创业课程建设，德国政府大力鼓励大学生创业。另外，科隆大学、斯图加特大学均开设少数几门创业课程。20 世纪 80 年代，多特门德大学首次设立"创业教育研究中心"，系统进行创业教育的教学与研究工作，从而有力推动了德国创业教育事业。目前，通过全社会的共同努力，德国已基本

---

①②　符昱. 中美大学生创业支持体系比较研究［D］. 郑州：郑州大学，2012：34.

形成了文化浓厚、政策健全、课程完善的大学生创业支持体系。[①]

2.2.1 政策支持

（1）创业教育促进计划。早在 2007 年，德国经济部就与 50 家著名公司、200 所大学联手，推行以在校大学生为主体的"生存优势杯"竞赛，展开创业竞赛，以提高大学生创业能力。通过学生独立设计创业思路、由高校和相关企业给予全力支持，德国政府积极推进创业教育促进计划，有效推进了在校学生创业能力的提高。

（2）税收优惠政策。为提高大学生的创业积极性，德国对大学生创业实施税收优惠政策，包括减免新创企业的部分所得税、减免创业投资公司的商税等。

2.2.2 财政支持

第一，在高校推行"生存"计划。德国政府的高校"生存"计划，从 1999 年开始推行，1999~2001 年短短数年间，政府就共计支出 42000000 马克用以扶持创业教育[②]。德国政府于 2006 年投入高达 2.6 亿欧元，形成"高技术企业创业基金"，以鼓励大学生兴办以高科技为核心竞争力的高新企业。

第二，大力扶持大学生创业企业。例如，巴登符腾堡州规定，高校毕业生在自主创业期间，不仅由原高校提供相应创业指导与创业资源，还可从政府获得一年的财政支持。[③]

2.2.3 教育支持

（1）创业教育贯穿全过程。教育范围贯穿教育全过程是德国创业教育的最大特色。德国创业教育在中小学阶段就开始实施，而不仅仅只在高等教育

---

① 蒲清平，赖柄根，高微. 中德大学生创业教育比较［J］. 中国青年研究，2010（12）：89－90.

② 王森. 德国政府支持大学创业——Exist 计划概要［J］. 全球科技经济瞭望，2002（3）.

③ 蒲清平，赖柄根，高微. 中德大学生创业教育比较［J］. 中国青年研究，2010（12）：89－90.

中开展。中小学时期是德国创业教育的启蒙时期：在小学阶段，创业教育依托社会科学、自然科学进行；在初中阶段，学校会为学生开设"预备职业教育"，让学生接触真实案例，营造创新创业的校园文化；在高等阶段，创业教育旨在促进大学生的创业意识和能力，熟悉创业过程，掌握相关政策。

（2）创业教育形式。德国高校的创业教育，以经典模式（classic didactics）为主，即以创业教育理论知识为主要内容，是问题驱动（problem—driven）教学模式；以创业学习形式（entrepreneurial learning）为辅，即要求大学生参与创业实践活动，没有指定创业教育教科书，学习内容不预先设定，是对策驱动（solution—driven）教学模式，根据学生在实践中发现的问题来决定学习内容。

（3）创业教育对象。由于大多数学生在创业意向和兴趣上都相对欠缺，因此，德国的创业教育虽然贯穿教育全过程，但创业教育主要面对的还是在校大学生，以有创业意向和潜能的大学生为主要对象，即创业教育主要培养对象是具有创业潜质的大学生。创业教育对象的次要对象是从事创业教育的工作者，其包括研究人员和一线的教师。

2.2.4 文化支持

从发展历程看，德国创业教育的最初目的，在于为社会提供就业机会和就业岗位。在这一主旨的引领下，德国形成了贯穿从幼儿到成年的全过程创业教育，其中包括创业精神、创业知识、创业素养等诸多视角，形成了相对成熟的创业氛围形成机制。高校校园在创业文化的形成上更是全力以赴。在萨尔兰大学，该校从 20 世纪 90 年代中期开始营造校园创业文化，通过组织创业孵化中心及设立全校公共选修课、创业培训课，帮助学生养成创业的自主性和积极性。同时，该校不仅积极举办创业案例分析会、创业研讨会等活动，不断形成创业教育氛围，还定期邀请实际领域的企业家等，举行头脑风暴会，与学生进行沟通，校园创业氛围日渐浓厚。[①]

---

① 寿仁. 德国萨尔兰大学为大学生创业加油 [J]. 科技创业，2002（5）.

2.3　日本大学生创业支持体系

较之西方，东亚国家的创业教育起步比较晚。本节以日本为例进行阐述。20 世纪 90 年代末期，为缓解经济危机所带来的就业压力，日本高校创业教育正式发展起来，初衷就是鼓励和培训大学生进行创业，其中最典型的是"为了就业而创业"的教育模式。从文化层面而言，较之其他国家，日本社会十分强调个人与集团的"一体化"，强化集团的集体作用，社会高度同质化。在日本社会独特的文化氛围下，大学生创业扶持体制主要由政府承担，社会和高校只发挥次要作用。

1. 政策支持。从 20 世纪 90 年代末开始，日本政府推出多项扶持大学生创业的政策、法规和措施，以创造更多的就业岗位，从而缓解经济衰退带来的就业难题；推出"国立大学独立行政法人化改革"制度，以打破国家大学、公立大学、私立大学的屏障；政府还要求公立银行加大对大学生创办企业的融资力度，鼓励私立银行开展以"知识产权"进行担保的融资业务；设立创业人才助成基金，资助创业企业招录专业人才的薪金等。[①]

2. 教育支持。针对创业教育，日本高校主要有四类模式：第一类是"创业家教育模式"，以培养专业管理能力为目标，以具有创业意愿和创业潜能的学生为主要对象，开设专业的系列课程，不仅要求选择创业的学生发表高水准的论文，还要求学生通过两年专业学习，在对创业环境进行考察后，能将创业计划和理念付诸实践。第二类是"经营技能综合演习模式"，以培养系统技能、经营知识为主，开设专门教育课程，为经济管理或商务专业的学生提供职业培训，提高学生进行经营策划与实务的能力。第三类是"企业家精神模式"，以全体大学生为对象，以培养学生的创业精神、创业意识为主，进行创业通识教育，培养学生的实践技能，培养学生作为经济管理人才所应当具备的较高素养。第四类是"创业技能副专业模式"，以拥有医学、工科专业背

---

① 曹明. 基于 GEM 模型的中日创业环境比较研究［J］. 厦门理工学院学报，2007（6）.

景的学生为主要对象，将创业教育作为选修课程。

3. 社会支持。（1）风险投资。日本社会在大学生创业以及大学生创业精神培养体系中，处于辅助地位。对创业项目的风险投资，是日本社会对大学生创业扶持的主要形式；另外，金融机构对大学生创业企业的融资贷款力度加大，也是社会扶持的重要表现。[①]

（2）校企合作。日本高校在开展创业教育过程中，注重依托地区特色产业优势，开展创业教育，加强与学校所在区域的产业融合，并以促进地方经济发展作为高校创业教育的宗旨之一。高校通过考察企业的长板和短板，结合高校科研优势，开展咨询工作，为中小企业解决实际问题，帮助企业不断开发并提升产品附加值，增强竞争力。[②]

4. 文化支持。日本家庭从小就注重培养孩子的顽强毅力和自主意识，向青少年渗透包括创造财富、社会奉献等信息，可谓创业启蒙教育。应该说，日本社会十分重视家庭教育和过程教育，使许多创业所需的能力，都是从个人的最基本特质中衍生出来的。在日本，为成就未来创业者，企业家精神的培养是一个过程教育，即以企业家精神教育为主线，推崇全程创业教育，针对学生的实际技能和思考能力提升，进行实践能力的养成：在幼年阶段，主要进行创业教育，鼓励孩子从事力所能及的"工作"；在少年时期主要进行商务实践能力、企业经营教育。日本文部省曾进行教学创新，利用课余时间增设实践课程，举办模拟商务活动；在大学阶段，主要针对大学生进行企业经营实务技能的提升。

2.4　英国大学生创业支持体系

英国高校的创业教育开始于 1990 年。1990 年初，英国政府意识到中小企

---

① 苏晓纯. 发达国家大学生创业精神培养体制及对我国的启示［J］. 湖北经济学院学报（人文社会科学版），2011（10）：159 – 161.

② 刘莉萍. 美国和日本大学生创业教育比较研究及启示［J］. 陕西教育（高教），20014（4）：8 – 9.

业在整个国民经济中的重要性，创业教育由此在高校发端。英国高校创业支持主要体现在以下四个方面。

1. 政策支持。英国政府以积极的态度推广创业教育，尽其所能地为学校推动创业教育提供所需的指导和资源，为高校创业教育创造了十分优越的发展条件。英国首相托尼布莱尔（Tony Blair）于1998年5月提出"信息时代是政府愿景"的观点。同年12月，英国政府发表《我们竞争的未来：标杆管理数位经济》报告书，提出英国政府必须与企业开展合作，企业创新与创业的环境需要政府和企业共同塑造，从而才能提升经济活力。1999年，在上述政策出台的基础上，剑桥大学在英国政府资助下成立了创业中心（universityof cambridge entrepreneurship centre），政府希望能够通过合作掀起高校创业浪潮，从而提升英国整体生产力和竞争力。另外，2002年12月，英国小型企业服务局（Small Business Industry，DTI）推出相关创业策略，主要包含资助公共部门、非营利机构、大学等开展创业推动活动，推广创业教育、创业培训。①

2. 资金支持。20世纪70年代，西方国家整体经济进入不景气阶段。因中东石油战争引发的经济危机，英国的经济发展放缓，出现"滞胀综合征"（通货膨胀与失业并存），社会矛盾不断加剧。

20世纪80年代后期，高校贷款制度在英国出现，是英国实施时间最长、受益面最广的大学生创业贷款政策，对之后诸多国家大学生创业贷款政策的建立和完善，产生了深远的影响。英国政府还出台了多项资助中小型企业发展的小额贷款政策。政府利用国有技术研发集团贷款，帮助公立部门取得知识产权，资助大学师生研发项目，支持企业产品研发，甚至帮助创办技术公司，极大促进了社会资本向中小型企业的流动。

3. 教育支持。英国通过剑桥大学等老牌大学，形成了发展创业教育的优良条件，形成了创业精神培养的创业教育环境和文化。2000年，伦敦大学（University College of London）成立独立伦敦商业创业学院（Entrepreneurship at London Business School），其目标是成为国际创业管理领导中心，提供教学、

---

① 叶宝忠. 高校创业教育发展的国际比较与经验借鉴 [J]. 创新，2015（6）：112–116.

研究和企业实务等。①

4. 平台支持。目前，英国高校的创业平台还相对有限，主要是利用对外交流平台，通过开展创业竞赛等形式，来形成创业文化和创业氛围，较少独立地开展创业教育相关活动。2005 年 9 月，全英中国大学生学者联谊会在政府的支持下举办首届全英创业大赛，其目的在于为留英大学生建立一个创业的机会和环境，以激发大学生的创业热情。②

2.5　韩国大学生创业支持体系

根据 20 世纪末亚洲金融危机以来积累的经验，韩国政府积极采取措施，鼓励和保护大学生创业，激发大学生的创业热情，转变大学生的就业观念，努力将大学生就业压力转化为大学生创业动力。

1. 政策支持。

（1）设立专门的创业推动机构。中小企业厅是韩国创业支持体系的重要推动机构。在中小企业厅内部，下设创业支援科，重要职责之一就是构建大学生创业服务网络。

（2）扶持社会化创业支持机构。一方面，韩国政府直接参与构建大学生创业支持体系，另一方面，韩国政府大力支持社会化创业支持机构。例如，韩国政府为高校的创业同盟会与创业同盟联合会提供活动经费等资金支持，每年通过社会化创业支持机构创办的高新技术企业多达百余家。

（3）设立"创业支援中心"。在韩国，几乎每一所大学里面都设立了"创业支援中心"。可以说，以大学为依托的"创业支援中心"，是韩国各种创业鼓励措施中效果最直接的举措。"创业支援中心"实行"严进宽出"政策，韩国政府和学校会对大学生要求进入"创业支援中心"的申请进行严格筛选。一旦进入"创业支援中心"，大学生不仅可以得到"全程式"服务，

① 叶宝忠. 高校创业教育发展的国际比较与经验借鉴 [J]. 创新 2015（6）：112 – 116.
② 王万山，汤明. 国内外高校创新创业教育模式比较研究 [J]. 九江学院学报：社会科学版，2012（2）.

还能够较容易地在这里找到创业所急需的场地、人员、资金。

（4）给予金融和税收优惠。韩国政府大力倡导商业资本投资向创新型企业进行倾斜，自然人进行投融资的，还能够获得大比例资金返利。政府为大学生创业企业提供的金融和税收政策扶持，比普通企业扶持力度更大。这些措施的目的都是帮助大学生的创业愿望能够变成现实。

2. 资金支持。为奖励高校毕业生自主开办企业，韩国政府专门设立了创业基金。该项基金曾在2008~2009年间由2.5亿韩元增加到6亿韩元，以应对金融危机带来的就业压力。创业基金自设立以来，已扶持百余个优秀大学生创业项目，平均每个创业项目可获得800万韩元。韩国地方政府如全罗南道，也筹集2.2亿韩元用于扶持和奖励大学生创业，比2008年增加12%，平均每个创业项目可获得1 000万韩元资金支持。另外，积极为大学生提供创业基金的力量构成，还包括韩国的社会团体和企业，例如针对在首都高校的在校生，首都实业振兴所设立了"青年学子创业奖"，每年斥巨资奖励优秀高校学子的创业企业。

3. 教育支持。韩国的创业教育始于20世纪90年代末的亚洲金融危机。呈现出以下特点。

（1）注重实训基地建设。在韩国，各所大学均设有专门的创业实践基地。创业实践基地主要包括企业实践基地和校内实践基地两部分。其中，企业实践基地与中国高校"校企合作"类似，高校向企业提供技术和人才支持，企业为高校提供培养实战经验训练；校内实践基地，则是指在高校内部建立的、与创业密切相关的工作室或实验室等。

（2）创业理论教育与实践教育相结合。韩国高校创业教育不仅仅局限于书本和课堂上的理论教育，更重视实践教育。韩国高校不以理论教学成绩的高低决定学生的学习成绩，而是以培养学生创业技能为核心，注重学生在实践课上的具体表现，鼓励大学生亲身参与实践活动，注重增强大学生的实践能力，引导学生在创业实践中获得真知。

（3）注重企业人员进入创业教育师资队伍。在韩国，高校创业教育课程必须由企业工作经验丰富的从业人员担任。创业教育教师可以是正在企业工作的外聘人员，也可以是重返大学校园的曾经的企业工作人员。创业教育教师着重传授如何把创业理论知识运用在实践中的方法，并将最新的学科动态传递给学生，帮助大学生了解最新的学科知识和技术。①

4. 法规支持。韩国业已形成较为完善的中小企业扶持法规体系，不仅包括《促进中小企业经营德定及结构调整法》《中小企业基本法》《中小企业创业支援法》《中小企业振兴法》《中小企业事业调整法》《中小企业系列化促进法》《中小企业制品购买促进法》《中小企业协同组织法》，还包括有关中小企业金融、税收、出口等方面的扶持法规。中小企业扶持法规互相补充，为中小企业发展壮大奠定了基础。

2.6　新加坡大学生创业支持体系

作为城市国家，服务经济是新加坡的国民主导产业。相较而言，技术开发是新加坡的发展短板，直接制约了创业的发展。在激烈的区域与国际竞争面前，新加坡高校创业支持主要发力点有以下两方面。

第一，政府大力扶持。政府旗帜鲜明地大力宣传与推广创新及创业教育，极力推崇以知识、创新及才能获得竞争优势，而不是用物质成本或人力成本来获取优势。为支持大学生创业，政府采取积极行动，努力改善整体社会环境，加强创新培训及教育，致力于培养创新意识，包括实施"全民创新行动"计划，新加坡总理亲任"创新创业理事会"的主席等。

第二，校园创业教育。官方语言为英语的特征，为新加坡与欧美国家的交流扫清了障碍。新加坡独树一帜的中英语言环境、中西融合的教学环境以及作为全亚洲最重要的国际金融中心之一的地位等长足优势，使新加坡的创业教育尤其强调"国际化"特征，主要表现为师资国际化、教育合作国际化、课程国际化。

新加坡各知名高校均设置了创业教育专业课程，高校联合开展创新创业合作项目，组织创业教育培训，举办形式多样的创新创业研讨会议。新加坡

---

① 安桂颖. 韩国大学生创业教育对我国的启示 [J]. 开封教育学院学报，2015（12）：283 − 284

最有代表性的高校创新创业项目有：新加坡国立大学建设的"国大开创网""创新与企划中心"；新加坡南洋理工大学的"南洋科技创新中心"、创新创业硕士课程项目等。

开展跨国办学是新加坡高校创业教育的一大亮点。第一阶段，学生在国内高校接受密集型创业知识和创新能力训练。第二阶段，通过交流计划、双学位及联合学位计划、全球计划等方式，学生在国外知名大学或科技园区等技术研发集群地，开展参观、访学、实习等活动。在第二阶段，大学生不仅可以在创新实践中领悟和学习实战经验，还能够培养国际化思维和针对国际企业的运行能力，将发达国家创新创业的实践经验和先进理念带回新加坡。

2.7　印度大学生创业扶持概况

早在 1966 年，印度就曾提出过"自我就业"的教育观念，鼓励大学生离开校园后自谋生路，让大学生"不仅仅是求职者，更是工作机会创造者"。20世纪 80 年代，"自我就业"教育观再次引起印度政府及全社会的重视。大学生创业支持主要体现在以下三方面。

第一，政府大力支持。印度政府于 1986 年出台《国家教育政策》，明确指出大学要培养学生"自我就业所需的意愿、知识和能力"[1]。在印度政府推动下，高校创业教育迅速发展，与国际积极接轨，不仅在创新创业课程中直接采用国外原版教材，还聘请国外知名创业教育专家任教。目前，印度加尔各答管理学院创新中心的四位教授中，有两位分别是来自沃顿商学院和耶鲁大学的博士。

第二，教师访问制度。教师访问制度是印度高等教育体系中的独特制度，如"访问教授""访问研究员"等已经制度化、合法化。在印度高校中，企业界的人士也可以担任访问教授等职位，从而为提高创业教育师资队伍质量

---

① 赵观石. 美国、瑞典、印度三国大学生创业教育比较及启示 [J]. 教育学术月刊，2009（5）：62 – 64.

提供了制度基础。根据教师访问制度，印度大学的创业教育课程，既可以由访问教授全部承担，也可以由本校教师（主要教授创业理论）与访问教授（主要开展创业实践）分别承担。

第三，创业教育实践化。印度高校创业教育课程表现出整合性、实践性的特征。即，创业教育课程不是一门专门课程，而是以某专业课程为依托，并进行整合。如印度加尔各答经济管理学院的创业教育课程，就是同管理专业课程整合而成的。印度高校大多成立了诸如"创新创业中心"的机构，用来协调、整合非课程活动。非课程活动包括提供创业孵化器、举办国际性商业企划比赛、举办学术研讨、设置创业项目等。另外，为适应印度企业经营的家族化特点，部分高校开设了家族财富管理项目，Nsrsee Monjee 管理学院就是一个成功案例。

第3章
我国大学生创业支持体系研究

创业政策，即通过作用于创业者的创业动机、创业技能、创业机会，从而提高创业者的创业能力的政策和措施。创业政策的目的在于激发市场主体的创业意愿，鼓励更多的主体进行创业活动并创办经济实体。大学生创业支持体系是我国创业支持体系的重要组成部分。

3.1 "大学生创业政策" 概念厘清

关于"大学生创业政策"的界定，有两种模式：其一，是在一般意义上进行大学生创业政策的概念界定；其二，则是从狭义和广义两个角度来进行大学生创业政策的概念厘清。

从一般意义上界定大学生创业政策的概念，有三类代表性观点：第一类，从创业的社会整体角度，认为"大学生创业政策是政府为高校毕业生自主创业营造良好的文化、制度等创业环境而采取的一系列政策和措施"[①]；第二类，从激励手段角度，认为"大学生创业政策是政府为刺激大学生创业而采取的

---

① David M H. Entrepreneurship Policy：What it is and where it came from New York ［R］. Cambridge：Cambridge University Press，2003.

一系列经济、教育、服务等激励政策和措施"①，政府采取的激励手段，即用于鼓励大学生创业的各类措施，包括"为大学生提供多种创业机会、帮助大学生获取所需的创业技能和知识等"②；第三类，将整体环境角度和激励手段角度结合起来，认为"大学生创业政策是政府从定性角度塑造良好的创业环境，从定量角度刺激更多大学生创建企业而采取的一系列政策和措施"③。

从狭义和广义两个层面来廓清"大学生创业政策"概念。一方面，从狭义层面上，认为"大学生创业政策是一系列经济、教育、服务等政策和措施"④ 另一方面，广义层面上有两种界定：一是将大学生创业政策的制定主体从政府拓展到创业园区、高等院校⑤；二是将大学生创业政策的内容从服务、教育、经济等延展到社会保障等领域⑥。

本研究基于大学生创业支持体系的整体性研究主旨，仅在一般意义上，从狭义角度对大学生创业政策进行关注，即将"大学生创业政策"界定为政府为支持和帮扶大学生创业而采取的一系列政策和措施。诸如经济、教育、服务等延伸到社会保障等方面的内容，则不在"政策支持"的关注范围之内。

3.2 我国大学生创业政策的演进

20 世纪 80 年代，美国大学校园的创业活动应运而生。1998 年，在美国

① Stevenson lois，Lundstrom Anders. Entrepreneurship Policy for the Future［J］. Swedish Foundation for Small Business Research，2001（1）：372 – 389.

② 廖中举，黄超，程华. 基于共词分析法的中国大学生创业政策研究［J］. 教育发展研究，2017（1）：79 – 84.

③ Degadt J. Foramore Effective Entrepreneurship Policy. Perception and Feedback as Preconditions［R］. Brussels：Rencontres de Saint – Gall，2004.

④ 吴珊. 大学生自主创业的政府扶持政策研究——以长沙市为个案分析［D］. 长沙：中南大学，2012.

⑤ 汤耀平. 广东省大学生创业扶持政策：实施、评价与完善［D］. 广州：华南理工大学，2011.

⑥ 许蓉艳. 浙江省扶持大学生创业的政策研究［D］. 上海：上海交通大学，2010.

大学校园创业浪潮的推动下，清华大学发起了第一届"清华大学创业计划大赛"，并以该大赛为载体开展大学生创业活动。学界普遍认为"清华大学创业计划大赛"是大学生创业活动从学校走向社会的首次行动。

教育部于 1998 年出台《面向 21 世纪教育振兴行动计划》，明确指出要"鼓励和支持大学生自主创业"①。国务院于 1999 年又以文件形式批转了该《行动计划》，这标志着我国已正式把大学生创业作为一项重要政策确立下来。同年，全国教育工作会议明确提出大力扶持高校毕业生创办企业，共青团联合多部门举办第一届大学生挑战杯创业计划大赛。基于以上原因，在参考学界成果的基础上，本书选取 1999 年作为我国大学生创业政策实施"元年"，并将我国大学生创业政策演进历史大致划分为"政策萌芽期""政策探索期""政策建立期""政策健全期"四个阶段。

第一阶段："政策萌芽期"（1999～2002 年）②，高校自主探索，提倡高新科技创业。

1995 年 5 月，"在全国实施科教兴国的战略"正式出现在国务院出台的《关于加速科学技术进步的决定》中。为了紧跟国际教育改革和发展的大趋势，同时，为与国家宏观政策要求彼此呼应，教育部率先表明态度，对我国知名高校发起的"大学生创新创业活动"表示鼓励，并支持高校毕业生积极创业。时隔四年，教育部制定、国务院批转发布的《面向 21 世纪教育振兴行动计划》指出："加强对教师和学生的创业教育，采取措施鼓励他们自主创办高新技术企业"。《国务院办公厅转发教育部等部门关于进一步做好 1999 年普通高等学校毕业生就业工作意见的通知》（1999 年 5 月）指出："鼓励和支持毕业生到非国有制单位就业或自主创业"。1999 年 6 月，第三次全国教育工作会议召开，江泽民明确指出，大学生开办企业，特别是小型科技民营企业，政府要给予小额贴息贷款、政策等方面的扶持。

1999 年，第一届大学生"挑战杯"创业计划大赛由中国共产主义青年团中央委员会、教育部、中国科学技术协会、中华全国学生联合会联合主办；

---

① 参见教育部《面向 21 世纪教育振兴行动计划》，1998.12.

② 廖中举，黄超，程华. 基于共词分析法的中国大学生创业政策研究［J］. 教育发展研究，2017（1）：79-84.

2000 年和 2002 年，第二届、第三届创业计划大赛相继在上海交通大学、浙江大学举办。大学生"挑战杯"创业计划大赛提升了大学生创业活动的认可度和权威性，在全社会产生了强烈的政策信号，发挥了示范效应。

教育部普通高校"创业教育"试点工作会议于 2002 年 4 月召开，会议正式确定北京大学、清华大学、北京航空航天大学、中国人民大学、南京经济学院、上海交通大学等九所高校为创业教育试点院校，并给予相应的财力和政策倾斜。具体扶持政策包括本科生、硕士研究生、博士研究生，都能够用休学保留学籍的方式，创立高科技企业。普通高校"创业教育"试点工作会议期间，教育部还多次举办"教育部创业教育骨干教师培训班"、召集试点院校座谈会。这次工作会议后，以开设创业教育课程为特征的高校创业教育得到长足发展。

这一时期，相关政策数量相对较少（占总政策数量比例不足 5%），并呈现出以下特征：（1）以配合国家"科教兴国"战略为政策导向，以高校倡导创业理念、普及创业知识、鼓励大学生从高新科技产业作为创业着手点为主要表现；（2）把大力推动高校毕业生创业作为重要突破口，从而改革高校毕业生就业制度；（3）以教育部为政策发布主体，以高校为活动实施主体；（4）政策比较模糊，以原则和方向为主，以精神性扶持为主。[①]

第二阶段："政策探索期"（2003～2006 年）[②]，创业优惠政策出台，创业活动引起广泛重视。

从第二阶段开始，国家不再"包分配"，即不再包办毕业生工作，大学生"就业难"开始显现。国务院等部门因此加大了创业支持力度，出台融资优惠、税收优惠等政策，鼓励大学生从事个体零售、服务业。从这一阶段开始，创业活动广泛开展起来。

2001 年后，大学生创业企业大量倒闭，大学生创业活动因此曾陷入低谷。2003 年大学扩招之后，随着毕业人数剧增，就业压力随之增大，高校创业又

---

① 夏人青，罗志敏，严军. 中国大学生创业政策的回顾与展望（1999－2011 年）［J］. 理论经纬，2012（1）：123－127.

② 廖中举，黄超，程华. 基于共词分析法的中国大学生创业政策研究［J］. 教育发展研究，2017（1）：79－84.

一次引起政府和社会的高度关注。

2003 年 5 月，国务院办公厅出台《关于做好 2003 年普通高等学校毕业生就业工作的通知》，明确指出"凡高校毕业生从事个体经营的，除国家限制的行业外，自工商部门批准其经营之日起，1 年内免交登记类和管理类的各项行政事业性收费。有条件的地区由地方政府确定，在现有渠道中为高校毕业生提供创业小额贷款和担保"。2003 年 6 月，针对 2003 年普通高等学校毕业生从事个体经营，国家工商总局颁布了具体政策，进行收费优惠。共青团中央、劳动和社会保障部于 2004 年 4 月发布《关于深入实施"中国青年创业行动"促进青年就业工作的意见》，明确要求从培养创业能力、普及创业意识、优化创业环境、提供创业服务、完善就业服务五个方面采取措施，扶持大学毕业生自主创业。

2005 年，国家先后出台《关于进一步做好 2006 年高校毕业生就业有关工作的通知》《关于做好 2007 年高校毕业生就业有关工作的通知》《关于进一步加强创业培训推进创业促就业工作的通知》等文件，持续加大对高校毕业生创业的扶持力度，包括设立高校科技园区、建立孵化园、实施创业税费减免、小额担保贷款、加大创业培训力度、扩大创业教育试点范围等。

地方政府也连续出台相关大学生创业扶持政策。部分省份设立大学生创业基金，减免大学生企业税收、租金及行政性收费。一些地方建立高校创业园区，为高校毕业生创业提供实践场所。河南省和山东省推出"试营业制度"，对高校毕业生实行"服务创业零收费""经营场地零成本""货币出资零缴付"。上海市科委、市教委从 2006 年起，连续 5 年，每年投入 5000 万元，每年向基金会投入专项拨款 1 亿元，支持高校毕业生自主创业。

这一阶段政策数量上升，特征发生以下明显变化：（1）不仅仅重视高新技术领域创业，而且重视一般行业领域创业（个体零售业、服务业）；（2）不再局限于精神支持，而是出台实质性政策优惠；（3）政策具体投身到大学毕业生，创业教育在促进大学生就业领域的作用被关注和强调；（4）多部委联合，从企业经营服务、企业运营培训、企业实务技能培训等方面为高校创业提供更全面的扶持和服务。

第三阶段："政策建立期"（2007～2011 年），政策数量稳步增长，多部门参与，全面改进整体环境。

2007 年 8 月，全球金融危机导致劳动力市场需求疲软，加之大学扩招进程加快所造成的就业压力日益增大，"以创业促就业"的国家政策信号越发明朗。有关大学生创业扶持政策的颁行频率提高，政策内容也越发具体明确。教育部联合劳动与社会保障部、中华全国总工会、等多部委，从培训教育、企业服务等各方面，进一步加大政策扶持面。

高校毕业生创业扶持政策在"政策建立期"的明显变化包括如下内容。

第一，从提供创业知识培训，转变为促进自主意识、企业运营实务、实践能力的"全过程"教育，以期从创业动机产生为发端，促进大学生创业。

教育部在 2010 年 5 月召开的"全国推进高等学校创新创业教育和大学生自主创业工作"视频会议上下发了《教育部关于大力推进高等学校创新创业教育和大学生自主创业工作的意见》，明确指出，从过去的重视技能培训向更加重视实务能力和素质培养的转变，鼓励高校切实转变教育理念、创新培养方式和模式、创新课程内容和传授方法，将大学生培养与服务社会、科学研究有机融合。

2011 年 3 月，国务院总理温家宝在《政府工作报告》中专门强调："提高教育质量，增强学生的就业创业能力"。

从上述有关国家领导人讲话以及大学生创业扶持政策中，可以发现，我国政府非常重视高校创业教育，把创新人才培养与高校人才培养模式改革、高校人才培养质量提升密切联系在一起。

第二，各地已经把大学生创业工作纳入创业带动就业整体工作规划，对高校大学生实行创业技能培训、创业项目开发、小额担保贷款等"一条龙"服务，从单纯提供创业优惠政策，转变为提供创新创业服务。

人力资源和社会保障部在 2010 年先后出台了《关于实施大学生"创业引领计划"的通知》《关于实施 2010 高校毕业生就业推进行动大力促进高校毕业生就业的通知》，要求继续加大对高校毕业生创业的政策扶持，不断加强教育和培训（实训）的力度，更提出要为高校毕业生创业提供指导、孵化服务，包括创业计划书制定、创业路线图制定，组建创业导师团队、专家团队，提供低成本的企业孵化服务和经营场所等。

第四阶段："政策健全期"（2012 年至今），政策数量大幅度增长，创业指导更具专业性，政策更具可操作性，大学生创业比例和数量均快速增长。

2012 年，党的十八大报告提出："引导劳动者转变就业观念，鼓励多渠道多形式就业，促进创业带动就业"①。随后，财政部发布《关于加强小额担保贷款财政贴息资金管理的通知》，再行完善了小额担保贷款的贴息政策；国务院办公厅出台《关于做好 2013 年全国普通高等学校毕业生就业工作的通知》，明确要求各地、各有关部门要不断完善大学生创业政策，加大大学生自主创业准入条件放宽力度，进一步降低创业"门槛"，给予税费减免、小额担保贷款及贴息等政策帮扶；同时，要求各地、各有关部门积极推进高校毕业生创业孵化基地建设，提供"一条龙"创业服务。

2013 年，政府进一步加大对大学生创业的重视程度，并从创业大环境上提供更加宽松的政策支持。党的十八届三中全会通过《中共中央关于全面深化改革若干重大问题的决定》，决定指出，要健全促进就业创业的体制机制，完善扶持创业的优惠政策，形成政府激励创业、社会支持创业、劳动者勇于创业新机制。十八届三中全会对财税、行政、金融等方面体制改革提出了进一步深化要求，提升了非公有制经济的地位。

2014 年 5 月，人力资源社会保障部等九部门联合发出《关于实施大学生创业引领计划的通知》，指出 2014～2017 年新一轮"大学生创业引领计划"实施方案及目标。要求各地"要从普及创业教育、加强创业培训、提供工商登记和银行开户便利、提供多渠道资金支持、提供创业经营场所支持、加强创业公共服务六个方面综合施策，为大学生创业提供支持和服务"。② 随后，国务院办公厅发布《国务院办公厅关于做好 2014 年全国普通高等学校毕业生就业创业工作的通知》，提出"要充分发挥市场配置人力资源的决定性作用，着力改革创新，完善政策措施，强化就业创业服务，改善就业创业环境，引

---

① 参见中国共产党第十八次代表大会《坚定不移沿着中国特色社会主义道路前进，为全面建成小康社会而奋斗》，2012.11.

② 参见《人力资源社会保障部等九部门关于实施大学生创业引领计划的通知》.

导高校毕业生转变就业观念,力争实现高校毕业生就业和创业比例都有所提高"。① 教育部随即出台政策,允许高校在校生休学创业。

人力资源社会保障部于2015年2月下发《关于做好2015年全国高校毕业生就业创业工作的通知》,强调各地要将高校毕业生创业的税收优惠、小额担保贷款、创业培训和创业服务等各项优惠政策落实到位,要将切实抓好就业创业政策的落实放在首位,"确保政策落实'最后一公里'畅通"。②

2015年3月,国家正式将"大众创业、万众创新"确立为我国经济转型和保增长的引擎之一,全民关注创业、万众支持创业的新时代由此开启。

整体而言,这一阶段,国家更加重视高校大学生创业,创业被纳入国民经济发展战略规划中,政策体系更加完善,政策涉及领域扩大,政策支持力度加强,政策落实力度加大。

3.3 政策支持

3.3.1 市场准入政策

针对大学生创业项目创新性较强、企业规模普遍偏小的特征,国家专门出台面向大学生创业的扶持政策,从而激励高校大学生创业。

在工商注册方面,大学生创业企业注册更加容易,登记注册程序更加简化。根据国务院《关于进一步做好新形势下就业创业工作的意见》(以下简称《意见》)文件要求,落实注册资本登记制度改革,推行工商营业执照、组织机构代码证、税务登记证"三证合一",推进统一社会信用代码方案,实现"一照一码"。进一步优化企业登记方式,放松经营范围登记管制,支持各地

---

① 参见国务院办公厅《关于做好2014年全国普通高等学校毕业生就业创业工作的通知》.
② 参见人力资源社会保障部《关于做好2015年全国高校毕业生就业创业工作的通知》.

方结合实际情况，进一步放宽企业场所登记条件限制，推动"一址多照"、集群注册等住所登记改革，分行业、分业态释放住所资源。运用大数据加强对市场主体的服务和监管。依托企业信用信息公示系统，实现政策集中公示、扶持申请导航、享受扶持信息公示。建立小微企业目录，对小微企业发展状况开展抽样统计。推动修订与商事制度改革不衔接、不配套的法律、法规和政策性文件。全面完成清理非行政许可审批事项，再取消下放一批制约经济发展、束缚企业活力等含金量高的行政许可事项，全面清理中央设定、地方实施的行政审批事项，大幅减少投资项目前置审批。对保留的审批事项，规范审批行为，明确标准，缩短流程，限时办结，推广"一个窗口"受理、网上并联审批等方式。①

根据国务院文件精神，各省结合实际，提出具体实施意见。2015 年，浙江省人民政府出台《关于支持大众创业促进就业的意见》，具体规定："放宽市场准入。深化商事制度改革，推行注册资本认缴登记制。全面实行营业执照、组织机构代码证、税务登记证、社会保险登记证、统计登记证'五证合一'登记制度，实现'一表申请、一口受理、协同审批、一证五码'。在国家统一实施社会信用代码后，全面推行'一照一码'登记模式。继续放宽企业住所（经营场所）登记条件，推行'一照多址''一址多照'等举措。积极探索全程电子化登记，推行企业名称远程自助查重申报，简化冠名程序"。不难发现，浙江省对大学生创业的市场准入条件，比国家政策更加优惠。

3.3.2 金融扶持政策

如何筹措创业资金，往往是高校毕业生创业时最先遭遇的难题。由于创业投资市场有待完善，因此，高校毕业生创业政策的支持作用就显得尤为重要。

自 2008 年开始，国务院及财政部、中国人民银行、人力资源和社会保障

---

① 参见国务院《关于进一步做好新形势下就业创业工作的意见》.

部等部门，先后下发《关于进一步改进小额担保贷款管理积极推动创业促就业的通知》《关于进一步做好新形势下就业创业工作的意见》等文件，加大金融扶持力度，进一步完善金融扶持政策。各省、自治区、直辖市以及部分市相继出台了实施细则。如浙江省人民政府出台了《关于支持大众创业促进就业的意见》，中国人民银行宁波市中心支行发布了《关于做好我市创业担保贷款工作的通知》。

根据国务院《关于进一步做好新形势下就业创业工作的意见》文件要求，在全国范围内，将小额担保贷款调整为创业担保贷款，针对有创业要求、具备相当创业条件但缺乏启动资金的就业重点群体和困难人员，加大金融扶持力度，贷款最高额度由针对不同群体的 5 万元、8 万元、10 万元不等统一调整为 10 万元。鼓励金融机构合理确定贷款利率水平；对创业担保贷款在一定范围内的，由财政给予贴息。[①]

3.3.3 财税减免政策

根据国务院《关于进一步做好新形势下就业创业工作的意见》，高校毕业生创办个人独资企业、个体工商户的，可依法享受税收减免政策[②]。根据该文件精神，各省相继出台实施措施。浙江省要求，高校毕业生创办的小微企业，只要符合法定条件，即按《浙江省人民政府办公厅关于促进小型微型企业再创新优势的若干意见》有关规定，享受企业所得税减免。有实际困难的新创中小企业，经报地税部门批准，可减免城镇土地使用税、房产税等。大学生自毕业开始两年内，从事个体经营的，每户每年最多可减免地方水利建设基金 2000 元，可连续减免 3 年。大学生从事个体经营的，如果持《就业失业登记证》（注明"自主创业税收政策"或附着《高校毕业生自主创业证》），可按每户每年 8000 元为限额依次扣减其当年实际应缴纳的营业税、城市维护建设税、教育费附加和个人所得税，期限为 3 年。

---

①② 参见国务院《关于进一步做好新形势下就业创业工作的意见》.

3.3.4 创业服务政策

国务院《关于进一步做好新形势下就业创业工作的意见》要求，自 2015 年开始，强化公共就业和创业服务。

第一，公共就业创业服务"全覆盖"，城乡一体，力求服务的"均等化""标准化""专业化"。[①]

第二，公共就业创业服务"一条龙"，服务内容和方式覆盖"全过程化"，切实发挥就业指导机构的作用，为创业者提供开业指导、项目开发、融资服务、跟踪扶持服务。[②]

第三，公共就业创业服务"经费有保障"，公共就业创业服务经费纳入同级财政预算。精准发力，加强绩效管理，支持向社会力量购买基本就业创业服务成果。[③]

根据国家文件精神，各地出台实施措施。根据浙江省《关于支持大众创业促进就业的意见》，鼓励创业服务机构为大学生开展创业信息服务、政策咨询、风险评估、项目开发、融资服务、开业指导、跟踪扶持等"一条龙"服务；对于免费提供创业辅导效果突出的创业服务机构，从促进就业资金中列支经费，给予经费资助和奖励。[④]

3.3.5 创业教育支持政策

国务院《关于进一步做好新形势下就业创业工作的意见》的出台，进一步优化了高校学科专业结构，加大了创业培训力度。第一，利用各类培训资源，开发针对性培训项目，适应多种创业群体和不同创业阶段；第二，在国民教育体系中纳入创新创业课程，增强大学生自主创业能力；第三，支持企业开展新型学徒制培训；第四，吸纳实务部门和企业人士进入创业

---

①②③ 参见国务院《关于进一步做好新形势下就业创业工作的意见》.
④ 参见《浙江省人民政府关于支持大众创业促进就业的意见》.

教育师资队伍，创新培训模式，强化基础能力建设，提升质量，落实补贴政策。

部分省份出台了更加优惠的实施办法，例如，浙江省内大学生在毕业学年和毕业年度以及离校未就业的大学生，在定点培训机构参加创业培训的，可享受创业培训补贴。

3.4　教育支持

"创业教育"的概念，最早由联合国教科文组织于 1989 年提出，同时认为，"创业教育"将会在未来发挥与学术性教育、职业性教育同等重要的作用。1998 年，联合国教科文组织再次发表宣言指出，大学生只有具备了主动精神和创业技能，才会在未来成为工作岗位的提供者和创造者，高校的育人目标必须着眼于对大学生创业精神和创业技能的培养上。

创业教育包括学校教育和社会教育。相应地，大学生创业教育支持，可以概括为学校创业教育支持和社会创业教育支持。

1. 学校创业教育支持。（1）创业课程体系系统化。国务院《关于进一步做好新形势下就业创业工作的意见》要求，要进一步优化大学专业结构，把创新创业课程纳入国民教育体系，大力开展职业培训，加快发展职业教育，加大学校创业教育力度。利用各类资源开发创业培训，适应不同创业群体的需求，满足创业活动不同阶段的具体特征。①

目前，我国高校创业教育课程体系建设仍处于初始期，实践活动与基础知识脱节的现象依然存在，尚不能和专业学科教育有机融为一体。整体而言，我国高校创业教育与学科、专业教育尚不能紧密结合，与实践环节仍有脱节现象，创业教育课程体系系统性亟待建构。作为探索，浙江省部分高校已将创业教育课程纳入学分管理，开展创业教育，以期完善学校创业教育体系。

（2）创业教育师资队伍专业化。国务院《关于进一步做好新形势下就业

---

① 参见国务院《关于进一步做好新形势下就业创业工作的意见》.

创业工作的意见》明确要求，要建立高水平、专兼职的创业师资力量，创新培训模式，以强化基础能力建设。从 2015 年开始，浙江省各高校已经开始探索建设专兼职结合的创业教育师资队伍，鼓励就业创业指导师积极参加咨询师专业培训。

2. 社会创业教育支持。创业就业教育，就其基本特质而言，是融汇理论学习与实践学习的"混合式"教学模式，强调理论与实践的统一，从而在现实或模拟的"教学场景"中，培养和锻炼学生的创新、创业实践能力。也就是说，创业教育的落脚点最终还是在实践上。自 2015 年开始，国家鼓励开展创业训练营、创新成果和项目展示等创业教育活动，鼓励高校与社会共同搭建平台，开展创业交流，培育创业文化，营造激励创业、容许失败的整体社会风气。目前，在浙江、广东等省份，鼓励高校与社会性服务机构合作，为大学生开展创业提供培训与实训。虽然校企合作开展创业教育的质量和规模还有待提高，但理论与实践相结合的创业教育已经成为各高校未来努力和加强的方向。

3.5　资金支持

当前，无论是创业人数还是成功比率，我国高校大学生创业与发达国家相比，都存在相当大的差距。其中，制约大学生创业成果的主要因素之一是创业资金缺乏。也就是说，资金支持是大学生创业支持体系重要的"题中之义"，主要分为"政府资金支持"和"社会资金支持"。

1. 政府资金支持。对于大学生创业企业而言，商业银行贷款是相对容易获得的资金支持，也是政府资金支持的主要方式。早在 2008 年，国家就要求中国人民银行各分行、各国有商业银行、股份制商业银行、中国邮政储蓄银行，不断健全小额担保贷款政策，创新管理模式，改进服务方式，改进财政贴息资金管理，拓宽财政贴息资金使用渠道，布点完善"小额担保贷款 + 信用社区建设 + 创业培训"的联动工作机制。

2015 年，为提高就业重点群体和困难人员（指具备一定创业条件和创业要求，但缺乏创业资金的人员）金融服务的可获得性，国家将小额担保贷款调整为创业担保贷款，将贷款最高额度由针对不同群体的 5 万元、8 万元、10 万元不等统一调整为 10 万元，从而进一步明确创业资金支持对象、标准和条件。同时，国家鼓励金融机构结合风险分担情况，依据贷款基础利率，合理确定贷款利率水平，对个人发放的创业担保贷款，符合条件的，由财政给予贴息扶持。另外，国家还要求金融机构进一步简化程序，细化措施，健全贷款发放考核办法和财政贴息资金规范管理约束机制，提高代偿效率，完善担保基金呆坏账核销办法。

2. 社会资金支持。社会资金支持主要包括风险投资和创业投资。国家从 2015 年开始，要求各地拓宽投融资渠道，运用财税政策，支持风险投资、创业投资、天使投资等的发展。要求各地通过市场机制引导金融资本和社会资金支持高校毕业生创业。按照"政府引导、市场化运作、专业化管理"原则，设立包括"国家中小企业发展基金""国家新兴产业创业投资引导基金"等基金项目，推动社会资本对中小企业的创业支持力度；大力推进科技型中小企业发展，支持新兴产业领域企业进一步壮大。国家鼓励各地积极设立创业投资引导基金，鼓励充分发挥市场作用，进一步加快资本市场革新。推动多渠道股权融资，积极探索互联网金融，发展新型金融机构和融资服务机构，开展股权众筹融资试点。①

3.6　公共服务支持

1. 创业孵化支持。对大学生创办企业效应最佳的公共服务扶持，应属高校与孵化基地结合。2015 年，国务院要求各地抓住机遇，大力发展科学技术转化、认证认可、检验检测、科技金融等业务，加大创新工场、创业咖啡、创客空间等新型创业孵化的推广力度，加快发展"市场化、专业化、集成化、网络化"的众创空间，实现创新与创业、线上与线下、孵化与投资的结合，努力提供便利化、低成本、开放式、全要素的综合服务。

---

① 参见国务院《关于进一步做好新形势下就业创业工作的意见》.

目前，各地方根据本省实际条件，已建立起形式多样的大学生创业孵化基地，为大学生创业提供场地、基本办公条件、后勤保障服务。从 2013 年开始，浙江省不断加强政策扶持力度，努力推进创业孵化工程。推出"省级重点扶持建设 100 个创业示范基地评选"，对符合条件的大学生创业基地给予政策倾斜。[①]

2. 管理与咨询支持。管理与咨询支持主要面向传统型企业，具体包括两类：第一类，主要是由政府设立的专业管理和咨询机构；第二类，是市场化运营的社会组织，主要为创业企业提供审计、运营管理、研发、营销等咨询业务。

3. 文化支持。在很多发达国家，创业被认为是一个公民素质能力的重要体现，是创造社会财富的重要渠道，成功的创业者会得到社会的普遍尊重。相较于西方发达国家，在我国，受到"安贫乐道""重农抑商"传统思想的影响，人们对创业抱有较普遍的抵触思想，创新创业的文化基础薄弱，"小富即安""安于现状"等市民思想在民众中表现得较为突出，成为严重制约创业行为的文化因素。[②] 因此，营造鼓励创业、宽容失败的良好社会氛围，让大众创业、万众创新蔚然成风[③]，应该成为大学生创业支持体系中的题中应有之义。

通过考察国外大学生创业支持体系，不难发现，创业培养主体是复合而不是一元化的。国外大学生创业扶持的实践证明，只有社会、高校、政府三方同时发力，互相配合，充分发挥各自的性质和职能优势，分别在各自领域采取行动，形成"三位一体"的联动体制，高校毕业生创业才能真正持续开展并取得成功。以下三点值得我们借鉴。

第一，"政府主导，三位一体"。在政府主导下，社会、高校积极发挥联动作用，共同营造鼓励创新、允许失败的社会氛围。例如美国，从小学即开始培养学生的独立性、自主性，而成功的创业者更是大学校园里年轻人崇拜的偶像，这是美国创业文化的主要特点。因此，对于农耕文化传统比较深厚

---

① 参加浙江省人民政府办公厅《关于促进普通高等学校毕业生就业创业的实施意见》.

② 段学森，赵庚．天津市青年大学生创业支持体系建设研究［J］．人民论坛，2013（7）：220－221.

③ 参见国务院《关于进一步做好新形势下就业创业工作的意见》.

的中国来说，大力加强对创业氛围的营造力度，宣传和传播鼓励创新、允许失败的理念，鼓励全社会都来支持大学生创业，这比培养大学生的创业能力更为重要。

第二，建立完善创业课程。目前，我国各高校的创业教育还处于初始阶段，尚未建立起系统的创业课程体系。我们应对发达国家的成果经验好好加以吸收、运用，结合我国国情，逐步建立起创业教育课程体系，培养学生的创业意识，促进学生将理论与实践相结合，提高创业能力。

第三，充分发挥社会力量。各主要发达国家，尤其是美国，其社会机构对大学生的创业扶持覆盖到创业各领域、各阶段。社会扶持主体不仅包括公司、企业，还包括基金会以及非营利团体。这些社会力量，不仅给予大学生创业教育支持，还提供资金支持和创业服务。在借鉴发达国家成果经验的基础上，一方面，我们应更加鼓励社会力量参与大学生创业支持，对成效显著的企业和单位应给予政策优惠；另一方面，高校应积极开展校企合作，搭建平台，积极促进大学生与社会的有效沟通与融合。

第 4 章
大学生创业环境分析

我国大学生创业政策及创业法规环境，对大学生创业活动的影响主要包括政策支持和法规保障两个方面。政策支持主要表现在政府财政投入及补贴、融资扶持及企业税收减免、创业教育服务机制的建立。法规保障表现在用法律法规的形式规范大学生创业行为，规范市场秩序和创业环境。加强对我国大学生创业政策环境的研究，促进国家和地方鼓励并支持大学毕业生创新政策的建立与完善，不仅能够为大学生创造创业机会，还有利于我国和浙江省社会经济的发展。

4.1　大学生创业支持体系概述

自"十一五"规划以来，在国家出台的扶持大学生自主创业政策法规的基础上，浙江省和宁波市结合城市发展实际，又不断围绕创新型城市建设等方面，出台了一系列指导文件，涵盖了创业人才政策、创业主体培育、促进创业投资和税收优惠、促进研发投入、促进创业服务建设、促进和保护知识产权发展等方面，在一定程度上形成了大学生创业的政策法规体系，为区域创新创业奠定了具有地方特色的政策法规环境，使得浙江省及宁波市大学生创新创业环境持续优化，创业氛围越发浓厚。

1. 创业扶持"门槛"壁垒不断降低。将在宁波市区域内自主创业的全日制普通高校在校大学生、宁波生源全日制普通高校在校大学生（以下简称"在校生")和毕业五年内的宁波户籍或宁波生源全日制普通高校毕业生(以下简称"毕业生"),都纳入创业扶持范围,享受宁波市推出的各项创业扶持政策。①

2. 创业载体建设不断加强。大学生创业园是大学生创新创业的重要载体。宁波目前共有北仑区大学生创业园、慈溪市(e点电子商务)大学生创业园、江北区大学生创业园、宁波大学大学生创业园、宁海县大学生创业园、鄞州区大学生创业园、余姚市科创中心大学生创业园、浙江大学科技园宁波分园大学生创业园、浙江万里学院大学生创业园、镇海区大学生创业园等十余家创业孵化园。下一步,宁波市将积极争取到2018年,全市新增7家市级大学生创业园。

3. 创业资金扶持不断提高。如奖励优秀创业项目激励政策,即从2015年开始,对在国家、省和市人力社会保障部门组织或参与的大学生创业大赛中获奖,并在市行政区域区内进行工商注册登记的大学生创业项目,便可向营业执照上住所所在地的街道(乡镇)人力社保服务机构提出小额担保贷款申请,申请不超过30万元的小额担保贷款。

4. 创业教育培训不断丰富。教育形式多种多样,包括举办创业大赛、创业沙龙、创业集市、项目路演等活动,完善创业项目库、创业导师库、创业培训师库建设。市政府每年主办中国(宁波)大学生创业大赛。对在国家、省和市政府部门组织或参与的创业大赛上获奖的大学生创业项目,经相关部门认定,给予资金资助和免担保创业贷款及贴息。

4.2　大学生创业环境实证分析

4.2.1　模糊灰色综合评价方法原理

灰色系统理论是从信息是否完备的角度出发,将系统分为非灰色系统和

---

① 参见:宁波市人民政府《关于进一步做好新形势下就业创业工作的意见》.

灰色系统。未知的信息称为黑色，已知的信息称为白色。既含有未知信息又含有已知信息的系统，称为灰色系统。灰色系统理论不但对信息不精确、不完全确知的小样本系统有明显的理论分析优势，而且突破了传统精确数学所受的约束，具有计算简便、排序明确、对数据分布类型及变量之间的相关性无特殊要求等特点。

运用模糊灰色综合评价理论进行大学生创业环境满意度评估的具体步骤如下。

第一步，建立评价指标并确定指标权重。运用 Delphi 法向多位有丰富实践经验的专家进行调查咨询，并参考大量以往有关研究资料，建立一套较为系统、合理的大学生创业环境满意度评价指标体系，一级指标设为 $(x_1, x_2, \cdots, x_i, \cdots, x_n)$，二级指标设为 $(x_{i1}, x_{i2}, \cdots, x_{ii}, \cdots, x_{ij})$，i = 1，2，$\cdots$，m，影响大学生创业环境满意度的不确定因素很多，因此，请一组有关方面的专家对已建立的指标赋予权重系数。

第二步，确定评价等级。大学生创业环境满意度评价标准集合为 V = (V_1, V_2, V_3)，分别表示"优""良""差"。按 5 分制打分，确定评价等级集合为：V = (5,3,1)。

第三步，确定评价样本矩阵。设有 r 位专家参与评价，若第 1 位专家对第 i 个评价指标 u_i 给出的评分为 d_{li}，则评价样本矩阵为 $D = \begin{bmatrix} d_{11} & \cdots & d_{1n} \\ \vdots & \ddots & \vdots \\ d_{r1} & \cdots & d_{rn} \end{bmatrix}$。

第四步，确定评价灰类。根据评价等级 V，确定评价灰类为 3 类，设评价灰类序号为 e，e = (1,2,3)，相对的灰类等级分别为"优""良""差"。各灰类的白权化函数如下。

当 e = 1 时，灰类等级为"优"，设定灰数$_{\varphi1} \in [5, \infty)$，

$$f_1(d_{li}) = \begin{cases} d_{li}/5, & d_{li} \in [0,5] \\ 1, & d_{li} \in [5, \infty) \\ 0, & d_{li} \in (0, \infty) \end{cases}$$

当 e = 2 时，灰类等级为"良"，设定灰数$_{\varphi2} \in [0,3,6]$，

$$f_2(d_{li}) = \begin{cases} d_{li}/3, & d_{li} \in [0,3] \\ 2 - d_{li}/3, & d_{li} \in [3,6] \\ 0, & d_{li} \in [0,6] \end{cases}。$$

当 $e = 3$ 时，灰类等级为"差"，设定灰数 $_{\varphi 3} \in [0,1,2]$，

$$f_3(d_{li}) = \begin{cases} 1, & d_{li} \in [0,1] \\ 2 - d_{li}, & d_{li} \in [1,2] \\ 0, & d_{li} \in [0,2] \end{cases}。$$

第五步，计算灰色评价系数。根据灰数的白化权函数求出 d_{li} 属于第 e 灰类的评价标准的权 $f_j(d_{li})$，则评价指标 u_i 属于第 e 灰类的灰色评价系数 $n_{ij} = \sum_{i=1}^{r} f_j(d_{il})$，指标 u_i 属于各评价灰类的总灰色评价系数为 $n_i = \sum_{j=1}^{4} n_{ij}$。

第六步，计算灰色评价权重向量和权重矩阵。将所有专家就评价指标 u_i 属于第 e 灰类的灰色权重向量记为 $r_{ij} = \dfrac{n_{ij}}{n_i}$，将所有评价指标所对应的灰类灰色评价权向量综合后则可以得到灰色评价权重矩阵 Q。

第七步，计算大学生创业环境满意度 A 综合评价值。将大学生创业环境满意度 A 的综合评价结果记为 B，则有：

$$B = A \cdot R = (\alpha_1, \alpha_2, \cdots, \alpha_n) \cdot \begin{bmatrix} q_{11} & q_{12} & q_{13} \\ q_{21} & q_{22} & q_{23} \\ \vdots & \vdots & \vdots \\ q_{n1} & q_{n2} & q_{n3} \end{bmatrix} = (b_1, b_2, b_3)。$$

当 $\sum_{j=1}^{3} b_j \neq 1$，可进行归一化处理，使 $\sum_{j=1}^{3} b_j = 1$。假设 C 为评价等级 V 的数值化向量，令 $Z = B \times C^T$，则 Z 为 A 的综合评价值，表示对大学生创业环境满意度 A 的最终评分。分值越高，说明大学生对创业环境的满意度越高；反之，分值越低，大学生对创业环境的满意度就越低。

4.2.2 宁波大学生创业环境满意度实证分析

对宁波大学生创业环境满意度评价，实例的运算过程如下。

1. 确定指标权重。本文采用专家评分法确定权重，一级指标权重集为 A，二级指标权重为（ω_1，ω_2，ω_3）。其中 A =（α_1，α_2，α_3）=（0.3，0.3，0.4），ω_1 =（0.167，0.066，0.167，0.1，0.5），ω_2 =（0.167，0.333，0.5），ω_3 =（0.25，0.375，0.25，0.075，0.05），且 $\sum_{i=1}^{n} \alpha_i = 1$，$0 < \alpha_i < 1$。

2. 环境满意度数据的采集和处理。在环境满意度调查中，项目组成员按照设计调查问卷必须遵循简明扼要的原则，设计了环境满意度调查表，并对 346 名大学生进行了问卷调查，收回有效问卷 308 份，调查问卷样表及调查统计结果见表 4-1。

表 4-1　　　　　　　大学生创业环境满意度调查问卷及调查结果

调查问题	满意程度				
	1	2	3	4	5
【学校教育】你所在的学校鼓励学生创业	2	9	60	56	181
【学校教育】你就读的学校设置了足够多的创业课程	4	32	75	83	114
【学校教育】通过学校的教育，你觉得你有能力去创业	10	43	94	70	91
【学校教育】学校经常举办创业实践和创业计划大赛活动	2	16	88	73	129
【学校教育】政府和学校为大学生创业提供了创业基金	6	18	90	85	109
【家庭背景】你的家人或者朋友通过创业获得了成功，并对你有较大的影响	9	30	90	77	102
【家庭背景】你的家人、朋友支持你创业	8	20	81	95	104
【家庭背景】你的家人在你的创业之路上有物质支持	12	33	87	81	95
【社会环境】你认为社会上创业的机会很多	3	21	90	92	102
【社会环境】你很满意政府对大学生创业的激励政策	3	32	91	90	92
【社会环境】政府关于规范创业行为的相关制度比较完善	3	34	98	85	88
【社会环境】你所在的创业团队能够得到政府部门对于创业的各种政策指导	7	38	85	91	87
【社会环境】你所在的创业团队经常可以得到有关创业方面的各种培训或教育	4	31	86	101	86

对 13 个因素的满意程度打分评价，每个因素的得分数在 1～5 之间，满意程度越高其分值越高，即 1 表示非常不满意，5 表示非常满意。将有效问卷所得的数据进行整理，可以得到评价样本矩阵如下：

$$D = \begin{bmatrix} 5 & 4 & 3 & 5 & 3 & 3 & 4 & 5 & 5 & 4 & 4 & 5 & 3 \\ 4 & 3 & 3 & 5 & 4 & 5 & 3 & 3 & 4 & 3 & 5 & 5 & 4 \\ 5 & 5 & 4 & 3 & 5 & 2 & 5 & 5 & 5 & 5 & 3 & 3 & 5 \\ 3 & 3 & 4 & 5 & 4 & 5 & 4 & 3 & 4 & 5 & 4 & 2 & 2 \\ 5 & 4 & 5 & 3 & 5 & 4 & 5 & 1 & 5 & 4 & 4 & 4 & 4 \\ 5 & 5 & 5 & 4 & 4 & 4 & 3 & 3 & 4 & 5 & 5 & 4 & 5 \\ 5 & 4 & 3 & 3 & 3 & 3 & 5 & 3 & 5 & 3 & 3 & 4 \\ 4 & 5 & 3 & 2 & 5 & 5 & 3 & 3 & 3 & 5 & 5 & 3 \\ 3 & 5 & 5 & 4 & 3 & 3 & 5 & 2 & 4 & 3 & 3 & 3 & 5 \\ 5 & 2 & 1 & 5 & 2 & 5 & 2 & 4 & 2 & 2 & 2 & 4 & 4 \end{bmatrix}$$

3. 计算灰色评价权重向量和权重矩阵。根据上述数据，可以计算得到该项目的灰色评价权矩阵如下。

学校教育环境指标灰色评价权矩阵 Q1 为：$\begin{bmatrix} 0.623 & 0.377 & 0 \\ 0.559 & 0.441 & 0 \\ 0.618 & 0.294 & 0.088 \\ 0.552 & 0.448 & 0 \\ 0.533 & 0.467 & 0 \end{bmatrix}$

家庭背景环境指标灰色评价权矩阵 Q2 为：$\begin{bmatrix} 0.552 & 0.448 & 0 \\ 0.533 & 0.467 & 0 \\ 0.656 & 0.250 & 0.094 \end{bmatrix}$

社会环境指标灰色评价权矩阵 Q3 为：$\begin{bmatrix} 0.533 & 0.467 & 0 \\ 0.533 & 0.467 & 0 \\ 0.533 & 0.467 & 0 \\ 0.533 & 0.467 & 0 \\ 0.525 & 0.475 & 0 \end{bmatrix}$

4. 计算大学生创业环境综合评价值。矩阵如下。

$$R = \begin{bmatrix} \omega_1 \cdot Q_1 \\ \omega_2 \cdot Q_2 \\ \omega_3 \cdot Q_3 \end{bmatrix} = \begin{bmatrix} 0.566 & 0.419 & 0.015 \\ 0.598 & 0.355 & 0.047 \\ 0.533 & 0.467 & 0 \end{bmatrix}$$

计算 $B = A \cdot R$，再将其进行归一化，整理可以得 $B = A \times R = (0.562\ 0.419\ 0.019)$，规定评价等级 V 的数值化向量 $C = (5,3,1)$，则大学生对创业环境的综合评价值 $Z = B \times C^T$，Z 分值越高，表示大学生对创业环境越好；反之，分数越低，表示越差。

宁波市大学生对创业环境满意度的综合评价值 $Z = B \times C^T = B \times (5,3,1) = 4.088 > 3$，表明宁波市大学生创业环境为优。

4.3 大学生创业环境与创业意愿分析

4.3.1 创业环境相关理论综述

1. 创业环境的定义。创业环境是一个整体概念，对创业者的创业活动造成影响，一直以来都被学校、政府乃至整个社会关注。通过探究创业环境的定义能了解其如何影响创业者或创业活动及影响程度如何，如表 4 - 2 所示。

表 4 - 2 创业环境相关定义表

作者	主要观点
霍华德（Howard，2002）	环境主导理论，外部环境需要创业主体的加入
蔡尔德（Child，2010）	环境感知理论，把创业主体当作"客体"去感知
池仁勇（2013）	把创业环境当作一个有层次的社会组织，举办一系列创业活动从中获得利益
张玉利（2014）	认为创业环境是各个影响因素的总结，包括创业者在创业活动中可能获取的所有支撑
蔡莉（2015）	认为创业环境是创业者在创业活动中产生影响的总和

2. 创业环境的影响因素研究。GEM（全球经济观察）指标主要从政府政策、金融支持、教育与培训、政府项目等九个维度来研究创业环境，这在很多地区甚至国家都具有很强的代表性，并对之造成影响。GEM 研究主要有以下意义：它包含了各个国家的相关报告，并且可以分析国内及国外的创业环境，研究范围大，具有参考意义；可以横向比较各个国家的创业水平以及影响创业活动的因素。

除了利用 GEM 指标去研究创业环境外，还存在其他影响因素，如表 4 – 3 所示。

表 4 – 3   创业环境的影响因素

作者	主要观点
戴波拉（Deborah，2012）	认为构成创业环境的影响因素为政府鼓励政策、社会文化、家庭影响等
高德纳（Gartner，2016）	认为构成创业环境的影响因素为高比例的人口移民、稳固的工作基础、有可利用的金融资源及工业化程度
苏益南（2017）	认为经济环境、社会环境、政策环境等才是创业环境的影响因素

3. 创业环境相关理论。

（1）创业意愿的定义。创业意愿是一个主观活动，用来解释无法预见的行为，从社会学、理学演变而来。国内外学者对其的定义如表 4 – 4 所示。

表 4 – 4   创业意愿相关定义

作者	主要观点
克鲁格（Krueger，1993）	认为这是创业者对未来创业的主观预测，意愿程度决定了是否进行创业活动，意愿越强，越容易成为创业者
汤普森（Thompson，2011）	认为创业者具有创业意愿但不一定具备创业能力，因此想进行创业的主观意向并不突出
刘海英（2016）	认为大学生的创业意愿是一种主观意识，它能很好地预测创业活动，并为之提供衡量指标

（2）创业意愿的影响因素研究。到目前为止，国内外众多学者根据各自的研究均得出了有关创业意愿的影响因素。此外，诸多因素随着研究的深入已得到证实，据了解，创业者的成长环境也会对创业意愿造成影响，现在的

选择受过去物质资源以及时间成本的制约。其影响因素如表 4 - 5 所示。

表 4 - 5   创业意愿的影响因素

作者	主要观点
杨俊、薛红志（2011）	发现大学生进行创业成功的要素与之前的工作积累经验有极大关联
范巍、王重鸣（2016）	认为构成创业意愿的影响因素为创新成就导向、个人自制力、自我尊重以及责任意识
布洛克（Brockhaus，2017）	证实创业者所在地区、性别、年龄及家庭成员都会对创业意愿产生影响

（3）创业环境和创业意愿关系相关理论。创业环境作为一个复杂的动态过程，会受到各个因素的影响，包括人的主观意向、社会大环境、创业者需具备良好的个人特质等，如表 4 - 6 所示。

表 4 - 6   创业环境和创业意愿关系

作者	主要观点
伯德（Bird，1998）	认为创业活动是一个持续、复杂的过程
亨德里（Hendrik，2008）	认为创业环境分为理性因素和感性因素，并且对创业意愿产生显著影响
李洪波（2017）	发现创业环境中的资金支持、学校创业支持、社会宏观微观经济文化四个方面对大学生创业意愿的影响极大

4.3.2 理论模型构建

基于对以上学者研究成果的整理，大多数国内外学者以 GEM（全球创业观察）模型来研究创业环境维度，并在研究基础上针对本国国情进行调整。根据 GEM 模型，九个维度构成了大学生创业环境模型，即金融支持、政府政策、政府项目、教育与培训、研究转移、商业环境和专业基础设施、国内市场开放程度、实体基础设施的可得性、文化及社会规范，本节通过结合郭必裕学者针对我国大学生创业的特征及其分析得出的结论，提取出创业的资金支持、学校教育、政府培训、政府政策、社会文化、家庭影响这六个维度，作为本文大学生创业环境的研究维度,并假设该理论模型能够准确地反映在中国国情下的宁波创业环境,并能更好地了解创业环境对大学生创业意愿产生的影响。本节的理论模型构建如图4-1所示。

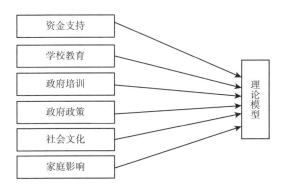

图4-1 本研究的理论模型

4.3.3 研究假设

1. 资金支持。假设1:宁波地区创业的资金支持对大学生创业意愿的影响呈正相关。

梅尔和皮尔格林(Meier R & Pilgdm M,2010)认为创业环境有诸多因素对创业活动构成影响,即允许低成本贷款、对风险进行投资、对资金来源进行有效替换、了解金融投资机构的融资意向、注意各金融机构间的竞争。郭德侠(2013)认为大学生创业存在资金难获得与缺少小额贷款的难处,风投公司及银行存在风险判定和风险偏好,使得大学生创业受到影响,进而影响其创业意愿,限制其创业活动。因此,本文提出假设1,即宁波地区创业的资金支持对大学生创业意愿的影响呈正相关,创业的资金支持力度越大,则大学生的创业意愿越强;反之,则越弱。

2. 学校教育。假设2:学校教育对大学生创业意愿的影响呈正相关。

克劳斯(Clouse,2002)通过研究发现接受过相关创业教育的学生能够更快速地感知到风险。在一定程度上,拥有创业工作经验的学生能更好地处理创业活动中出现的问题,从而做出解决方案和措施。对比没有接受过创业培训的学生，其创业意愿更强。乐国安（2014）通过对大学生创业意愿影响因素的研究，发现学校的创业技能培训影响大学生创业意愿，并得出结论，对创业活动进行实践操作如模拟创业、创业竞争，相比于创业的理论教育如开设日常课程和讲坛等，更受到学生的欢迎，对学生的创业影响更大。因此，本文提出假设2，即学校教育对大学生创业意愿的影响呈正相关，学校教育培训越丰富，则大学生的创业意愿越强；反之，则越弱。

3. 政府培训。假设3：政府培训对大学生创业意愿的影响呈正相关。

郑冉冉（2015）通过了解本国的就业形势发现，政府培训要与项目构建、技术支撑、创业指导、低额贷款等方面相结合，既要丰富大学生创业所需要的企业经营、劳动、工商等知识，也要让他们学会如何办理创业相关手续。王重鸣（2010）总结各高校学生的创业意向，并由此发现通过政府培训能使他们掌握基本的创业知识，包括如何构建创业团队、如何发挥团队里优势的人才、如何提高创新能力和管理能力。因此，本文提出假设3，即政府培训对大学生创业意愿的影响呈正相关，政府培训越全面，则大学生的创业意愿越强；反之，则越弱。

4. 政府政策。假设4：政府政策对大学生创业意愿的影响呈正相关。

史蒂文森和隆德斯托姆（Stevenson L & Lundstrom A，2016）通过对比十个国家的创业政策，认为政府制定创业政策越积极，创业者得到的商业机会就会越多，市场环境也越完善，从而创业者的创业决心也会增强，进而提高其创业的可能性和创业意愿。曹阳（2012）提出，地方政府对新创企业、创新企业进行考察时，应当把政府政策作为支撑点。他随即指出，政府政策包括与创业有关的培训和指导、创业基金来源引导、减免税收等方面。因此，本文提出假设4，即政府政策对大学生创业意愿的影响呈正相关，政府政策越完善，则大学生的创业意愿越强；反之，则越弱。

5. 社会文化。假设5：社会文化对大学生创业意愿的影响呈正相关。

迈克尔·波特（2012）指出文化优势之上最根本的是竞争优势，也是难以代替，难以模仿的，是最持久的，由此应要密切注意对个人或集体的经济活动造成一定影响的态度、价值观以及信念。李南（2016）深入地探究了文化因素和创业意愿的影响关系，认为如果身边所处的环境对创业具有颇高的认可度，则大学生进行创业的可能性越大。因此，本文提出假设5，即社会文化对大学生创业意愿的影响呈正相关，社会文化中创业文化越丰厚，大学生创业意愿则越强；反之，则越弱。

6. 家庭影响。假设6：家庭影响对大学生创业意愿的影响呈正相关。

安妮卡（Annika，2015）对该国306家小型企业进行深度地调查，经调查发现，创业初始资金主要是来源于朋友和家庭，创业者的商业选择会受到家人以及朋友鼓励支持的影响。如果前期学生知道创业会得到亲友和家人的资金帮助，就很有可能成为创业者。高静（2017）对宁波地区几所高校的450名大学生进行创业意愿调查，认为在家庭环境中，来自家庭成员的鼓励以及家庭成员成功创业的先锋作用对大学生创业意愿的影响最明显。因此，本文提出假设6，即家庭影响对大学生创业意愿的影响呈正相关，家庭影响越强，大学生创业意愿则越强；反之，则越弱。

4.3.4 研究设计与实证分析

4.3.4.1 研究指标设计

1. 创业环境指标设计。本文主要是以 GEM 九维度模型为基础研究创业环境，结合郭必裕学者针对我国大学生创业的特征及其分析，对 GEM 模型进行总结，将创业环境分为六个维度来构建模型。其中大学生创业环境评价体系中的一级指标为创业的资金支持、学校教育、政府培训、政府政策、社会文化、家庭影响，并对一级指标维度设计了更加详尽的二级指标。为了确保其可行性，对新量表进行信度及信度的检验。设计如表4-7所示。

表4-7　　　　　　　　大学生创业环境评价量表

一级指标	二级指标
X_1 资金支持	X_{11} 政府为大学生提供创业基金 X_{12} 家人提供物质支持
X_2 学校教育	X_{21} 学校提供了创业教育课程 X_{22} 大学生通过创业课程有能力创业

续表

一级指标	二级指标
X$_3$ 政府培训	X$_{31}$ 创业团队受到政府政策指导 X$_{32}$ 创业团队得到政府的创业培训或教育
X$_4$ 政府政策	X$_{41}$ 政府对大学生创业提供鼓励政策 X$_{42}$ 政府完善了规范创业行为的相关制度
X$_5$ 社会文化	X$_{51}$ 学校鼓励学生创业 X$_{52}$ 社会上创业机会多
X$_6$ 家庭影响	X$_{61}$ 家人或朋友创业成功对大学生创业产生影响 X$_{62}$ 家人或朋友支持大学生创业

2. 创业意愿指标设计。基于以上的文献研究，可知国内外学者的研究定位不同，对创业意愿的定义也不尽相同，且学术界对创业意愿并没有采用一个统一的测量量表。本节将创业意愿作为一个整体维度，下设二级指标做具体的研究，同时将其作为因变量，具体内容如表4-8所示。

表4-8 　　　　　　　　　　大学生创业意愿评价量表

一级指标	二级指标
Y：创业意愿	Y$_1$：是否会成为创业家 Y$_2$：是否会付出一切努力去建立并经营公司 Y$_3$：是否会在将来创立自己的公司 Y$_4$：创业的好处是否大于坏处 Y$_5$：创业是否非常吸引大学生 Y$_6$：是否有机会和资源创建公司

4.3.4.2 问卷的设计与调查

1. 问卷设计。通过对研究结果的整理，本文采用 Likert 五标度示意方法，对量表中的各个题项进行测量，具体内容如表4-9所示。

表4-9 　　　　　　　　　　Likert 五标度示意表

分值	1	2	3	4	5
含义	非常不同意	比较不同意	比较同意	同意	非常同意

调查问卷共分为三个部分，第一部分是个人信息调查，具体包括性别、所在学校、年级及专业、家庭收入及居住城市、创业时间等方面；第二部分是创业环境调查，将创业环境的六个维度作为一级指标，并在每个一级指标下设立两个二级指标；第三部分是创业意愿调查，该部分共设计 6 个问题。

2. 问卷调查。

（1）调查对象。本节调查问卷通过对大学生个人基本信息、创业环境、创业意愿进行调查，根据数据探究创业环境的维度对创业意愿如何产生影响。调查对象包括宁波市内各高校在校大学生、研究生以及往届毕业生。

（2）调查方法。本节通过发放电子问卷和纸质问卷的形式进行调查，此调查问卷发放时间为 2017 年 6～9 月，总计发放问卷 308 份，回收问卷 308 份，调查对象分别来自宁波大红鹰学院、宁波大学、浙江大学宁波理工学院、宁波诺丁汉大学、宁波工程学院、浙江医药高等专科学校、宁波城市职业技术学院、浙江纺织服装职业技术学院、宁波教育学院、浙江万里学院、浙江工商职业技术学院、宁波卫生职业技术学院这 12 所高校。调查问卷的主体由创业环境量表与创业意愿量表构成，并采用 Likert 五标度示意方法。在数据收集完成后进行筛查，得到 308 份有效数据，有效率为 100%。

（3）分析方法。通过借助统计分析软件 SPSS21.0 对回收的有效问卷数据进行分析。第一，本文先对样本总特征做描述性统计分析；第二，对问卷的可行性、有效性进行信度与效度分析，经确认后，利用统计描述的分析方法进行检验；第三，对大学生创业意愿的差异性做差异性分析；第四，对创业环境下各个维度与创业意愿的相关性做相关分析；第五，对创业环境的各个维度对创业意愿的影响强弱做回归分析。

4.3.4.3 实证数据分析

1. 描述性统计分析。（1）基本信息描述性统计分析

①受访者性别的统计情况如表 4－10 所示。

表 4 – 10 性别基本统计表

变量	类型	人数	百分比（%）	累计百分比（%）
性别	男	152	49.4	49.4
	女	156	50.6	100.0

根据以上结果可以得出，本次问卷调查的受访者中男性为 152 人，女性为 156 人，比例分别为 49.4% 和 50.6%。

②受访者年级的统计情况如表 4 – 11 所示。

表 4 – 11 年级基本统计表

变量	类型	人数	百分比（%）	累计百分比（%）
年级	大一	49	15.9	15.9
	大二	100	32.5	48.4
	大三	87	28.2	76.6
	大四	26	8.4	85.1
	研究生	9	2.9	88.0
	往届毕业生	37	12.0	100.0

由受访者的年级统计结果可以发现，大部分学生集中在大二和大三，其中大二最多，总计有 100 人，比例为 32.5%；其次是大三人群，总计有 87 人，而研究生最少，总计有 9 人，比例为 2.9%。

③受访者专业的统计情况如表 4 – 12 所示。

表 4 – 12 专业基本统计表

变量	类型	人数	百分比（%）	累计百分比（%）
专业	经管类	162	52.6	52.6
	艺术类	20	6.5	59.1
	理科	47	15.3	74.4
	工科	54	17.5	91.9
	人文类	25	8.1	100.0

从专业的调查结果可以发现，经管类学生最多，人数达到 162 人，比例为 52.6%；其次是工科类，累计有 54 人，比例为 17.5%；而艺术类学生相对

较少，累计有 20 人，其比例为 6.5%。

④受访者家庭收入的统计情况如表 4 - 13 所示。

表 4 - 13　　　　　　　　　家庭收入基本统计表

变量	类型	人数	百分比（%）	累计百分比（%）
家庭收入	低于 5 万元	59	19.2	19.2
	5 万 ~ 10 万元	94	30.5	49.7
	10 万 ~ 15 万元	60	19.5	69.2
	15 万元以上	95	30.8	100.0

根据受访者家庭收入的统计结果，可发现大部分学生的家庭收入在 5 万 ~ 10 万元和 15 万元以上，比例分别为 30.5% 和 30.8%。

（2）问卷题项描述性统计分析

①维度分析结果如表 4 - 14 所示。

表 4 - 14　　　　　　　　　调查问卷维度分析结果

维度	N	极小值	极大值	均值	标准差
资金支持	308	1	5	3.81	1.077
学校教育	308	1	5	3.72	1.115
政府培训	308	1	5	3.69	1.053
政府政策	308	1	5	3.76	1.019
社会文化	308	1	5	4.05	0.990
家庭影响	308	1	5	3.81	1.074
创业意愿	308	1	5	3.90	1.013

表 4 - 14 是以本文所调查的六个维度为基准，对受访者回答的问卷结果进行分析，其中 N 指分析的人数，数据显示，所有的样本 308 人均在分析之列，没有一人缺失。在各个因素中，极大值与极小值是指 308 人的最高值与最低值，其中最重要的参考指标为均值。本节采用 Likert 五标度示意方法，因此，把平均值设置为 2.5 分，若要表明 308 人组成的样本群体对该维度认可程度较高，则分值需超过 2.5 分。首先，根据各个维度显示的均值数据来看，都超过 2.5，由此推出，大学生对创业环境的六个维度认可程度都较高，但其

中，政府培训这个维度的均值最低，说明当前大学生对政府培训的现状接受程度不高。学校教育的均值也相对较低，说明在创业环境中，大学生对学校教育存在疑问。同时，创业意愿的均值为 3.90，接近 4，处在较高的水平，由此可见受访者总体的创业意愿较高。

②题项分析结果如表 4 – 15 所示。

表 4 – 15 调查问卷题项分析结果

题目序号	极小值	极大值	均值	标准差
10	1	5	4.24	0.958
11	1	5	3.80	1.089
12	1	5	3.65	1.136
13	1	5	3.90	1.016
14	1	5	3.80	1.094
15	1	5	3.82	1.054
16	1	5	3.71	1.128
17	1	5	3.87	0.988
18	1	5	3.77	1.022
19	1	5	3.76	1.018
20	1	5	3.67	1.083
21	1	5	3.71	1.023

根据表 4 – 15，发现有三个维度的均值较低，一是政府培训维度，其中表现为题项 20 与题项 21 的均值，题项 20、题项 21 分别是"你所在的创业团队在创业过程中能够得到政府部门对于创业的各种政策指导"以及"你所在的创业团队经常可以得到有关创业方面的各种培训或教育"，这说明大学生对创业团队能够得到政府政策的指导存在疑问，对创业团队得到培训与教育存在不信任，反映出当前政府的政策指导方面不够完善，对创业团队的培训与教育不够深入全面；二是学校教育维度，其中表现为题项 11 与题项 12 的均值，题项 11、题项 12 分别是"你就读的学校设置了足够多的创业课程"以及"通过学校的教育，你觉得你有能力去创业"，部分受访者对这两个方面存在质疑，这说明大学生对有关创业教育的感知程度较低，学校没有与学生进行

有效对接,这符合我国创业教育体系不完善的背景;三是政府政策维度,其中表现为题项 18 与题项 19 的均值,题项 18、题项 19 分别是"你很满意政府对大学生创业的鼓励政策"以及"政府关于规范创业行为的相关制度比较完善",大部分学生认为创业过程中不太能够享受到政府的鼓励政策,相关制度不完善,也客观反映了政府的鼓励支持没有落实到大学生的创业中,由此得出,大学生创业需要政府的扶持,这直接对大学生的创业积极性产生影响。

2. 信度与效度检验。(1)信度分析。本节采用克隆巴赫 α 系数的信度标准对问卷进行信度分析,如表 4 – 16 所示。

表 4 – 16 克隆巴赫 α 信度标准

α 值标准	标准
α 系数 ≤ 0.3	完全不可信
0.3 < α 系数 ≤ 0.4	勉强可信
0.4 < α 系数 ≤ 0.5	一般可信
0.5 < α 系数 ≤ 0.7	可信
0.7 < α 系数 ≤ 0.9	很可信
α 系数 > 0.9	完全可信

根据量表问卷的信度分析格式,对创业环境的各个维度做信度检验,得出克隆巴赫 α 值,计算结果如表 4 – 17 所示。

表 4 – 17 调查问卷信度分析结果

变量	维度	问卷题目编号	题目数量	克朗巴哈系数值
创业环境	资金支持	A13 A16	2	0.585
	学校教育	A11 A12	2	0.668
	政府培训	A20 A21	2	0.826
	政府政策	A18 A19	2	0.800
	社会文化	A10 A17	2	0.587
	家庭影响	A14 A15	2	0.728
创业意愿		B22 B27	6	0.881

表 4 – 17 中,创业环境下设 6 个维度,分别为资金支持、学校教育、政

府培训、政府政策、社会文化以及家庭影响，问卷题目编号即每个维度对应的题项，为了区别创业环境与创业意愿这两个维度变量，用 A、B 标示，每个维度下设 2 个题项。由计算出的克朗巴哈系数值可知，创业环境这 6 个因素的克朗巴哈系数值均在可信与很可信的区间内，而创业意愿的信度显示为 0.881，处于高水平。由此可以推出，这次的问卷调查十分可信。

（2）效度分析。在效度分析中，以结构效度为基础对变量做 Bartlett 球形检验与 KMO 相关系数的分析，以此来检测是否能进行因子分析以及它的显著程度。在进行因子分析时，可利用方差最大正交旋转，以更好地解释提取出的因子，并分析问卷的效度。

①创业环境量表下因子的效度检验如表 4 – 18 所示。

表 4 – 18　　　　　　　　　　创业环境量表效度检验结果

	因子载荷量					
	因子 1	因子 2	因子 3	因子 4	因子 5	因子 6
A16	0.841					
A13	0.708					
A12		0.867				
A11		0.751				
A21			0.923			
A20			0.853			
A19				0.913		
A18				0.833		
A17					0.801	
A10					0.748	
A15						0.887
A14						0.787

球形检验 KMO 值 = 0.932，SIG = 0.000
总方差解释量 = 73.681%

根据数据分析可得，量表整体的球形检验 KMO 值为 0.932，大于 0.5，符合标准，SIG 值为 0.000，小于 0.05，差异极显著。这表明创业环境量表非常符合做因子分析的条件，通过因子分析后发现总方差解释量为 73.681%，高于 60%，所以得出的六个因子是相当理想的。经过正交旋转后，原始的12 个题项，共计提取出 6 个公因子，其中因子 1 包含题项 A16、A13，因子2 包含题项 A12、A11，因子 3 包含题项 A21、A20，因子 4 包含题项 A19、A18，因子 5 包含题项 A17、A10，因子 6 包含题项 A15、A14，并将其分别命名为资金支持、学校教育、政府培训、政府政策、社会文化、家庭影响因素。

②创业意愿量表下因子的效度检验如表 4 – 19 所示。

表 4 – 19　　　　　　　　　　创业意愿量表效度检验结果

原始题项	因子载荷量 因子 1
B22	0.730
B23	0.788
B24	0.827
B25	0.811
B26	0.816
B27	0.785

球形检验 KMO 值 = 0.885，SIG = 0.000
总方差解释量 = 74.049%

根据数据分析可得，量表整体的球形检验 KMO 值为 0.885，大于 0.5，符合标准，SIG 值为 0.000，小于 0.05，差异极显著。这表明创业意愿量表非常符合做因子分析的条件，通过因子分析后发现总方差解释量为 74.049%，高于 60%，所以得出的一个因子是相当理想的。并且六个题项的因子荷载量均在 0.7 以上，表示量表具有较好的结构效度。

因此，本节所用调查问卷具有良好的信度及效度，可以运用在本节的其他分析上，可靠性较高。

3. 差异性分析。基于两个群体平均数的检验，分组变量为二分类变量，同时，自变量为连续变量，宜采用独立样本 T 检验。基于性别的人口统计数据如表 4 – 20 所示。

表 4 – 20　　　　　　　　　　基于性别的人口统计数据

	性别	N	均值	标准差	F 值	显著性	T 值	显著性
资金支持	男 女	152 156	3.83 3.97	1.109 0.915	8.040	0.005	− 1.257	0.210
学校教育	男 女	152 156	3.84 3.76	1.113 1.068	0.696	0.405	0.637	0.525
政府培训	男 女	152 156	3.70 3.64	1.066 1.101	0.273	0.602	0.509	0.611
政府政策	男 女	152 156	3.76 3.78	1.055 0.992	2.297	0.131	− 0.218	0.827
社会文化	男 女	152 156	4.20 4.28	0.935 0.981	0.190	0.663	− 0.716	0.474
家庭影响	男 女	152 156	3.91 3.69	1.082 1.099	0.157	0.692	1.735	0.084

从分析得出的结果来看，参与本次问卷调查的男性为 152 人，女性为 156 人，基于性别对资金支持的影响程度来看，男性的均值为 3.83，明显低于女性的 3.97，从均值来看，女性的资金支持感受大于男性。性别对于政府政策和社会文化来说也表现出同样的特点。但是在创业的学校教育、政府培训、家庭影响方面男性的感知程度高于女性。

在"方差相等的 Levene 检验"的 F 检验中，除了资金支持的 F 值的显著性为 0.005，其他变量的 F 值的显著性均大于 0.05，表明两组样本方差基本同质。假设方差相等，则 6 个因素 T 值的显著性均大于 0.05，表明男性与女性在创业环境感知方面并无差异，性别并未对创业环境的感知造成影响。

利用此方法对其他年级、专业、家庭收入因素进行检验，发现结果与性别对创业环境的感知程度相一致。因此，推断出现上述现象的原因在于本次调查的样本中男性为 152 人，女性为 156 人，样本数量相差甚少，对于大学生来说，男性与女性都能感知到创业环境带来的变化，能接受来自各方面的挑战。

4. 相关分析。本节为了了解创业环境的 6 个维度与创业意愿的关联性，对数据进行相关分析。其结果如表 4 – 21 所示。

表 4 - 21　　　　　　　　　　　维度间相关分析

	资金支持	学校教育	政府培训	政府政策	社会文化	家庭影响	创业意愿
资金支持	1						
学校教育	0.482 ** 0.000	1					
政府培训	0.503 ** 0.000	0.455 ** 0.000	1				
政府政策	0.563 ** 0.000	0.456 ** 0.000	0.652 ** 0.000	1			
社会文化	0.475 ** 0.000	0.464 ** 0.000	0.374 ** 0.000	0.367 ** 0.000	1		
家庭影响	0.521 ** 0.000	0.419 ** 0.000	0.499 ** 0.000	0.449 ** 0.000	0.412 ** 0.000	1	
创业意愿	0.294 ** 0.000	0.323 ** 0.000	0.400 ** 0.000	0.350 ** 0.000	0.297 ** 0.000	0.397 ** 0.000	1

注：** 表示在 0.01 水平（双侧）上显著相关。

根据分析出的数据可得，创业环境的 6 个维度都与创业意愿存在正相关关系，相关系数分别为 0.294、0.323、0.400、0.350、0.297、0.397，均为正数。通过对比相关系数值，可发现政府培训与创业意愿的相关性最高，系数值为 0.400；反之，资金支持与创业意愿的相关性最弱，系数值为 0.294。

然而，相关分析只能反映两个变量之间的相关程度，故还需运用回归分析来检验多个自变量对因变量的影响，使变量之间的关系得到量化，便于更好地分析。

5. 回归分析。为了考察大学生创业环境的 6 个维度对创业意愿的影响，采用多元回归分析进行检验，结果如表 4 - 22 所示。

表 4 - 22　　　　　　创业环境六维度对创业意愿的回归分析结果

模型	非标准化系数		标准系数	t	Sig.
	B 标准误差		BETA		
（常量）	1.569	0.185		8.477	0.000
资金支持	- 0.041	0.046	- 0.043	- 0.891	0.374
学校教育	0.084	0.041	0.092	2.059	0.040

模型	非标准化系数		标准系数	t	Sig.
	B	标准误差	BETA		
政府培训	0.182	0.049	0.187	3.726	0.000
政府政策	0.083	0.051	0.083	1.632	0.103
社会文化	0.089	0.045	0.086	1.992	0.047
家庭影响	0.207	0.043	0.216	4.808	0.000

模型整体 F 值 = 30.631　　显著性 P 值 = 0.000

VIF = 1.467 ~ 2.039

模型 R 方 = 0.232

通过采用多元回归分析可得：模型整体 F 值为 30.631，显著性 P 值为 0.000，表明整个模型差异显著。数据显示，模型 R 方为 0.232，说明在自变量被纳入后，因变量变异程度为 23.2%。共线性统计量 VIF 处于 1.467 ~ 2.039，处于较低的水平，因此可推断，模型中的自变量不存在重大异常。

分析结果可见，资金支持与政府政策这两个维度的 Sig 值为 0.374、0.103，均大于 0.05，故不显著，其余四个维度对创业意愿有正相关影响，把回归数值进行对比可以发现，家庭影响维度对大学生创业意愿的影响最强，其次为政府培训、学校教育，社会文化对创业意愿的影响最弱。即得出的方程式为：

$$创业意愿 = 1.569 + 0.084 \times 学校教育 + 0.182 \times 政府培训$$
$$+ 0.089 \times 社会文化 + 0.207 \times 家庭影响$$

4.3.5　结论与建议

4.3.5.1　资金支持

1. 资金支持维度对创业意愿影响的分析。据回归分析的数据可知，资金支持与创业意愿的标准系数为 -0.043，Sig 值达到 0.374，大于 0.05，无显著影响，所以，假设"资金支持对大学生创业意愿的影响呈正相关"不成立。这进一步表明对于在宁波地区的大学生来说，无实际的创业经历则难以去认识到创业资金的重要性，可能对他们来说，风险、人才、资源显得更为重要。创业资金来源渠道难，新创业者难获得创业资金也是另一难题。

对于宁波地区所处创业环境的资金支持因素而言，尚需解决的是创业资金来源渠道和创业风险的问题，学校应专门开设可供大学生资助创业的基金，政府应对大学生创业提供资金支持，本地银行应通过低息小额贷款鼓励其创业。另外，学生观念的转变尤为重要，应意识到在大环境下，创业的成本变小，创业风险也随之减小。

2. 完善资金支持的对策建议。

（1）增加大学生创业资金来源渠道。国家及地方政府为创业者提供创业引导资金，为大学生提供专门的服务，保证信息畅通性；银行为鼓励大学生进行创业活动应提供低息或免息贷款；家人应通过物质支持为大学生创业保驾护航。

（2）完善政府及高校的创业资金管理。政府及高校应细化大学生申请创业资金的流程，规范资金的申请及发放，让大学生掌握申请方法，明确资金支持类别，从而使大学生真正感受到在互联网的大环境里，其创业受到各方面的支持。

（3）构建合理的风险管控机制。大学生的创业经验不足，创业风险也相对应地增大，为他们做好风险管理与控制是十分重要的，可建立专门基金用作风险补偿，帮助大学生合理有效地分散风险。

4.3.5.2　学校教育

1. 学校教育维度对创业意愿影响的分析。据回归分析的数据可知，学校教育与创业意愿的标准系数为 0.092，Sig 值达到 0.040，小于 0.05，有显著影响，因此，假设"学校教育对大学生创业意愿的影响呈正相关"成立，学校教育培训越丰富，则大学生的创业意愿越强；反之，则越弱。完善的学校教育能增强大学生创业能力，提高其创业积极性。宁波地区学校教育存在的问题为：部分学校并没有设置足够多的创业课程去提升大学生的创业能力，创业的内容仅停留在书面而没有落实到实践中。

2. 创新教育模式的对策建议。

（1）设置专业系统的创业课程。把创业课程作为必修课向全体大学生开放，受众群体不仅涵盖校大学生，还包括已毕业但有着强烈创业意愿的毕业生。学校可根据学生的实际情况安排创业导师解决学生学习过程中出现的问题，加强学生自身的创业技能，为今后创业成功做准备。教育形式应多样化，可用创业竞赛、寒暑期社会实践形式让学生积极参与，切身实地地体会创业实践。

（2）对大学生的创业理念进行正确引导。创业教育的核心是大学生能够形成正确的创业意识，在当今社会中，学校教给学生的更多是书本上的文化知识，对大学生实践技能的教育培训较少，因此我们要引起关注。与此同时，学校可与中小企业进行合作，让学生参与到实践中去，增强大学生的创业热情。

4.3.5.3 政府培训

1. 政府培训维度对创业意愿影响的分析。据回归分析的数据可知，政府培训与创业意愿的标准系数为 0.187，Sig 值达到 0.000，小于 0.05，有显著影响，因此，假设"政府培训对大学生创业意愿的影响呈正相关"成立，政府培训越全面，则大学生的创业意愿越强；反之，则越弱。全面有效的政府培训能让创业者所在的创业团队发展更快，政府的政策指导能更好地帮助大学生创业团体进行创业活动。当前政府培训存在的问题为：大学生创业团队对如何得到政府政策指导的流程还不明确，政府相关指导人员专业能力或技能不足，不能较好地服务于创业团队。

2. 优化创业培训的对策建议。

（1）创建完备的创业服务平台。利用平台鼓励大学生创业团队，能随时随地对其进行政策指导，有一套标准化工作流程，能切实有效地落实到大学生身上，政策指导内容范围可以全面化、多样化，能让他们获得更加明确的指导，有利于创业团队的快速发展。

（2）对有创业意愿的创业团队进行专业指导。政府可以邀请国内创业成功的企业家，甚至国外的金融管理学家来指导，与大学生进行面对面的交流和辅导，利用最新的创业理念和创业思维去引导大学生进行创业实践，提高服务人员的服务质量有利于大学生对整体方向的把握，创业成功率也会相对提高。

4.3.5.4　政府政策

1. 政府政策维度对创业意愿影响的分析。据回归分析的数据可知，政府政策与创业意愿的标准系数为 0.083，Sig 值达到 0.103，大于 0.05，无显著影响，所以假设"政府政策对大学生创业意愿的影响呈正相关"不成立。这表明大学生因缺少创业经历，还未认识到政府政策的重要性，政府的鼓励政策和创业相关制度能在一定程度上保障创业活动顺利进行。当前政府政策存在的问题为：虽然政府对大学生创业有鼓励政策，但并没有真正贯彻下去；政府关于规范创业行为的相关制度并不完善，还存在欠缺。

2. 推进创业政策的对策建议。

（1）落实贯彻创业鼓励政策。为了保障大学生创业能够正常进行，政府需设立专门的监督机构，用来推进政策的落实，政府应根据每个地区的特色，来制定相应的鼓励措施，切实有效地为大学生谋福利，政府可允许大学生在创业地办理落户手续，在校生可允许"休学创业"。只有落实政策指令才能让大学生无后顾之忧的进行创业，同时，大学生的创业意愿也会增强。

（2）完善关于规范创业行为的相关制度。政府可根据实际情况，对大学生创业所需的咨询、项目开发、信息服务、税收制度等方面进行完善，进一步缩小对创业的限制范围，鼓励大学生进行自主创业。随着时代的发展，政府也可对原本老旧的制度进行创新完善，能最大限度上解决大学生的创业难题。

4.3.5.5　社会文化

1. 社会文化维度对创业意愿影响的分析。据回归分析的数据可知，社会文化与创业意愿的标准系数为 0.086，Sig 值达到 0.047，小于 0.05，有显著影响，因此，假设"社会文化对大学生创业意愿的影响呈正相关"成立，社会文化中创业文化越丰厚，大学生创业意愿则越强；反之，则越弱。从社会文化方面而言，对创业环境进行实证分析后可得，学校是否鼓励学生创业以及社会上创业机会的多少会影响其创业意愿。

2. 营造创业文化的对策建议。

（1）学校鼓励创业活动。学校应构建完整的创业教育系统，可以通过邀请专家来校做访谈以及讲师授课等形式提升大学生的创业能力，帮助大学生树立正确的创业观，消除从众心理，让每位学生都变得"个性"，以此来鼓励学生进行创业。

（2）营造创业文化氛围。对于宁波地区来说，政府可以通过加强法律约束，减少创业失信者，加大对大学生创业的宣传力度，利用网络媒介来传播当地成功创业家的例子，为学生提供榜样示范。全社会应积极营造创业文化氛围，可以容忍创业失败，给年轻人更多的创业机会。

4.3.5.6　家庭影响

1. 家庭影响维度对创业意愿影响的分析。据回归分析的数据可知，家庭影响与创业意愿的标准系数为 0.216，Sig 值达到 0.000，小于 0.05，有显著影响，因此，假设"家庭影响对大学生创业意愿的影响呈正相关"成立，家庭影响越强，大学生创业意愿则越强；反之，则越弱。家人的支持或朋友的创业成功经历都对大学生创业意愿产生影响。家人认为创业不稳定及风险性高，则大学生可能更倾向于安稳就业，同时，朋友创业失败也是影响大学生创业意愿的一大因素。

2. 重视家庭影响的对策建议。

（1）家人对创业者进行支持。参与调查的大学生多为"90"后，缺乏创业经历，解决问题的经验不足，思想活跃但处理问题偶尔会冲动，家人应对他们进行有效引导，在物质和精神上支持他们进行创业活动。

（2）树立坚定的目标。搜集家人、朋友创业成功的例子，以他们为目标，汲取其成功经验，多跟他们交流沟通，同时，也多学习一部分创业失败的例子，整理总结失败的原因及解决方法，作为前车之鉴，提升自身创业能力，打下夯实基础。

第二篇

大学生创业团队结构——
行为理论及实践启示

第 5 章
大学生创业团队的动机分析

动机是引起个体活动，维持并促使活动朝向某一目标进行的内部动力。动机所覆盖的范围和领域非常复杂，不同学者从不同维度都对动机展开了不同方面的研究，本书通过查阅相关文献资料，对动机理论进行了详细的梳理，主要有以下观点，具体如表 5-1 所示。

表 5-1　　　　　　　　动机理论梳理（根据文献资料整理）

理论	代表人物	主要观点
强化理论	巴普洛夫、斯金纳	强化能够促进学习动机的形成，有效的激励是很好的学习诱导
需要层次理论	马斯洛	个体成长发展的内在力量是动机
成就动机理论	麦克里兰、阿特金森	个体的成就动机可以分成趋向成功的倾向和避免失败的倾向
成败归因理论	韦纳	从行为及其结果推导出行为的意图和动机
自我效能感理论	班杜拉	人的行为受行为的结果因素与先行因素的影响
本能动机理论	弗洛伊德	本能即遗传倾向是人类行为的天生推动力
驱力理论	武德沃斯、赫尔	人的行为动力是由生理需要引起的精神状态或由驱力引起的紧张状态
唤醒理论	赫布、柏林	中等强度的刺激也最能使人产生行为动力
期待价值理论	托尔曼	行为产生的原因是由于个体对目标的期待
成就目标理论	德韦克	个体对自己能力的不同看法直接影响到各梯队成就目标的选择
认知失调论	费斯延格	人的动力来源于认知失衡所产生的张力

续表

理论	代表人物	主要观点
个人作为论	戴查姆斯	个人之所以自愿从事某项工作是因为他认为在能力上有所作为
工作投入论	尼克斯	工作投入的不同状态影响个体的行为动力
个人专注论	梅尔	个人动机的强度与个人的专注密切相关

5.1 大学生创业团队动机理论研究

创业动机就是有关创业的原因和目的，即为什么要创业、为何创业的问题。创业的动机往往就是找到情怀，或发现了最初的梦想，或解决某个社会关心的问题。从社会宏观环境来说，创业是创业者对时代潮流的顺应。从个人主观动机来说，创业者从事创业活动有多种需求。不同学者从不同角度、不同侧面提出了自己的见解，具体如表 5 - 2 所示。

表 5 - 2　　　　　　创业动机概念梳理（根据文献资料整理）

序号	主要代表人物	主要观点
1	Vroom	创业动机可以用函数的形式表示出来，是效价、期望和手段三者的乘积
2	Rvan. Deci	创业动机是生物、认知和社会规范的核心，它与创业意向一样也包含着能量、方向和持久的激励
3	Robichaud，McGraw Roger	把创业动机看作创业家通过经营所属的企业来寻求达到的目标，创业家的目标决定了其行为模式，进而决定了创业是否成功
4	Baum. Locke	创业动机是创业者在追求成就的过程中，在头脑中形成的一种内部驱动力，有目标导向和自我效能感两个衡量指标
5	Shane，Locke，Collins	创业动机是个体的一种意愿和一种自发性，这种意愿会影响人们去发现机会、获取资源以及开展创业活动
6	Carsrud，Brannback	创业动机是将创业认知和创业意向转换成创业行为的"火花"和关键
7	何志聪	创业动机是内化为创业者个体的目标，激励创业者的行为，激励创业者去寻找机会，把握机会，并最终实现创业成功的动力

根据学者的观点，本节从创业团队这个角度来分析其动机内涵、类型、影响因素。

5.1.1　大学生创业团队动机内涵

动机是推动个体从事某种活动，并朝着一个方向前进的内部动力。个体的内在过程既是动机，其行为又是这种内在过程的表现。而创业动机是指引起和维持个体从事创业活动，并使活动朝向创业目标的内部动力，它是鼓励和引导个体为实现创业成功而行动的内在力量。创业团队是指在创业初期，由一群才能互补、责任共担、愿为共同的创业目标而奋斗的人所组成的特殊群体。那创业团队的动机和创业动机的内涵一样吗？它们之间呈现什么样的关系呢？

大学生创业团队动机首先有一个限定条件：大学生这个特定群体。因此，它有自己具体的内涵：大学生创业者的目标或愿景，所处阶段为创业之前或创业之初，它在创业过程中驱动着团队的创业行为，并影响着大学生的创业行为，朝向创业愿景的心理过程。具体来说，大学生创业团队动机包含着创业发起人的个人创业动机、创业团队成员的个人动机和创业团队的整体动机。

1. 创业项目发起人或负责人的动机是创业团队动机的核心，由创业项目发起人激发和维系，促使该创业项目处于正能量状态的目标或愿景，具有较强的选择性、倾向性和主观能动性。

2. 创业团队成员的个人动机是大学生创业团队动机的聚合，大学生创业的动机已经千差万别且很复杂，更何况大学生创业团队的动机，其更为复杂和深刻，它不仅仅由每个个体动机所组成，更是一个团队动机的聚合，最终选择一个愿景或目标去为之奋斗。

3. 大学生创业团队动机并不是一成不变，在不同创业时期和不同创业者领导下都会随之调整和变化，千变万化最终是为了创业项目目标的实现。

综上所述，本节认为，大学生创业团队动机是一种创业的目标和愿景，它指创业大学生团队由于自己内在、外在和团队的某种需要，朝着创业目标迈进的心理过程。它包含以下三个要素：一是大学生创业团队动机发展是分阶段性的；二是大学生创业团队动机发展是在创业过程中实现的；三是大学生创业团队动机是复杂的整体，在大学生创业者创业中存在多种动机，在不同阶段推动大学生创业者创业的主导性动机也千差万别。

5.1.2 大学生创业团队动机类型

根据 Erkko Autio 等人在 "Entrepreneurial Inten Amon Students Testing an Intent Model in Asia, Scandinavia and in the U. S. A" 中的研究，创业的动机有以下四种归类：对成就的需要、对独立性的偏好、控制的欲望、改变家庭和个人的经济状况。那么创业团队的动机又有什么特殊性呢？归纳起来主要有以下类型，一是从大学生自我发展的角度来说有以下两类。

1. 发展型创业动机。作为创业团队动机来说，其个体的发展型动机尤为重要。在大学生创业过程中，加入创业团队主要是为了自我发展、锻炼和提高，与他们专业对口的知识结合起来，不断学习、不断成长、不断开阔视野，增加自己的实践经验，丰富自己的社会阅历，这些在创业团队动机中都属于发展型创业动机。这在奥尔德弗（Alderfer）的 ERG 理论中也可以找到理论依据，人的需求分为生存、相互关系和成长。这三种需求并不一定按照严格的由低向高的顺序发展，可以越级。当代大学生随着年龄的增长，对于相互关系和成长的需要会逐渐强烈。这也是他们纷纷加入创业团队的动机所在。

2. 成就型创业动机。心理学研究表明：18～25 岁是创造力最为活跃的时期，这个年龄段的大学生正处于创造能力的觉醒时期，对创新充满了渴望和憧憬。他们思维活跃、创新意识强烈，同时，所受的约束和束缚较少，按照 ERG 理论其对成长的需要也更为强烈。另外，由于大学生所处高等学府的环境，他们往往更容易接触一些新的发明和学术上的新成果，或者他们中的一部分人本身拥有具有自主知识产权的科研成果，为了能早日实现自己成功的目标，他们中的一部分人改变了自己的成功观念，也开始了自己的创业生涯。这种想通过挑战自我、实现自我价值和得到社会认可的行为就是成就型创业动机。

二是从创业动机的深层次原因和不同时期创业动机来看，综合归纳主要有以下两类。

1. 简单的创业动机模型，其具体解释如图 5 - 1 所示。

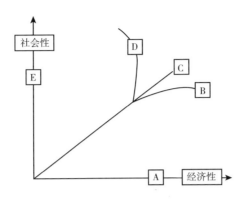

图 5 - 1　简单的创业动机模型

简单的创业动机模型是从创业动机自身去分析创业动机的性质及其之间的内在逻辑关系，简单型创业动机模型说明创业者的创业动机是循序渐进的，且具有明显的方向性，即从低级向高级有序发展，但实际上影响创业动机的因素是复杂多变的。各种创业动机的含义如表 5 - 3 所示。

表 5 - 3　　　　　　　　　各种创业动机的含义

指标	含义
A	代表大学生创业者纯粹的实现经济性动机而进行的创业，沿着横轴经济性动机从基本生存型向发展改善型动机发展；基本生存型动机和发展改善型动机的经济界限是：当创业者通过创业从社会获得的经济回馈低于或者只达到创业者所在区域人均平均收入（包括经济和安全等）水平时，而创业者仍然坚持创业，属于基本生存型动机，反之，属于发展改善型动机。
B	代表大学生创业者在经过一个时期以后，创业动机逐渐偏向追求社会性价值目标的实现。
C	代表大学生创业者对于经济性的追求和实现社会性价值目标追求是同等重要的。
D	代表大学生创业者创业在经过一个时期以后，创业动机逐渐偏向于主要追求实现社会性价值目标。
E	代表大学生创业者出于纯粹的对社会性价值目标的追求，沿着纵轴创业社会性动机将从单一个体社会性动机向复杂社会性动机发展。

2. 复杂的创业动机模型，其具体解释如图 5 - 2 所示。

从图 5 - 2 不难发现，复杂的创业动机模型体现在三个维度上，一是创业者的动机发展维度，它包含社会性动机和经济性动机；二是创业企业的发展

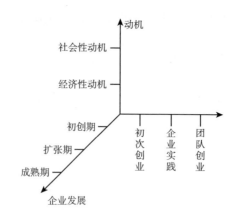

图5-2 复杂的创业动机模型

维度，有初创期、扩张期和成熟期三个发展阶段；三是创业者的发展维度，有初次创业、企业实践、团队创业三个方面，这些集中反映了创业者在创业过程中的生命周期、企业的生命周期与创业动机的空间关系。创业动机的发展在创业者个体发展以及企业发展的影响和制约下遵循一定的模式和时序，在创业者初次创业和创业企业成长初期，创业者的创业动机较为简单，经济性动机是其优势和主要的创业动机，其他的社会性动机还不太强烈和明显，甚至是模糊的，这时创业者追求的主要目标是尽快取得一定经济回报，而大学生创业团队动机正是这一层次的集中反映。

当然大学生创业团队的动机也是多元复合的，会受到多种因素驱动，但这两种创业动机是大学生创业团队的主要动机类型，影响大学生创业行为的发展。综上所述，大学生创业团队的动机类型有以下四种。

1. 兴趣主导型。对创业项目感兴趣是大学生创业团队构建的原动力。兴趣是一种无形的动力，当大学生认真对待某件事情或某项活动时，他们就会很投入，他们能够自发组建创业团队并形成较强的凝聚力，这种凝聚力是大学生创业团队必备的内驱力。此外，大学生创业团队构建初期会遇到资金短缺、经验不足、意见分歧、市场无法拓展等棘手问题，这些问题会潜移默化地造成创业团队维系困难，甚至使创业团队面临分崩离析的困境。但是，当团队成员因共同兴趣和志向结合在一起，有共同的奋斗目标时，则比较容易坚持下去。故兴趣是大学生创业团队维系和发展的原动力。

2. 能力储备型。在大学里，大学生的学习过程不仅是专业知识、专业技能的学习过程，还是社会经验的累积过程。创业大学生在学校里组建创业团队是为了增加社会实践经验，丰富社会阅历，为以后的远大目标进行经济上和经验上的准备，这样的大学生创业团队往往具有较强的生存能力，能够在逆境中生存，面对以后的各种挑战。

3. 就业驱动型。2018 年，全国高校毕业生人数达到新高，共计 820 万人，经统计 2010～2017 年的毕业生人数按照 2%～5% 的同比增长率逐年增长，近 7 年间累计毕业生人数达到 5706 万人。高校毕业生成为就业困难户，在此情形下，一部分大学生组建创业团队，将创业作为一种就业选择，在环境挑战与生存压力的双重挑战下谋取经济收入并获得更多的锻炼。目前，在大众创业、万众创新的背景下，国家出台了各种政策支持，为大学生创业就业提供了有利条件。

4. 自我实现型。大学生创业团队是最具有生命力的创业群体，他们思维活跃、有强烈的创新意识，不容易受到条条框框的限制，这为大学生实现自己的理想创造了可能。大学生创业团队善于接受新技术和新成果，有些团队掌握了一些发明专利和知识产权，他们期望能通过创业实践检验自我，挑战自我，实现自我价值。

5.1.3 大学生创业团队动机的影响因素

大学生创业团队动机是团队创业行为的驱动力，是一个非常复杂的心理现象，动机的产生受团队内外多种因素的影响。且团队创业的动因或驱动力往往不是单一的，而是多种动因共同促进。通过对国内外文献进行梳理，本节认为大学生创业团队动机的影响因素可分为三大类：个体因素、团队因素和环境因素。个体因素又包括先天因素和后天发展因素，其中先天因素包括人口学变量、人格特质因素，后天发展因素包括认知特质、能力特征与个人心理特征。团队因素包含创业团队的领导和创业团队成员的因素。环境因素则包括创业氛围和创业政策因素。

1. 个体因素。大学生的个体因素是影响他们是否会选择创业最重要的因素。大学生的个性特征、创业兴趣、创业的目的、所学专业知识水平、创业实践能力等因素都会影响大学生的创业行为。与此同时，大学生创业者的综合素质也会直接影响创业活动，这对创业活动的成功概率有密切的联系。下面主要从三个方面阐述个体因素对大学生创业行为的影响。

（1）自身综合素质对大学生创业行为的影响。大学生自身综合素质也会影响学生创业行为，当大学生在充分考虑自身因素的基础上开展创业活动时，能够不断提升自身的综合素质。掌握相对全面的专业知识，提升自身的能力，从而有效地提高创业的成功率，为社会创造更大的价值。学生在大学学习过程中学习越多的科学知识，并将所学知识充分地应用到实践过程中，将有利于提升大学生创业的积极性。同时，创业对学生的情商也具有较大的要求，身体素质、良好的心理素质、掌握大量的专业知识、具备道德素养等综合素质都会影响学生创业行为。

（2）自身价值观对大学生创业行为的影响。是否拥有正确的价值观直接影响学生的创业行为，如果学生树立正确的价值观，则在提升综合素养的过程中，将具备高度的社会责任感，拥有正确的人生观、价值观，这有利于帮助大学生以正确的态度来创业。大学生明白创业不仅仅是获取经济效益，积累更多的财富，创业不是一个简单的过程，创业不仅是实现个人价值，而是在实现个人利益的同时实现社会价值。在进行创业活动的过程中不仅仅能够获得利益，与此同时，创业过程中将要面临大量的挫折，如果创业人员勇气十足，通过不断地努力与坚毅的性格将问题有效解决，则有利于帮助大学生渡过创业难关。

（3）自身特点对大学生创业行为的影响。创业的人数很多，但在这么多创业的人群里，有很多人是因为从众心理而选择创业。因为大学生创业已经形成一股潮流，大多数学生在这股潮流的推动下形成从众心理而选择被动创业。从众心理是指大学生个人受到周围人的影响而采取行为，做出与群体一致的选择。一般而言，拥有从众心理是非常正常的现象，尤其是在比较年轻的大学生群体中。

2. 团队因素。认知因素对团队的创业动机具有很重要的影响。在团队获取信息或机会并且能够识别、辨认信息或机会的过程推动下，团队才会产生创业的动机。研究者对认知因素的研究主要包括采用启发式的认知策略和目标设定。在缺少时间、信息或者信息加工能力的情况下，启发式减少了加工关键信息的总数，并且能够产生充分的、通常可以接受的结果。研究者认为创业企业家比普通企业管理者更依赖于启发式，因为他们要面对不确定性和复杂的决策制定场景（Busenitz and Barney，1997）。类似地，认知策略偏向启发式的团队更容易选择创业的角色，但其他团队会感觉创业活动会成为负担，而不考虑创业。但是，在高信息负荷、不确定情景、情绪紧张或者时间压力下，使用启发式可能会带来认知偏差（Baron，1998）。它能直接影响创业者的决策或者影响对风险的认知，进而造成对风险的误判（Simon et al.，2000）。目标是行为的客观标准，创业目标的设定会直接或间接地影响创业活动。具体地，Locke（2002）指出目标通过四种机制影响行为表现：第一，目标具有指导功能，它指导注意和努力朝向与目标相关的活动；第二，目标具有激励功能，高目标比低目标能够产生更多的努力；第三，目标影响毅力；第四，目标通过唤醒、发现、使用任务相关的知识和策略间接地影响行为。

3. 环境因素。

（1）国家政策环境对大学生创业的影响和对策。大学生在创业过程中受到国家的政策、政治制度、社会环境、科学技术条件等外部环境的影响。尤其是国家制定相应的创业政策、法律法规等对大学生创业的参与性具有重要的意义。随着我国大学生人数不断增加，每年有很多大学生面临着就业难等问题，就业困难已经成为现代社会普遍存在的问题。国家为了进一步缓和大学生就业难问题，制定了很多相关的政策，大力鼓励与支持更多的大学生进行自主创业。我国相关部门已经制定了大量的创业优惠政策，如免征登记、为大学生创业提供小额无息贷款、建立相关的创业资金等，这些均属于创业政策。这些政策极大程度地提升了学生创业的积极性，让学生从创业意向转变到创业实践中来。但在此过程中，大学生创业所面临的挑战更大。如大学生在自主创业的过程中难以筹措资金，得不到相关支持系统的服务，需要经过比较复杂的程序进行创业，这都对大学生创业造成阻碍。虽然我国制定了大学生就业等相关的法律法规，但是这些法律缺乏系统性，国家没有制定完善的创业服务体系。目前所采用的就业政策主要是促进大学生就业，属于应急性的政策，故需要不断地完善大学生创业政策。因此，大学生在创业过程中，国家政策会影响大学生创业行为，国家要维持自身经济迅速稳定可持续的发展，为大学生创业创造一个良好的经济环境，使大学生创业者有很多的创业机会。

（2）学校与家庭的教育环境对大学生创业行为的影响和对策。大学生所处的家庭以及高等教育环境也会直接影响大学生创业行为，在大学生选择创业以及创业的初步成长阶段，大学生创业者直接受到老师、亲人和朋友的影响，这些对大学生创业意向与选择具有深远的影响。因此，大学生在考虑创业活动时，通常会询问师长和家庭的意见，学校、家庭环境影响大学生创业行为。高等院校是培养人才的重要基地，是为社会提供"产品的机器"。只是与其他工业产品相比，大学生具有更强的可塑性，大学生可以充分地发挥自身的主观能动性。高等院校在教学过程中对学生进行相应的创业教育，不断地提高学生的创业能力，使学生能积极地投入创业中来，这能有效地提升大学生创业成功的可能性，吸引大学生自主创业。1）高校存在着大量的教育资源，学校要充分地发挥自身优势，针对学生的实际情况制定相适应的制度。学校要加强对学生的创业知识指导，让学生进一步了解创业基本情况，更好地适应社会发展。如高校通过开展创业教育不断地激起大学生创业的积极性。以学生的实际情况为基础，在考虑学生个性的情况下，为大学生制定适合其发展的对策，开展个性化教学，使得有创业潜能的学生能得到来自学校方面的创业指导。2）高等院校举办相应的创业比赛，并不断鼓励学生参与创新创业比赛，为提升学生的创业能力提供更多的机会。在比赛过程中，创业者、专家直接对学生进行创业指导，这必然会为学生创业提供有效的建设性建议。3）高等院校给予学生更多的创业实践机会，对大学生创业园进行规范化管理，使创业园能真正地发挥作用。4）高等院校具有科研以及人才培养等多种优势，学校要充分发挥自身优势，密切与社会企业之间的合作与联系，对自身的资源进行有效整合，为大学生创业提供更多资源信息，进一步提高大学生创业水平。可见，学校的教育环境会直接影响创业者的创业行为，大学生所采取的创业活动与他们所接受的学校创业教育有关，学校的创业教育对学生今后的创业活动影响深远。因此，大学生在考虑创业活动时受到学校创业教育的影响。

5.2 大学生创业团队动机实证分析

5.2.1 创业支持程度与创业意愿——基于相关性分析

选取创业支持程度满意度为因变量，调查时将其分为非常不同意（=1）、比较不同意（=2）、同意（=3）、比较同意（=4）和非常同意（=5）5 个度量等级，并计算样本数据的期望值即平均数，且将同意（期望值=3）作为合格标准进行评价。统计结果如图 5-3 所示。

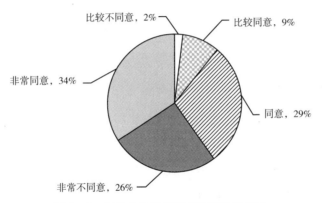

图 5-3 创业支持程度满意度情况结构图

期望值 $= 1 \times A_1 + 2 \times A_2 + \cdots + 5 \times A_5$（式中：$A_1 \sim A_5$ 分别为创业支持程度满意度对应人数占总人数的比率）

根据调查结果（见图 5-3），被调查的大学生对总体的创业支持程度满意度表示比较不同意的占 2%，比较同意的占 9%，同意的占 29%，非常不同意的的占 26%，非常同意的占 34%。样本数据的期望值为：$2\% \times 1 + 9\% \times 2 + 29\% \times 3 + 26\% \times 4 + 34\% \times 5 = 3.81$（$>3$）说明大学生对创业支持程度满意度较高。至于满意度均值受什么影响较大呢？本节选取获得更好的社会地位、考验自己、继承家庭传统、追随别人的成功案例、走在技术的前沿 5 个变量对创业支持程度均值的影响做了如下分析。

1. 获得更好的社会地位与创业支持程度满意度。其检验结果如表 5 – 4 所示。

表 5 – 4   独立样本检验表

		Levene 检验		均值方程的 t 检验						
									95% 区间	
		F	Sig.	t	df	Si.	均差	误差	下限	上限
学校鼓励学生创业	相等	136. 26	0	– 6. 815	185	0	– 0. 65	0.09538	– 0. 8388	– 0. 4618
	不相等			– 7. 354	107	0	– 0. 65	0.08839	– 0. 8252	– 0. 4747
学校经常举办创业实践	相等	40. 292	0	– 8. 988	185	0	– 0. 8557	0.09521	– 1. 043	– 0. 6679
	不相等			– 9. 512	138. 3	0	– 0. 8557	0.08996	– 1. 033	– 0. 6778
家人或朋友支持创业	相等	6. 546	0. 011	– 8. 275	185	0	– 0. 8367	0.10112	– 1. 036	– 0. 6372
	不相等			– 8. 548	173. 8	0	– 0. 8367	0.09789	– 1. 029	– 0. 6435

表 5 – 4 是独立样本 T 检验的均值检验结果。学校鼓励学生创业的显著性概率 Levene 统计量为 136. 26，其对应的概率 P 值为 0. 000，小于显著性水平 0. 05；学校经常举办创业实践的显著性概率 Levene 统计量为 40. 292，其对应的概率 P 值为 0. 000，小于显著性水平 0. 05；政府学校为创业提供了创业基金的显著性概率 Levene 统计量为 2. 476，其对应的概率 P 值为 0. 011，小于显著性水平 0. 05。故可以认为获得更好的社会地位与学校鼓励学生创业、学校经常举办创业实践、家人或朋友支持创业的方差存在显著差异性，即通过 Levene 方差齐性检验。

由于两个总体的方差有显著差异，T 检验结果应在方差相等的情况下做出，故推断结果应通过 "Equal variances assumed"（假设方差相等）得到。在显著性水平为 0. 05 的情况下，T 统计量的概率 p 值大于 0. 05，因此认为：两个总体的均值存在显著差异，即获得更好的社会地位与学校鼓励学生创业、学校经常举办创业实践、家人或朋友支持创业的方差存在显著差异。其均值图如图 5 – 4 所示。

由图 5 – 4 可知，同意想获得更好的社会地位的大学生对创业支持程度满意度最高。

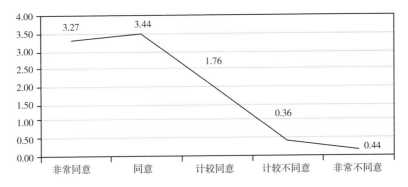

图 5 - 4   社会地位与创业支持程度满意度均值图

2. 考验自己与创业支持程度满意度。其具体情况如表 5 - 5 所示。

表 5 - 5   考验自己与创业支持程度满意度多重比较

因变量	我想考验自己	我想考验自己	均值差	标准误	显著性	95% 置信区间	
						下限	上限
学校鼓励学生创业	非常同意	同意	- 0.53630*	0.11035	0	- 0.7535	- 0.3191
		比较同意	- 1.03872*	0.11606	0	- 1.267	- 0.8103
		比较不同意	- 1.36199*	0.2336	0	- 1.821	- 0.9023
		非常不同意	- 2.15686*	0.46749	0	- 3.076	- 1.236
	同意	非常同意	0.53630*	0.11035	0	0.3191	0.7535
		比较同意	- 0.50242*	0.12206	0	- 0.7426	- 0.2622
		比较不同意	- 0.82570*	0.23664	0.001	- 1.291	- 0.36
		非常不同意	- 1.62057	0.46902	0.001	- 2.543	- 0.6976
	比较同意	非常同意	1.03872*	0.11606	0	0.8103	1.2671
		同意	0.50242*	0.12206	0	0.2622	0.7426
		比较不同意	- 0.32327	0.23935	0.178	- 0.7943	0.1477
		非常不同意	- 1.11814	0.4704	0.018	- 2.043	- 0.1925
	比较不同意	非常同意	1.36199*	0.2336	0	0.9023	1.8217
		同意	0.82570*	0.23664	0.001	0.36	1.2914
		比较同意	0.32327	0.23935	0.178	- 0.1477	0.7943
		非常不同意	- 0.79487	0.51222	0.122	- 1.802	0.2131
	非常不同意	非常同意	2.15686*	0.46749	0	1.2369	3.0768
		同意	1.62057*	0.46902	0.001	0.6976	2.5435
		比较同意	1.11814*	0.4704	0.018	0.1925	2.0438
		比较不同意	0.79487	0.51222	0.122	- 0.2131	1.8028

因变量	我想考验自己	我想考验自己	均值差	标准误	显著性	95% 置信区间	
						下限	上限
学校经常举办创业实践	非常同意	同意	− 0.60951 *	0.11496	0	− 0.8357	− 0.3833
		比较同意	− 1.19583	0.1209	0	− 1.433	− 0.9579
		比较不同意	− 1.58824	0.24335	0	− 2.067	− 1.109
		非常不同意	− 1.92157	0.487	0	− 2.879	− 0.9632
	同意	非常同意	0.60951 *	0.11496	0	0.3833	0.8357
		比较同意	− 0.58632 *	0.12715	0	− 0.8365	− 0.3361
		比较不同意	− 0.97872 *	0.24651	0	− 1.463	− 0.4936
		非常不同意	− 1.31206	0.48859	0.008	− 2.273	− 0.3506
	比较同意	非常同意	1.19583 *	0.1209	0	0.9579	1.4337
		同意	0.58632 *	0.12715	0	0.3361	0.8365
		比较不同意	− 0.39241	0.24934	0.117	− 0.8831	0.0982
		非常不同意	− 0.72574	0.49002	0.14	− 1.69	0.2385
	比较不同意	非常同意	1.58824 *	0.24335	0	1.1094	2.0671
		同意	0.97872 *	0.24651	0	0.4936	1.4638
		比较同意	0.39241	0.24934	0.117	− 0.0982	0.8831
		非常不同意	− 0.33333	0.53359	0.533	− 1.383	0.7167
	非常不同意	非常同意	1.92157 *	0.487	0	0.9632	2.8799
		同意	1.31206 *	0.48859	0.008	0.3506	2.2735
		比较同意	0.72574	0.49002	0.14	− 0.2385	1.69
		比较不同意	0.33333	0.53359	0.533	− 0.7167	1.3833
家人或朋友支持创业	非常同意	同意	− 0.78250 *	0.11886	0	− 1.016	− 0.5486
		比较同意	− 1.34794	0.125	0	− 1.593	− 1.102
		比较不同意	− 1.69166	0.2516	0	− 2.186	− 1.196
		非常不同意	− 1.53782	0.50352	0.002	− 2.528	− 0.547
	同意	非常同意	0.78250 *	0.11886	0	0.5486	1.0164
		比较同意	− 0.56545 *	0.13147	0	− 0.8242	− 0.3067
		比较不同意	− 0.90917 *	0.25488	0	− 1.41	− 0.4076
		非常不同意	− 0.75532	0.50517	0.136	− 1.749	0.2388

续表

因变量	我想考验自己	我想考验自己	均值差	标准误	显著性	95% 置信区间	
						下限	上限
家人或朋友支持创业	比较同意	非常同意	1.34794*	0.125	0	1.102	1.5939
		同意	0.56545*	0.13147	0	0.3067	0.8242
		比较不同意	-0.34372	0.2578	0.183	-0.851	0.1636
		非常不同意	-0.18987	0.50665	0.708	-1.186	0.8071
	比较不同意	非常同意	1.69166*	0.2516	0	1.1966	2.1868
		同意	0.90917*	0.25488	0	0.4076	1.4107
		比较同意	0.34372	0.2578	0.183	-0.1636	0.851
		非常不同意	0.15385	0.5517	0.781	-0.9318	1.2395
	非常不同意	非常同意	1.53782*	0.50352	0.002	0.547	2.5287
		同意	0.75532	0.50517	0.136	-0.2388	1.7494
		比较同意	0.18987	0.50665	0.708	-0.8071	1.1869
		比较不同意	-0.15385	0.5517	0.781	-1.239	0.9318

注：*表示均值差的显著性水平为 0.05。

由表 5-5 可知，对我想考验自己选项不同层次的大学生对于创业支持程度满意度存在着一定的差异，其中非常同意、同意、比较同意、比较不同意的显著性概率均小于 0.05，存在显著性差异。

3. 继承家庭传统与创业支持程度满意度。举办创业实践与创业支持程度满意度均值情况如图 5-5 所示。

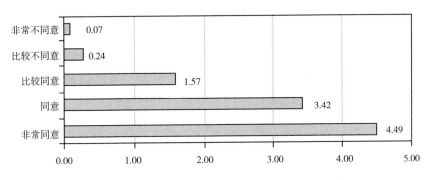

图 5-5　举办创业实践与创业支持程度满意度均值图

由图 5 − 5 可知，对我想继承家庭传统选项不同层次的大学生对于创业支持程度满意度存在着一定的差异，其中非常同意、同意、比较同意、比较不同意的显著性概率均小于 0.05，存在显著性差异。继承家庭传统与家人提供物质支持均值情况如图 5 − 6 所示。

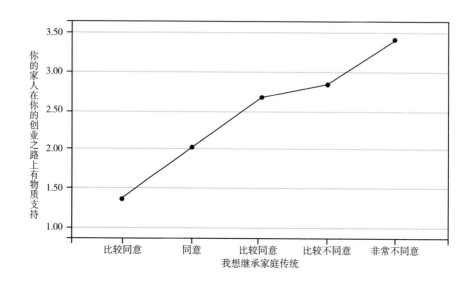

图 5 − 6　继承家庭传统与家人提供物质支持均值图

由图 5 − 6 可知，对我想继承家庭传统非常不同意的大学生对有家人物质支持满意度最高。

4. 追随别人的成功案例与创业支持程度满意度。其具体情况如表 5 − 6 所示。

表 5 − 6　　　　追随成功案例以及认为社会上创业的机会很多相关性

		我想追随别人的成功案例	你认为社会上创业的机会很多
我想追随别人的成功案例	Pearson 相关性	1	0.456 **
	显著性（双侧）		0
	平方与叉积的和	383.247	154.195
	协方差	1.248	0.502
	N	308	308

续表

		我想追随别人的成功案例	你认为社会上创业的机会很多
你认为社会上创业的机会很多	Pearson 相关性		1
	显著性（双侧）		
	平方与叉积的和		298.062
	协方差		0.971
	N		308

5. 走在技术的前沿与创业支持程度满意度。其具体情况如表 5 - 7 所示。

表 5 - 7　　　　　　　走在技术的前沿以及规范相关制度相关性表

		政府关于规范创业行为的相关制度比较完善	走在技术的前沿
政府关于规范创业行为的相关制度比较完善	Pearson 相关性	1	0.510 **
	显著性（双侧）		0.000
	平方与叉积的和	324.425	154.808
	协方差	1.057	0.504
	N	308	308
走在技术的前沿	Pearson 相关性		1
	显著性（双侧）		
	平方与叉积的和		284.269
	协方差		0.926
	N		308

注：** 表示在 0.01 水平（双侧）上显著相关。

如表 5 - 7 所示，Pearson 简单相关性为 $|0.510| > 0.5$，表示两变量为显著相关，而两者之间不相关的双尾检验值（Sig. 2-tailed）为 0.000，否定了两者不相关的假设。因此，走在技术的前沿以及规范相关制度显著相关。

5.2.2　宁波大学生创业团队调查——基于因子分析

本节采用了 KMO 和 Bartlett 检验法对参数是否适合用因子分析做了检验。

KMO 检验用于分析变量之间的偏差，计算偏差相关时因为控制了其他因素的影响，因此会比简单相关系数值小，KMO 的统计大小在 0.9 以上做因子分析的效果最好，0.7 以上较好，0.5 以下无法进行分析，本节中的 KMO 取值为 0.941，适合做因子分析。Bartlett 球体检验统计量 Sig 为 0.000，小于显著性 0.05，所以否定 Bartlett 球体检验的零，认为适合做因子分析。其结果如表 5-8 所示。

表 5-8 **KMO 和 Bartlett 检验**

取样足够度的 Kaiser - Meyer - Olkin 度量		0.941
Bartlett 的球形度检验	近似卡方	2615.093
	df	55
	Sig.	0.000

构造因子变量就是将原始变量归结于少数几个因子分析的核心内容，它的核心是根据样本数据求解因子载荷阵。表 5-9 为因子分析总方差解释表。本节采用主成份分析的因子载荷阵求解方法，通过 SPSS 分析结果给出的每个公因子所解释的方差和其累积和。观察"初始特征值"栏下的"累积%"列，前两个累积因子解释方差已经达到 73% 以上，故而提取这四个因子就能够比较好地解释原有变量所包含的信息。

表 5-9 因子分析的总方差解释表

成份	初始特征值			提取平方和载入			旋转平方和载入		
	合计	方差（%）	累积（%）	合计	方差（%）	累积（%）	合计	方差（%）	累积（%）
1	7.011	63.739	63.739	7.011	63.739	63.739	3.558	32.349	32.349
2	1.037	9.431	73.17	1.037	9.431	73.17	2.039	18.539	50.888
3	0.588	5.343	78.513	0.588	5.343	78.513	1.883	17.12	68.008
4	0.46	4.181	82.694	0.46	4.181	82.694	1.616	14.686	82.694

因子分析碎石图 5-7 显示了公因子的特征值，横坐标为成分数，即因子数目，纵坐标为特征值，从图中我们可以直观地看出，第一个因子的特征值很高，对解释原有变量的贡献最大，只有两个公因子的特征值大于 1，其后特征值变化趋缓。通过主成份分析提取的两个因素已基本反映原来数据的大部分信息，因此，选取并构建两个公因子是合理的。

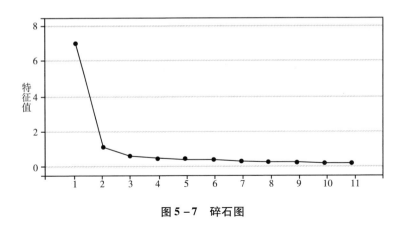

图 5-7　碎石图

"成分矩阵""旋转成分矩阵"分别为初始的未经旋转的因子载荷矩阵和经过旋转后的因子载荷矩阵。经图观察我们发现，旋转后每个因子上的载荷分配比之前更清晰，因此，比未旋转时更加容易解释各因子的意义。

表 5-10 所示的是未经旋转的因子载荷矩阵，它是因子分析的核心内容，在社会科学中，因子载荷大于 0.4 就被认为是有效的。从结果看，大部分的因子解释性比较好，因此，继续运用因子载荷系数向 0 和 1 两极分化，让大的载荷更大，小的更小，这样的结果更具有解释性。因子成分矩阵与成分得分系数矩阵分别如表 5-10、表 5-11 所示。

表 5-10　　　　　　　　　　　　　　因子成分矩阵

因子	成分			
	1	2	3	4
我想获得更好的社会地位	0.839	0.024	-0.319	-0.151
我想考验自己	0.822	-0.109	-0.144	0.295
我想激励和指挥他人	0.805	0.179	-0.424	0.102
我想继承家庭传统	0.666	0.574	0.036	0.241
我想实现一种思想创新	0.819	-0.292	0.038	0.252
我想追随别人的成功案例	0.661	0.544	0.297	-0.128
行动更自由	0.852	-0.230	0.005	-0.178
成为自己的主人	0.857	-0.265	0.040	-0.136
在自己的公司里更受尊敬	0.820	0.187	-0.045	-0.356
走在技术的前沿	0.800	-0.030	0.385	0.148
从创业中挖掘自己的兴趣	0.812	-0.351	0.205	-0.046

注：提取方法为主成分。A. 已提取了 4 个成分。

表 5 – 11　　　　　　　　　　　成分得分系数矩阵

因子	成分			
	1	2	3	4
我想获得更好的社会地位	– 0. 224	– 0. 187	0. 332	0. 471
我想考验自己	0. 171	– 0. 085	0. 507	– 0. 450
我想激励和指挥他人	– 0. 277	– 0. 101	0. 724	0. 033
我想继承家庭传统	– 0. 134	0. 549	0. 292	– 0. 436
我想实现一种思想创新	0. 382	– 0. 102	0. 207	– 0. 115
我想追随别人的成功案例	– 0. 099	0. 649	– 0. 403	0. 156
行动更自由	0. 136	– 0. 152	– 0. 146	0. 389
成为自己的主人	0. 200	– 0. 147	– 0. 157	0. 295
在自己的公司里更受尊敬	– 0. 218	0. 098	– 0. 203	0. 744
走在技术的前沿	0. 427	0. 329	– 0. 317	– 0. 395
从创业中挖掘自己的兴趣	0. 400	– 0. 080	– 0. 301	0. 050

注：提取方法为主成分旋转法，即具有 Kaiser 标准化的正交旋转法构成得分。

因子和各变量相关程度的指标是用因子载荷系数反映，它的绝对值越大，就表明当前变量对该因子的影响程度或决定性就越大。通过对旋转后的因子载荷矩阵进行观察，可以得出以下结论。

第一个公因子主要在对我想实现一种思想创新、走在技术的前沿、从创业中挖掘自己的兴趣是否满意方面的载荷系数较大，它们在这个因子上的载荷系数分别为 0. 382、0. 427、0. 400，将其命名创新兴趣因子。

第二个公因子主要在对我想继承家庭传统、我想追随别人的成功案例的结果满意方面的载荷系数较大，其载荷系数分别为 0. 549、0. 649，将其命名为寻求成功因子。

第三个公因子主要在对我想考验自己、我想激励和指挥他人方面的载荷系数较大，其载荷系数分别为 0. 507、0. 724，将其命名为追寻理想因子。

第四个公因子主要在我想获得更好的社会地位、行动更自由、在自己的公司里更受尊敬方面的载荷系数较大，其载荷系数分别为 0. 471、0. 389、0. 744，将其命名为自我实现因子。

公因子的得分。通过对提取的 4 个公因子 F1、F2、F3、F4 建立原始因子载荷矩阵，并采用最大方差正交旋转法，对原始因子载荷矩阵进行旋转，得出方差最大正交旋转矩阵，根据因子正交矩阵，可以将知识分成 4 个公因子，将 4 个公因子分别设为 X_1，X_2，X_3，…，X_{16}，如表 5 – 12 所示。

表 5 – 12   表 5 – 11 旋转后的因子载荷矩阵表

因子	成分			
	1	2	3	4
我想获得更好的社会地位	0.380	0.230	0.562	0.562
我想考验自己	0.611	0.227	0.597	0.123
我想激励和指挥他人	0.274	0.314	0.756	0.352
我想继承家庭传统	0.164	0.776	0.449	0.057
我想实现一种思想创新	0.782	0.154	0.415	0.114
我想追随别人的成功案例	0.210	0.830	0.081	0.313
行动更自由	0.666	0.168	0.276	0.512
成为自己的主人	0.714	0.160	0.265	0.469
在自己的公司里更受尊敬	0.341	0.450	0.273	0.665
走在技术的前沿	0.735	0.492	0.126	0.110
从创业中挖掘自己的兴趣	0.820	0.150	0.146	0.330

注：提取方法为主成分旋转法，即具有 Kaiser 标准化的正交旋转法，旋转在 6 次迭代后收敛。

通过将因子的研究对各个公因子所在变量的影响进行分析，发现单一的一个因子无法很好地反映出一个具体的情况，而是需要多个变量的对应和相互影响，从而去观察因子载荷矩阵。利用因子得分矩阵的计算方法，以严谨的逻辑性保障了因子分析的数据完整性。列出集体表格可更直接地看出公因子与各个变量之间的影响关系。

通过因子分析获得了基本情况：创新兴趣因子、寻求成功因子、追寻理想因子、自我实现因子四个公因子，通过因子载荷矩阵方差最大正交旋转后，提取了因子系数较大的自变量进行归类，获得公因子及其自变量结果，如表 5 – 13 所示。

表 5 - 13　　　　　　　　　　　　公因子及其结构表

公因子	创新兴趣因子	寻求成功因子	追寻理想因子	自我实现因子
自变量	实现一种思想创新 走在技术的前沿 挖掘自己的兴趣	继承家庭传统 追随别人成功案例	想考验自己 我想激励指挥他人	获得更好社会地位 行动更自由 在公司里受尊敬

5.3　小结

通过理论梳理和实证研究，我们不难发现，大学生创业团队动机具有以下三个特点。

1. 时代化。大学生创业团队动机随着时代的变化、科技的进步而变化，它不是一成不变的，而是与时俱进的，随着时代的发展而发展。尤其在大众创业、万众创新的时代背景下，大学生创业层出不穷，大学生创业动机也随之变化和发展，具有较强的时代性。

2. 共性化。大学生创业团队动机和社会创业者动机是一样的，都是围绕创业项目实现而产生的行为或稳定的心理活动，都指向某一目标或愿景，创业行为也围绕此目标而展开。

3. 个性化。大学生创业团队动机还具有大学生这个特殊群体的一些个性特征，比如不稳定、易变化等，同时，也具有前瞻性、先进性等特征，这些特征表现在创业行为上就是创业成功率不高、创业行为反复等。

第6章
大学生创业团队的结构分析

对于创业团队的定义，不同学者从不同角度出发阐释了创业团队的含义。从人员构成角度来说，Mitsuko 认为创业团队是参与且全身心投入公司创立过程，共同克服创业困难和分享创业乐趣的全体成员。从所有权的角度出发，卡曼和舒曼（Kamm and Shuman，1990）对创业团队的定义：创业团队是指两个或两个以上的个人参与企业创立的过程并投入相同比例的资金。这个定义着重于创业团队的创建和所有权的两方面特性，但"相同比例的资金"这个限定范围太窄。中国台湾的郭洮村（1998）对以上定义的修正：创业团队是指两个或两个以上的人，他们共同参与创立企业的过程并投入资金。恩斯利和班克斯（Ensley and Banks，1992）以及高德纳，谢弗，盖特伍德和卡茨（Gartner，Shaver，Gatewood and Katz，1994）延伸了卡曼，舒曼，西格和诺瑞奇（Kamm，Shuman，Seeger and Nurich，1990）对创业团队的定义，使其"包含了对战略选择有直接影响的个人"，也就是说董事会尤其是占有一定股权的风险投资人皆包含在其定义之中。从参与时间来说，Chandler 认为创业团队是在公司成立起初掌管公司或初期加入的核心员工。此外，还有学者认为创业团队是拥有共同目标的一群创业者，他们可以通过协调与合作达到这个共同目标。综上所述，本节认为创业团队是指在创业初期，由一群才能互补、责任共担、愿为共同的创业目标而奋斗的人所组成的群体。

而大学生又是一个特殊群体，他们渴望成功，却又受到自身知识、能力、经验等方面的限制，为了充分合理利用资源，他们一般会以组建创业团队的方式来开展创业活动。从我国目前的大学生创业团队来看，只要某个人得到一项产品、技术专利或一个新点子，他就会去着手组成所需要的团队。这使得大学生创业团队具有以下特点：拥有共同的愿景、团队成员间的异质化、互信合作的气氛。大学生创业团队的价值创造过程实际就是一个知识转化为经济效益的过程。大学生创业团队基本上没有自己的资本，而是通过做出好的《创业计划书》来吸引投资者进行投资，再利用投资资金作为资本创建公司，创造经济效益。所以大学生创业团队价值创造的三个重要步骤是选择项目、做出《创业计划书》和创建公司运作系统。通过这三个步骤，大学生创业团队才能逐步将理论实践化、经济化，运用理论知识将产品推向市场，使项目产业化，使投资增值，用知识创造价值。

目前，我国大学生创业团队的人员流失率很高，大学生创业团队比较容易分裂。导致创业团队不稳定甚至走向分裂的主要因素有三个：创业成员之间因为性格、理念不合，导致目标和策略价值观有冲突；随着企业规模的增长，创业团队成员的能力不足；团队在创立初期无明确的利润分配方案。所以，有必要对大学生创业团队的结构进行分析。

6.1 大学生创业团队的结构

大学生创业团队的结构是指以大学生为创业主体的成员之间的内在联系和团队创业活动的运行机制及其特征，是引导和制约创业活动的基本准绳，是决定团队成员创业行为内部和外部因素及其相互关系的反映，是创业团队成员集体特性的体现。环境和创业过程都在不停地变化，大学生创业团队的的结构也会随着发生改变，以更好地推动创业活动。

6.1.1 大学生创业团队角色构成

从心理学角度来看，团队角色即指团队成员为了推动整个团队的发展而与其他成员交往时所表现出来的行为方式。

一个新创业团队战略的选择与实施，不仅仅依赖于创办者或者领导者个人的特质、性格、才能等条件，更多的是取决于整个创业团队的特质、经验，甚至整个团队中各成员之间的合作默契程度及合作质量。创业团队之所以被认为是创业成功的关键与核心元素，主要是由于创业团队这一组织形式能够克服单个创业者在创业过程中所遇到的各种经验、能力、资源、资金等许多方面的障碍。它能借助团队成员之间的优势互补，为创业团队的成功奠定基础。但是新的创业团队能否取得成功，团队成员之间能否做到优势互补，这就主要取决于团队成员的挑选与组合。

综合国内外一些学者关于团队角色的研究成果，并结合创业团队的一些特点，可以把创业团队的角色构成分为两大类，具体如表 6-1 所示。

表 6-1　　　　　　　　　　　创业团队角色构成类型

序号	分类标准	角色
1	创业团队角色	第一类是领导类型的角色，包括协调者与推进者 第二类是资源整合类型的角色，包括信息者与凝聚者 第三类是技术创新类型的角色，包括创新者与专家 第四类是协助类型的角色，包括实干者与完美者 第五类是监督评估类的角色，主要包括监督者
2	创业团队角色的不同作用	第一类行为导向型的角色，包括推进者、实干者、完美者与领导者 第二类为人际取向型的角色，包括凝聚者与信息者 第三类是劳心废智型的角色，包括创新者、专家及监督者

其实这两类都是以梅雷迪斯·贝尔宾（R. M. Belbin）的 Belbin 团队角色模型（见图 6-1）、马格利森（Margerison）和麦克卡恩（McCann）的团队管理轮盘为基础延伸发展而来的。

创业团队中的角色组建应该满足角色搭配要合理的要求，而不仅仅是关注单个团队成员的知识以及能力的问题。一个优秀的创业团队，以上的五大类九种角色缺一不可，这九种角色应该保持平衡，各团队角色应该具有异质性。在面对实际问题时，由于每个创业团队规模及性质的不同，以上九种角色不可能完全由九个人来分别承担，往往会出现一人分饰多角，或者多人担任一角的情况。因此，可以按照创业团队的五大类角色将九种角色进行搭配管理，组合成适合行业特点及发展的创业团队。故在进行团队分工时，应使

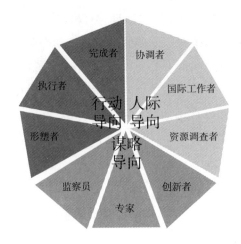

图 6 - 1　Belbin 团队角色模型

团队中成员所担任的职能角色与其所偏好的团队角色相互匹配。

高效率的创业团队应该由具有不同团队角色的职能角色相匹配的团队成员组成，但是由于创业团队成长过程中的波动性会导致创业团队存在很大程度上的不稳定性，故打破了团队初建时期的角色平衡状态，进一步会影响团队的整体绩效。因此，在创业团队的成长过程中，不仅仅要注重团队中的静态平衡，还要更加注重团队的动态平衡。

一个人，不管他怎么优秀，他的力量也是微薄的，只有像滴水汇入海洋那样，全身心融入团队中，才能获得无穷无尽的力量。他会因团队迸发出更高的热情和能力，而团队也会因他更精彩。在团队中，每个成员之间要相互沟通和交流，只有相互交流才能互通有无，取长补短，才会创造和谐的团队，发挥整体力量。

6.1.2　大学生创业团队知识结构

大学生创业团队的知识结构表现为宝塔型知识结构、蜘蛛网型知识结构、幕帘型知识结构三种类型。

宝塔型是一种以基本理论、基本知识为宝塔型底部，学科前沿知识为高峰塔顶的知识结构；蜘蛛网型是以所学的专业知识为中心，以与其他专业相近的、有较大相互作用的知识作为网状连接的知识结构；幕帘型主要是个体知识结构与组织整体知识结构的有机结合，与组织内其他成员的知识结构非常和谐的知识结构。

在创业者应用的知识结构调查中，大学生认为创业团队主要是蜘蛛网型的知识结构，以实现创业过程中的知识互补。从调查结果来看，绝大部分人认为知识结构交叉、知识面相对较广的人才更适合创业，其中蜘蛛网型知识结构占到 48.41%，幕帘型知识结构占到 32.54%，其他人则认同宝塔型知识结构，即广博的知识见解更有利于创业。

从以上分析结果得知，大学生创业仅具备自身专业知识是远远不够的，除此之外，还应掌握一些创业过程中必备的知识。可以学习一些创业课程，比如创业学、市场经济理论、管理理论与知识、法律知识等。有经验的创业者或受过良好教育的准创业者将有能力提高其新创事业的存活能力，通过适当的课程可以使其具备创业精神、能力等，协助其开创新事业与创业经营成功等。

6.1.3　大学生创业团队能力结构

成功的大学生创业团队应该具备哪些基本能力是众多研究的重点。根据对创业者应具备的能力调查数据，创业者最重要的能力是人际交往能力和创新能力，超过 50% 的调查对象认为这两种能力最重要，只有 9.52% 的人认为专业知识是创业者最重要的一种能力，应变能力、用人能力、学习能力等其他各种能力所占的比重相当，说明创业对创业者各方面的综合能力要求都比较高，创业者必须培养和提高自己的综合素质水平，从而降低风险。其应具备的能力包括以下内容。

一是人际交往能力。创业的过程就是不断熟悉社会，同时让社会熟悉自己的过程。大学生要敢于面向社会，把自己的事业与集体的、社会的事业联系起来，提高自己的交际能力，从而获得能量、信息以及各方面的支持。

二是创新能力。在竞争日益激烈的 21 世纪，具有卓越的创新能力是大学生实现自主创业的基本条件。无论是技术上的创新、营销上的创新，还是管理上的创新都能带来巨额的经济效益。因此，培养大学生的创业意识首先要提高大学生的自我创新能力。

三是专业知识水平。精通的专业技术是创业成功的最基本前提，大学生在创业选项中，往往在自己专业领域的创业成功率较高。所以，大学生要从事创业活动并期望成功，必须根据自己的创业意向，掌握相关的专业知识和专业技能。

四是经管能力。它是一种较高层次的能力，直接关系到创业活动的效率和成败。首先要善于经营，熟悉市场行情，要懂得市场经营策略、销售策略，具备市场调查能力、市场分析能力等。创业环境时刻在变化，市场信息也瞬息万变，创业机会稍纵即逝，所以，有关市场的技能是大学生必备的能力。

五是应变能力。应变能力是灵活机动、锐意创新，根据社会的变化和市场上新的需求，迅速采取相应对策的能力。面对科学技术高速发展和市场变化，只有掌握应变能力，才能迅速捕捉有效信息，才能根据市场需求采取应对措施。

六是其他相关能力与素质。每个人在创业过程中都会遇到一些法律问题，所以，大学生创业必须具备一定的法律知识，了解掌握国家有关的政策，要做到用足、用活政策，依法行事，用法律维护自己的合法权益。

此外，对信息的获取、分析、加工、处理、传递的能力也起着很大的辅助作用，它指的是理解和活用信息的能力。在经济全球化的信息时代，谁获得的有效信息多、快，谁就能处于领先位置。

6.1.4 大学生创业团队权利结构

在创业初期，由于各种客观条件的局限，创始人提供给企业的价值体现各有不同。有的提供资金，有的提供场地，有的提供技术能力，有的提供销售渠道，有的提供融资资源。不论哪种价值体现，对于创业企业来说都是必不可少的。

正是由于这种差别，也给创业企业权利分配带来了各种不便。各个创始人提供不同的贡献，各个贡献性质不同，完全无法等价对比。在创业初期，很难说研发就比销售更重要，也很难说寻找投资的贡献就比提供办公场地的贡献更重要。这经常会埋下不满的情绪，并在创业最艰难的时候爆发。

创业者团队内部的权利分配，特别是 2014 年 3 月以后，公司注册制度发生变化之后，实际上产生了一些新的状况，创始人提供给企业的价值有不同体现，以前反映出来的是现金。但研究自身我们发现认缴制度出现以后，创始人能够提供的不仅是资金，还有场地或技术能力，甚至是自身的一种时间精力。不管哪种价值体现，对于一个创业项目和创业企业来讲都是必不可少的要素，也正是由于这种差别，也给企业权利分配带来各种不便。设立企业时，初创团队往往会遇到一些困境——权利到底该怎么分配？

第一，工作时间。全身心投入整个项目发展运营中的人肯定比兼职状态投入到项目中的权利评价应该高一些。

第二，现金。通常来说，现金的价值就是现金的金额，对于初创企业来讲，这是非常重要的，而且重要程度可能是最核心的，所以，我们经常会说有的创业项目在千辛万苦地寻找投资人的投资，实际上寻求的也是资金的帮助。很多投资人愿意向公司投资，实际上也是看到了企业未来有更大的发展。

因此，在初创阶段，企业前景不定，没有太多人愿意向公司投资的情况，这个时候创业团队内部的融资能力或者他们自身的出资能力就对企业的发展有根本性的帮助。所以，创业初期真正能以现金出资的方式来支撑整个创业项目的创始人应该予以较高的股份。

第三，实物资产。对于一个创业项目来讲，实物资产有两个方面是必须要值得注意的：一是创业企业主营业务所必须的核心资产。二是专门为创业企业的经营而特意取得的资产，即认定这个资产是属于为这个项目创业而产生的一种投资资产。比如做一个互联网项目，创始人有一辆电动车，平时也不怎么用，并把它贡献给创业项目，很显然，对于互联网项目来说并不是合同资产，是可有可无的，此外，电动车也不是专门为创业项目产生的资产。因此，对于这种资产，可以作为股权评价之外的资产，一般不将这些资产评估到企业的状态之中。

第四，办公场所。创始人可能向创业企业提供办公场所、仓库、店铺以及其他一些必要的经营场地，对于这些情况比较容易处理，场地有市场价格，对于市场价格来讲，可以核对一下租用多长时间、租用面积多少、租用位置在哪里，以衡量出所提供的场地代表的市场价值到底是多少，将市场价值换算成持股比例，这是比较直接的换算方式。

第五，创业点子。当只是一个人创业的时候，面对的投资应该是种子投资；当创业开始试行，不断进行试错时，应该是天使投资。当创意经过试错以后发现行的通可以盈利的时候，将步入 A 轮融资。当项目走的通、有盈利而且开始有一定的流水与数据量的时候，就可以谈 B 轮融资了。

从创业角度上来讲，创意点子本身并没有太高的价值，当面临一个创意点子的时候，往往遇到一个问题，说这个创意是某人的，这个项目应该由某人主导，这种理解有一定偏差。本身这个创意是否能够支撑整个创意项目其实是需要时间考验的，对于这个问题来讲，如果有创意的话，尽可能不要将股权释放得太多，因为风险比较大。

第六，专用技术/知识产权/产品。地税和工商在知识产权认缴出资方面产生了巨大分歧，2014 年 3 月以后开始实行认缴制，有的企业用知识产权作为认缴出资，以确定企业的核心方向以及核心产品是什么，对于创始人和各方面来讲其实是比较理想的。

知识产权出资有一个根本性缺陷，即市面上的知识产权机构往往对知识产权的作价进行高估，如果实际出资的话，可能知识产权实际出资价格跟应有价格会超过虚价。当企业需要上市甚至部分企业需要并购时，知识产权重新评估，就没有这么高的价格。特别当上市时，如果知识产权评估的价格低于公司账面价值，那么只有两种办法，一种是以现金方式将知识产权回购，另一种就是做减资。很显然，上市前做减资是对市场信息巨大的打击。

第七，人脉资源。一方面担心资金，另一方面担心产品销路或者会不会有大的客户。一般来讲，吸收或者人脉其实是有市场行情的，可以按照应支付但未支付的金额折算创始人的人脉对公司的价值。能够为公司提供很重要的短期资源，公司可以为这些资源打白条，只是公司在创业初期资金不是很充足的时候，可以以白条甚至股权方式进行支付。

当创立企业的时候，团队核心成员，即股东之间往往会产生一些变化，有的股东并没有按照当时的约定全身心地投入项目运营中，或者说没有能够完成当时对大家承诺的业绩要求。这种情况产生之后，实际上在整个创业过程中，特别是要选择融资创业的情况下，整个项目可能会陷入停滞。

因此，创业者之间约定的内容没有一个载体，有时候可以写到章程里，但实际上写到章程里并不是很理想，因为未来股东会发生变化，使创始人的权益跟投资人权益将融合在一起。一般来讲，如果条件允许可以再补签一个股东出资协议。合理的股权架构，应该是综合以上因素，进行综合考量后的合理分配。

6.2　大学生创业团队三维结构分析

综上所述，我们可以假设创业团队结构由创业团队角色结构、技能结构和权力结构三个维度构成。创业团队角色结构、技能结构和权力结构是创业团队结构的三个重要维度，其中创业团队角色结构的完整性、明确性和对位性影响创业团队绩效，创业团队技能结构的完整性、异质性（或互补性）和对位性影响创业团队绩效，创业团队权力结构的角色匹配性、技能匹配性和权责对等性影响创业团队绩效。

6.2.1　大学生创业团队三维结构

大学生创业团队三维结构如图6-2所示。

图6-2　大学生创业团队三维结构

1. 角色结构。大学生创业团队角色结构是指大学生创业者在创业项目或初创企业中担任不同角色而在创业团队中呈现的结构形式。专家们的研究表明，大学生团队创业的绩效要好于一名拥有某项发明专利大学生创业的效果，大学生创业成功与大学生创业团队的完整程度呈正相关。由此可见，具有完整团队角色的创业团队具有更高的绩效。大学生创业团队组建时，需根据团队类型及结构物色成员，实行分工协作。在团队中每个成员都扮演着不同的角色：有的是团队的领导，有的是技术人员，有的擅长专门与团队以外的有关方面进行有效地协调和沟通。一个协作团队只有在具备了范围适当、作用平衡的团队角色时，才能充分发挥高效的协作优势。

一般来说，大学生团队需要的角色有如下六种类型：（1）主导者：耐心听取别人的意见，但在反驳别人的意见时会表现足够的强硬态度，能很好地授权于他人，是一个好的咨询者，一旦作了决定不轻易变更。（2）策划者：是一个"点子型的人才"，知识面广，思维活跃且发散，喜欢打破传统。（3）协调者：能够引导一群不同技能和个性的人向着共同的目标努力，在团队中能很快发现各成员的优势，并在实现目标的过程中妥善安排。（4）信息者：其强项是与人交往，在交往的过程中获取信息，对外界环境十分敏感，一般最早感受到变化。（5）实施者：会将创意变为实际行动，有很好的自控力和纪律性，对团队忠诚度高，为团队整体利益着想而较少考虑个人利益。说干就干，办事效率高，自发性强，目的明确，有高度的工作热情和成就感；遇到困难时，总能找到解决办法，而且一心想取胜，具有竞争意识。（6）监督者：对工作方案的实施等工作实行监督，喜欢重复推敲一件事情，决策时能把范围很广的因素都考虑进去。挑剔但不易情绪化，思维逻辑性很强。

大学生创业团队作为创业主体中的特殊部分，其创业团队成员目标的一致性强。大学生创业团队是由一群拥有创新思维和创业意识的大学生组成，他们出于相同的创业志趣或创业目的而聚集，教育背景相似，思想较容易融合，对个人现状的忧虑以及对时间的紧迫感不是特别严重，而且创业不以短期利益为目标，比较注重追求个人发展，因而大学生创业团队容易达成创业共识，为实现团队共同目标而努力，这也是大学生创业团队较其他类型团队更为稳定的原因之一。

2. 技能结构。大学生创业团队的技能结构包括团队的知识结构和能力结构，是指创业团队中各成员不同知识和能力所构成的结构。大学生创业团成员的职能分工必须明晰且完整，要有各专业的不同知识技能人才。这就意味着团队中各个方面的知识和能力都不能缺少，如果只有专业知识，没有市场运营能力，便可能降低团队的绩效。在创建一个团队时，不仅要考虑成员相互之间的关系，还要强调成员在知识能力构成上的差异性，团队成员技能结构的差异性可以促使其形成不同的认知角度，影响大学生初创企业的绩效，有利于提高大学生创业团队的创新型，增强大学生创业团队的发展力。同时，不同大学生的独特知识能力在一定程度上是互补的关系，使整个团队的技能达到最优化的效果，有利于实现大学生创业团队绩效的最大化。

大学生创业团队成员技能的互补性较强。大学生创业团队是由来自不同专业的成员构成，其掌握的知识和能力具有差异性，而这些差异正好符合大学生创业团队开展创业活动的技能要求。同时，大学生具备相应的基础知识和专业知识，有较强的学习能力，有利于团队成员根据自身所具备的技能知识担当不同的角色和完成不同的任务。此外，不同团队成员间不同的知识和能力还形成一定的互补关系，有利于整个团队技能结构作用的发挥。

3. 权利结构。大学生创业团队的权利结构是指团队成员中决策权利的分布。大学生创业项目的发起人或践行者是团队权利的中心，是创业的领导者，他与普通成员角色的区别在于，领导者是中心，他使整个团队工作效率得到较大的提高和改善，这表明创业团队成员权利与角色相匹配有利于创业团队绩效的改善。权利分配的原则是团队成员的能力而不是"打酱油"兼顾公平，由此不难看出，对大学生创业团队成员的权利分配要与成员的自身能力相一致。所以，大学生创业团队权利结构中的角色匹配性、技能匹配性、权责对等性等都是影响创业团队绩效的重要因素。

6.2.2 研究方法

从众多学者的观点看，创业团队角色结构、技能结构和权利结构三个维度相互作用、相互影响，构成一个完整的体系，共同影响着创业团队绩效，是创业团队的基本特征要素。基于创业团队角色结构、技能结构和权利结构维度的表象因子设计相应的量表,并根据问卷内容进行整理和分析。创业团队结构维度量表如表6-2所示。

表6-2   创业团队结构维度量表

一级指标	二级指标	三级指标	评价内容
创业团队 结构	角色结构	角色完整性	所在创业团队关键角色的权责利明确
		角色明确性	所在创业团队的各种关系齐全
		角色对位性	所在创业团队的关键角色人员配置合理
	技能结构	技能完整性	所在创业团队具备适应目前创业发展所需的基本技能
		技能异质性	所在创业团队所有成员的技能是其角色确定的依据
		技能对位性	所在创业团队所有成员的基本技能不具有同质性
	权利结构	角色匹配度	所在创业团队能够做到权利与角色相匹配
		技能匹配性	所在创业团队能做到权力与能力相适应
		权责对等性	所在创业团队能做到权责对等

6.2.3 调查基本情况

将设计的问卷进行调研,本次调查对象主要为宁波市在校创业大学生,其中大一学生人数为49人;占比15.91%,大二学生人数为100人,占比32.47%;大三学生人数为87人,占比28.25%;大四学生人数为26人,占比8.44%;往届生人数为37人,占比12.01%;研究生学生人数为9人,占比2.92%。共发放问卷386份,有效问卷308份。最后进行创业团队结构三维度的信度分析、探索性因子分析和验证性因子分析。

1. 信度分析。利用SPSS软件对数据进行信度分析,分析结果如表6-3所示。根据Churchill的建议,如果CITC小于0.5,则该测度项应被剔除,如果Cronbach's α 系数大于0.7,则评价测度项较可信。显然,本节设计的问卷没有CITC小于0.5的测度项,即没有测度项需要删除。另外,角色结构、技能结构和权利结构对应测度项的Cronbach's α 系数都大于0.7,即本节设计的问卷具有较高的可信度。

表 6 - 3 创业团队结构问卷信度分析

一级指标	二级指标	三级指标	CITC	Cronbach's α
创业团队结构	角色结构	角色完整性	0.632	0.846
		角色明确性	0.674	
		角色对位性	0.746	
	技能结构	技能完整性	0.565	0.748
		技能异质性	0.696	
		技能对位性	0.504	
	权利结构	角色匹配度	0.713	0.807
		技能匹配性	0.716	
		权责对等性	0.675	

2. 探索性因子分析。对 9 个三级指标进行探索性因子分析，以检验创业团队结构维度的有效性。

（1）计算样本的 KMO 值和巴特利球体检验，结果显示 KMO 值为 0.837；巴特利球体检验的 P 值为 0.000，自由度为 39，卡方检测值为 857.03，这表明通过了巴特利球体检验，因此，测度项适合做因子分析。

（2）利用主成分分析法，以特征根大于 1 为标准提取因子数目，并采用方差最大法对因子矩阵进行旋转，结果如表 6 - 4、表 6 - 5 所示。

表 6 - 4 总方差分解

主成分	总体	初始特征值		总体	因子提取结果	
		占全体的比例（%）	累计百分比（%）		占全体的比例（%）	累计百分比（%）
1	3.65	39.234	39.234	3.65	39.234	39.234
2	1.849	17.246	58.376	1.849	17.246	58.376
3	1.475	16.075	72.317	1.475	16.075	72.317
4	0.737	7.654	79.426			
5	0.549	6.526	85.509			
6	0.479	5.205	90.608			
7	0.384	4.243	94.689			
8	0.368	3.738	98.358			
9	0.355	2.806	100.000			

表 6 - 5　　　　　　　　　　　因子载荷矩阵

项目	Component		
三级指标	1	2	3
角色完整性	0.158	0.805	0.916
角色明确性	0.077	0.859	0.204
角色对位性	0.086	0.871	0.226
技能完整性	0.097	0.302	0.687
技能异质性	0.123	0.085	0.839
技能对位性	0.156	0.075	0.785
角色匹配度	0.897	0.009	0.178
技能匹配性	0.846	0.137	0.161
权责对等性	0.813	0.154	0.068

从表 6 - 4 可知，创业团队结构问卷指标可提炼 3 个因子，相应特征值分别为 3.650、1.849 和 1.475，都大于 1.00，且对总方差的解释能力累计达 72.317%。从表 6 - 5 可知，角色结构中的角色完整性、角色明确性、角色对位性归因于因子 2，该因子刚好反映创业团队角色结构及其分布特点，且因子载荷分别为 0.805、0.859 和 0.871，都大于 0.5，所以它们属于创业团队角色结构的因子；技能结构中的技能完整性、技能异质性、技能对位性归因于因子 3，该因子刚好反映了创业团队技能结构及其分布特征，且因子载荷分别为 0.687、0.839 和 0.785，都大于 0.5，所以，它们属于创业团队技能结构的因子；权利结构中的角色匹配度、技能匹配性、权责对等性归因于因子 1，该因子刚好反映了创业团队权利结构及其分布特征，且因子载荷分别为 0.897、0.846 和 0.813，都大于 0.5，所以，它们属于创业团队权利结构的因子。从每个因子在对应维度上的负载系数看，负载都比较大，这说明因子具有良好的收敛效度，而且因子之间没有交叉负载，验证了因子的交叉效度较好，这说明本节关于创业团队结构维度选取的 9 个测度项是合理的，且模型中建立的维度也是符合实际的。

3. 验证性因子分析。对 9 个三级指标进行验证性因子分析，以验证大学生创业团队结构维度的合理性。

通过表 6 - 6 大学生创业团队结构维度一阶段验证性因子分析发现，所有的路径系数，包括潜变量之间、潜变量与观测变量之间，都在 0.05 的水平上是检验显著的，这就很好地验证了探索性因子分析所得出的结论，即创业团队结构包括角色结构、技能结构和权利结构三个维度。

表 6 - 6   大学生创业团队结构维度一阶段验证性因子分析

			1.00	角色结构	→0.73	角色完整性	→0.64
0.26	0.47				→0.79	角色明确性	→0.39
					→0.72	角色对位性	→0.18
			1.00	技能结构	→0.55	技能完整性	→0.47
					→0.67	技能异质性	→0.36
					→0.58	技能对位性	→0.47
	0.43		1.00	权利结构	→0.95	角色匹配性	→0.23
					→0.81	技能匹配性	→0.38
					→0.73	权责对等性	→0.56

hi-3quare = 58.23，df = 25，P-value = 0.00016，RM3EA = 0.073

然后通过表 6 - 7 大学生创业团队结构维度二阶段验证性因子分析发现，所有的路径系数，包括潜变量之间、潜变量与观测变量之间，都在 0.05 的水平上是检验显著的，所以看到二阶段验证性因子分析的结果和一阶段验证性因子分析的结果非常吻合。探索性因子分析、验证性因子分析、二阶因子模式都支持关于大学生创业团队结构三维度的假设。

表 6 - 7   大学生创业团队结构维度二阶段验证性因子分析

		角色结构	→0.73	角色完整性	→0.64
	1.56		→0.78	角色明确性	→0.39
			→0.72	角色对位性	→0.18
1.00 ETS	1.89	技能结构	→0.55	技能完整性	→0.47
			→0.67	技能异质性	→0.36
			→0.58	技能对位性	→0.47
	0.46	权利结构	→0.95	角色匹配性	→0.23
			→0.81	技能匹配性	→0.38
			→0.73	权责对等性	→0.56

hi-3quare = 58.23，df = 25，P-value = 0.00016，RM3EA = 0.073

在调查有效样本数据时发现，创业者在创业团队中扮演的角色：在创业团队中扮演沟通小能手，协调团队氛围的占比为35.4%；在创业团队中各方面都表现完美，是很好的领导者的占比23.1%；在创业团队中监督整个团队合作的工作进程，不会在讨论中跑题，只是安静地完成他人分配任务的占比19.5%；在创业团队中有很多古灵精怪的小点子，是创新者的占比15.3%；在创业团队讨论时表现一般，线上交流不回复，不太配合团队成员完成任务的占比6.8%。从中不难看出团队角色明晰、任务明确及角色沟通能力尤为重要。

在创业团队中扮演各角色人的配置是否合适。从有效样本来看，大部分都认为在现有创业团队成员中各自角色都非常合适，非常有利于现阶段的创业各项活动。其中认为其扮演角色非常合适的有122人，占比39.61%；认为其扮演角色合适的有147人，占比47.73%；认为其扮演角色一般的有35人，占比11.36%；认为其扮演角色不合适的有4人，占比1.30%。从而初步判断出其团队在创建初始就进行了严格筛选，团队成员之间的黏合性较高。

在本模型中，创业团队结构包含角色结构、技能结构和权利结构三个基本维度，其中角色结构的完整性、明确性和对位性是创业团队角色结构影响创业团队绩效的三个重要特性；技能结构的完整性、异质性和角色对位性是创业团队技能结构影响创业团队绩效的三个重要特性；权利结构的角色匹配性、技能匹配性和权责对等性是创业团队权利结构影响创业团队绩效的三个重要特性。这种多维度和多层次模型很好地解释了创业团队结构的复杂性，为研究创业团队结构特质提供了一种有效的工具。

6.3　大学生创业团队结构优化建议

6.3.1　目前大学生在创业团队建设中存在的问题与原因

1. 来自学校的支持力度不够，束缚了大学生的手脚。

（1）作为大学生创业有优势，同样也有短板。学校在提供学习平台的同时也在一定程度上制约了那些有创业想法的学生。硬性的学业指标、学业制度使得他们不能尽情地在创业方面施展自己的能力。

（2）由于信息沟通不畅、渠道不通等种种原因导致在校大学生创业团队遇到困难时，很难从学校得到帮助，相关倾斜政策、扶持信息的匮乏无法助力大学生创业团队的建设。

（3）学校没能提供系统的创业管理知识。大学生作为在校学生，取得相关知识的主要途径还是通过学校，学校在重视专业教育的同时往往忽略了对学生创业的引导。

2. 团队成员内部建设存在的问题。

（1）大学生创业团队稳定性不高。大学生身份特殊，在毕业的时候有诸多道路可以选择，像就业、考研这方面的风险远小于创业，若是大学生在创业的时候决心不大，就比较容易选择放弃。再者，理想和现实总是存在差距，当一些对结果期待较高的学生受到现实挫折时，易在心理上产生波动，这无疑也会影响团队的稳定性。

（2）人员组成不科学，制度不完善。大学生在组建创业团队成员的时候，通常没经过真正意义上的筛选，成员之间往往也只是因为同学的关系才确立。这在很大程度上影响了创业团队对人员互补方面的需求，成员之间的分工也无法明确，碍于人情，相关制度的建立也无法落实。随着创业的进展、利润的增加，这方面的弊端逐渐显露，即易引起冲突，使得创业团队建设无法成功。

（3）性格差异、理念不同容易导致矛盾。现在大学生在创业的过程中有时会因为心理素质不是很成熟而导致遇到问题时无法合理解决。比较追求自我、敢作敢当、雷厉风行正是当下大学生身上普遍的特质，而这在创业团队的建设中并非全是优点。性格上的差异、理念的不一致在刚开始会被掩盖，但伴随着项目的开展，不同成员的不同思维、不同性格如果得不到很好地处理，就会导致成员之间产生不必要的隔阂。

3. 对于大学生创业群体来说，创业团队结构及团队氛围同样对创业绩效存在显著影响，大学生创业团队有其劣势，主要表现在以下三个方面。

（1）大学生创业团队同质性过高，互补性不足。大学生受其学习生活范围的影响,其交往对象同质性很高。很多大学生创业者通过日常学习和生活的人际关系网络来寻找共同创业的伙伴,例如同学、校友等,也有部分创业团队是由具有相近技术研发背景的人聚集起来共同创业,这种创业团队中的成员常常拥有相似的知识储备、理念、观点和资源,具有相似性高、互补性低的显著特点。可以发现,大学生在选择创业团队成员时,更倾向于选择与自己的经历、教育、背景相似的同学。这既与大学生所处的人际环境有关,也与部分大学生整体社会成熟度不高、组建团队的策略不足、接纳差异的能力有限有关,因而使大学生创业团队普遍存在着同质性高而互补性较低的问题,团队成员在知识、技能、动机、人际网络和资源方面的重叠度越高,团队完整性和互补空间就越低。

(2)大学生创业团队更容易产生冲突和分裂。创业热情和激情高、说干就干是大学生创业团队的优势。但也存在一些劣势,如创业过程中缺乏经验,处理复杂状况、应对持续高压的能力不足,未能通过充分的理性思考就开始创业,大学生自身成熟度的局限,使其在创业过程中容易产生激烈的冲突,并相对难以有效地应对冲突,而导致团队分裂,创业失败。例如,有数据表明,在由大学生创办的成长较快的中小企业中,约50%的创业团队不能共同度过公司创立的前3年,仅有不到20%的创业团队能保持完整的初创团队。

(3)大学生创业团队缺少社会经验。大学生创业团队因其平均年龄偏低,社会经验较少,缺乏贴近市场前沿的工作经验,整体成熟度低,社会阅历较少,所具有的知识主要来源于课堂,且大多是理论、原理、方法等结构化的静态知识储备,普遍缺乏在现实世界更好地组织、运用知识的能力。

6.3.2 优化大学生创业团队结构的意见和建议

综上理论结合三维度模型和实践的分析,一个优秀大学生创业团队的建设离不开外部大环境的影响以及内部的科学化管理,因而大学生创业团队在结构上要注意以下两点。

1. 外部因素,高校应为大学生创业团队的建立提供温润的大环境。

(1)高校应对有志于组建创业团队的大学生进行系统的知识培训。理论知识在创业团队的建设中起到了未雨绸缪的作用。成功的创业团队往往都有一些共同的特质，而那些没能走向成功的创业团队往往存在建设性的失误。这些理论知识的讲解，可以为大学生的创业团队建设提供前车之鉴，有利于其自身早早发现问题并解决问题，少走一些弯路，及时避免一些比较常见的问题。

（2）高校应建立产学研相结合的创业教育模式，为大学生创业团队的组建提供实践基础。创业团队的建设除了要有必要的理论知识外，更离不开实践教学。这需要学校在大学生团队建设时将教学与实践相结合，真真正正把产学研的教学模式加以落实。产学研相结合的创业教育模式强调理论与实际的结合，高校可通过构建校内研发基地、示范基地、大学生创业孵化基地和大学生创业园等创业教育平台，把团队建设的理论内容融入到工作中，让学在实践中加深对团队的理解，培养成员之间的协作能力，提高团队运作的熟练程度。高校通过这些创业教育平台可以大幅提高大学生创业团队的生存力。

（3）提高创业导师队伍建设水平，优化师资力量结构。高校应通过引进双师型教师、聘请具有成功创业经验的人士兼任教师，或者举办成功创业团队专题报告会等形式，拉近成功创业团队与学生间的距离，使学生能够更直接、更深刻地学习到成功团队的建设经验。为大学生自己在团队中适合担任什么样的角色提供指导，可以避免大学生在创业初期由于自身定位不清而出现的工作效率低下、优势无法发挥的问题。

（4）高校应积极尝试弹性学制政策，为学生创业提供保障。由于学生的特殊身份，学业在很大程度上限制了学生的精力，以致在创业的道路上瞻前顾后，很难放开手脚，这无疑降低了学生创业的成功率。

2. 相比学校提供的外部因素，内部因素在大学生创业团队的建设过程中要显得更为细致。

一是大学生创业团队组建力求角色搭配合理。在组建创业团队时，不仅要关注每个成员的知识和能力，还应该重视成员间的角色搭配。一个好的创业团队，既需要善于交际、获取新思想的资源调查者，又需要埋头苦干、脚踏实地将企业决策付诸实践的执行者；既需要出谋划策的创新者，又需要坚定目标、精益求精将工作落实和维护的完成者；既需要冷静谨慎、分析复杂问题的监控评估者，又需要鼓舞士气、促进合作的协作者。在实际操作上，由于创业团队的规模和所处行业特征不同，理论上的九种角色在新创企业里一般不会由九个人承担，但九种团队角色的功能不能欠缺和失衡。可以按照创业团队的五类角色将九种角色进行搭配，组合成适合行业特点及企业发展的创业团队。在团队分工上，应使团队成员所承担的职能角色与其偏好的团队角色相匹配。在增补团队成员时，应在分析已有团队角色组合状况的前提下，确定所需的团队角色，再通过对团队人选的角色胜任力进行考察，甄选出合适的团队成员加入。

二是大学生创业团队运作保证高绩效。创业团队角色的行为特征与团队的绩效存在较大的相关性。为了让创业团队高效运转，作为团队成员应加深对团队角色的自我认识和角色行为的理解，尤其要重点防范由角色错位而造成角色模糊、角色冲突和角色超载三种团队角色失衡现象。角色模糊是指角色知觉能力差，角色期待不明；角色超载是指角色承担者能力有限或角色预期不合理；角色冲突是实际团队角色和团队角色偏好不一致。创业团队成员为了处理好角色错位，防止团队中角色模糊、角色冲突和角色超载的现象发生，首先，应清楚团队和其他成员对自己的期望和要求，准确定位自己的团队角色；其次，为了使自己的态度和行为符合角色要求，要增加自己的角色知识和角色技能；最后，大学生创业团队成员要进行角色内化，使角色行为成为自己个性特征的一部分。

三是大学生创业团队成长注重动态平衡。高效的团队应该由具有不同团队角色的合适成员组成，但由于新创企业成长中的波动性会导致创业团队存在较大的不稳定性，从而打破团队初建时期平衡的合作状态，进而影响团队绩效。因此，在大学生创业团队成长中，不但要注重团队的静态平衡，而且要注重团队的动态平衡，当一个团队出现角色缺失时，其他成员应在条件许可的情况下，主动承担起该团队角色，增强角色弹性，使团队的角色结构从整体上趋于合理，以便更好地达成创业团队共同的绩效目标。

大学生创业团队结构是一个很抽象且很复杂的结构变量，本节从影响创业团队绩效的团队结构因素出发，立足于大学生创业团队结构的本质特质，在广泛综合相关文献成果的基础上，对大学生创业团队结构进行了深入分析，借鉴了创业团队结构的三维模型。在本模型中，大学生创业团队的结构包含角色结构、技能结构和权利结构三个基本维度，其中角色结构的完整性、明确性和对位性是创业团队角色结构影响创业团队绩效的三个重要特性，技能结构的完整性、异质性和角色对位性是创业团队技能结构影响创业团队绩效的三个重要特性，权利结构的角色匹配性、技能匹配性和权责对等性是创业团队权利结构影响创业团队绩效的三个重要特性。这种多维度和多层次的模型很好地解释了创业团队结构的复杂性，为研究创业团队结构特质提供了一种有效的工具。最后，通过可靠性分析、探索性因子分析和验证性因子分析对本节选取的指标进行信度、效度检验和验证，最终验证了本节提出的构思：创业团队角色结构、技能结构和权利结构是影响创业团队创业绩效的三个维度。这为进一步研究大学生创业团队在不同创业阶段的不同表现，以及大学生创业团队结构对创业团队的决策过程和创业绩效的影响提供了理论框架参照。同时，对如何优化大学生创业团队结构提出了内外因素相结合的意见和建议，从高校改善创业环境和提高创业指导服务质量角度，及创业团队加强自身内涵建设角度出发，提出了相应的见解和观点，为后面的深入分析提供了现实依据。

第7章
大学生创业团队的胜任力分析

7.1　创业团队胜任力概述

胜任力的概念最早由哈佛大学教授麦克里兰（McClelland，1973）提出，他认为胜任力是与工作绩效或生活中其他重要成果直接相联系的知识、技能、能力、特质或动机，它可以区别绩效优秀者与绩效普通者很难模仿的特质。此后众多学者从各自的研究视角出发，对胜任力进行了界定，可以归纳为三种观点，如表7-1所示。

表7-1　　　　　　　胜任力观点梳理（根据文献资料整理）

序号	代表人物	主要观点
1	Klemp（1980），Boyatzisl（1982），彭剑锋（2003），斯班瑟（1993）	特征观，认为胜任力是指能将某一工作中绩优者与普通者区分开来的深层次人格特征
2	仲理峰（2003）	行为观，认为胜任力是指某一工作中与卓越绩效有因果关系的具体行为表现
3	Fleishman、Hummel et. al.（1995）、于丹（2009）	综合观，认为胜任力是指真正影响工作绩效的人格特征与行为表现的总和

随着对胜任力研究的逐渐深入，国内外的学者们在胜任力理论研究的基础上提出了创业胜任力和团队胜任力，并对其进行了初步界定。主要代表性

观点如表 7 - 2 所示。

表 7 - 2　　　　代表性创业胜任力观点梳理（根据文献资料整理）

序号	代表人物	主要观点
1	Chandler & Hanks	首先确定了创业胜任力的概念，将创业胜任力定义为：人们识别、预见并利用机会的能力
2	冯华	认为创业胜任力的构成涵盖组织胜任力、机会胜任力、关系胜任力、战略胜任力、承若胜任力、概念胜任力、情绪胜任力和学习胜任力八个方面
3	Thomas & Theresa	创业胜任力是一种高水平的个人特质，它包括知识、技能和性格特征等方面，也可以看做是创业者在组织中成功执行工作的与创业有关的能力
4	王重鸣	创业胜任力模型应该包括关系要素、组织要素、机会要素、承诺要素、概念要素、情绪要素、学习要素和战略要素八个不同的维度
5	马红民和李非	创业团队胜任力包括战略能力、机会能力、关系能力、组织能力、承诺能力、概念能力、协作能力、学习能力和创新能力九个维度
6	张振华	提出创业团队胜任力构成要素主要包括八个维度，分别是：创业导向、关系协作能力、机会能力、组织能力、学习能力、创新能力、知识共享能力和承诺能力

创业团队胜任力的构成如表 7 - 3 所示。

表 7 - 3　　　　　　　　创业团队胜任力的构成

构成维度	维度内涵
创业导向	创业团队在战略制定、新产品的开发和把握市场机会过程中所体现的一种创业性的姿态和激情
创新能力	创业团队创造新的技术与产品，或者改进服务与流程的能力
机会能力	创业团队通过各种手段识别和捕捉市场机会的能力
关系协作	创业团队成员之间互动的能力，包括凭借契约或社会关系、沟通说服能力和人际技巧等建立合作和信任的能力
组织能力	创业团队组织企业内外部的人、财、物和技术资源的能力，还包括团队建设、领导下属、培训和监控的能力
承诺能力	创业团队成员愿意贡献力量驱使企业团队永续经营的能力
学习能力	创业团队成员从以往自己或他人经历、关键事件中，主动学习并改变自己行为以提高工作效率的能力
知识共享	创业团队成员之间相互分享知识从而达到优势互补的能力

　资料来源：张振华，刘文超. 创业团队胜任能力测评量表开发与质量检验的实证研究 [J]. 税务与经济，2013（1）：50 - 55.

然而，大学生创业团队的胜任力是团队的个体成员通过完成团队任务的过程中表现出来的，因此，创业团队胜任力可以说是创业团队个体成员内创能力的集合。同时，创业团队胜任力还非常注重团队成员间的差异性、灵活性、整体性与互补性。因而，本节认为大学生创业团队胜任力是两个或多个大学生共同组建的创业团队，在为了获得创新性成果而开展的得到知识共享和资源保证的创业活动的过程中所表现出来的一种综合胜任力。它是在企业创业过程中，一个优秀的创业团队为了取得高创业绩效所应具备的包括知识、技能、能力和特质在内的综合胜任力。

7.2　基于创业不同阶段创业团队胜任力分析

大学生新创企业会经历一个动态的成长过程，大学生创业团队会随着新创企业的成长经历不同的发展阶段。为了适应内外部环境的变化，准确识别和把握各种市场机会，并积极获取企业发展的各种资源，要求创业团队成员在团队发展的不同阶段拥有不同的胜任能力。因此，大学生创业团队的胜任能力会出现动态性变化。将大学生创业团队的各种胜任能力与新创企业的成长过程和创业团队的演变阶段有机联系起来，我们可以得到如图7-1所示的大学生创业团队胜任能力的动态性变化图。其中，在创业团队自发形成阶段，

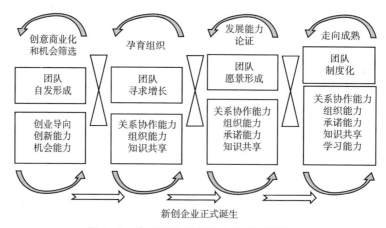

图7-1　创业团队胜任能力的动态性变化

创业导向、创新能力、机会能力表现得尤为重要；在创业团队寻求增长阶段，关系协作能力、组织能力和知识共享表现得尤为重要；在创业团队愿景形成阶段，关系协作能力、组织能力、承诺能力和知识共享表现得尤为重要；在创业团队制度化阶段，关系协作能力、组织能力、承诺能力、学习能力和知识共享表现得尤为重要。

1. 大学生创业团队自发形成阶段的胜任能力。在创业的第一阶段，大学生创业者是否具备一种创业的姿态和激情，是否拥有甘愿冒险的精神直接决定着创业活动是否真正能够展开。创业早期，大学生创业团队尚未正式建立，创业时机是否成熟尚不明确，创业资源存在各种不足，且会面临各种不可预测的风险。因此，是否对创业活动充满信心，是否愿意接受各种风险和挑战成为考验大学生创业团队成员的重要因素。于是，创业导向成为大学生创业团队的一项基本胜任能力。从理论上讲，拥有创新性的产品或完善的商业模式是奠定大学生创业者是否创业的基础，它是为大学生创业的参与者和利益相关者创造、提高和实现价值的基本依靠。创造和改进新的技术、产品、服务和流程的能力正是大学生创业团队的创新能力。

对于大学生创业活动而言，能否判断和识别商机是创业能否成功的关键，其次就是抓住商机的意愿和行动。商机具有吸引力强、持久、适时的特性，需要用创业方面的思路和创造力开发或建立起来。由于商业环境总是在不断变化，故商业机会也是稍纵即逝。保持对商业机会的持续警觉是大学生创业团队的一项重要任务。无数的经验表明，最成功的创业者都是密切关注商机的。

2. 大学生创业团队寻求增长阶段的胜任能力。在寻求增长阶段，大学生创业团队成员为了建立正式的创业组织，关注团队资源、知识和能力的发展与整合。这时候大学生团队成员非常关注事业伙伴招募，非常关心如何选择伙伴以弥补创业所需的技能资源。具体工作包括从哪里寻找团队成员，如何挑选最佳的创业伙伴并邀请他们加入到创业的队伍。此时，关系协作能力变得尤为重要。为了说服其他人员一起创业，需要有高超的沟通说服能力和人际关系处理技巧；为了让他人能够安心地参与创业，需要通过社会关系或契约关系将彼此有机地联系在一起；为了让新加入的成员主动贡献自己的资源和智慧以实现团队成员之间的资源和能力互补，需要建立坚实的信任关系。通过关系协作能力，实现人与人之间或人与组织之间的互动，有助于孕育创业组织。

大学生创业团队组建以后需要根据社会环境的变化，不断优化团队内部资源结构和协作关系。因此，组织好新创企业内外部的人、财、物和技术资源，以及搞好团队建设的组织能力成为大学生创业团队寻求增长阶段的一项重要能力。与此同时，在保持核心团队成员稳定的前提下，吸纳新成员和退出部分原有成员从而调整创业团队成员构成，是创业团队寻求新资源、建立新的社会关系、实现成员和资源优化以及促进新创企业成长的重要手段之一。在此基础上，大学生创业者们认真评估并衡量市场机会价值，并设计出多种产品和服务来迎合市场机会。

如何优化大学生创业团队的成员构成和提高团队心理与认知一致性水平成为创业企业正式成立前迫切需要解决的问题。一个重要的办法就是通过团队成员之间相互分享知识来达到优势互补，即通过知识共享来实现心理和认知的一致。大学生创业团队成员能够组合到一起的一个重要考虑是成员各自所拥有的知识、技能和经验能够成为创业活动的重要组成部分，且可以实现互补。创业成员是创业资源的载体和认知主体，优化团队成员的构成有助于实现创业资源的优化。

3. 大学生创业团队愿景形成阶段的胜任力。在愿景形成阶段，新创企业已经正式成立了，大学生创业团队成员逐渐形成共同认可的企业发展愿景，团队成员的角色和任务更加明晰，团队成员都愿意贡献自己的力量从而驱使企业团队实现永续经营，这表现出了典型的创业团队承诺能力。与此同时，团队内成员的任务和角色职责也更加明晰。大学生创业者挑选最能迎合商业机会的产品和服务，并逐渐形成创新的商业模式。创业团队的初始成员开始发展为新创企业的管理者，团队分工开始明确。这时候也进入了团队维护的初始决策阶段，如何维持团队成员的人际关系和角色关系成为创业者的重要工作内容。因此，组织能力成为创业企业正常运营的一种必备能力。

良好的团队内部关系是创业成功和新企业成长的重要保证。大学生创业团队成员很大程度上是因为大学友情的纽带而走到一起的。友情是组建大学生创业团队的重要基础，友情使创业团队成员愿意投入更多的个人资产，有利于建立非正式的隐性合约。在创业过程中，友情有利于提高大学生创业团队决策的效能，减少情感冲突，且可以降低团队成员流失和团队分裂的可能性。因此，如何协调好创业团队成员间的关系，在团队成员之间进行有效沟通，使这种创业的友情更加牢固，形成团队凝聚力，成为每一位团队成员都应该具备的能力。

研究表明，大学生创业团队成员原有知识和技能结构的不同会导致个体在认知上存在差异，团队成员构成的变化也会导致个体认知的变化，产业与竞争环境的改变也会影响团队成员的认知，这些都会影响创业团队集体认知的形成。特别是当面临各种市场机遇与风险时，为了论证新创企业的发展能力，大学生创业团队之间必须有效实现知识共享。基于大学生创业团队决策的集体认知有助于大学生创业团队在自身发展过程中提高自己的效能，并达到更好的效果。

4. 大学生创业团队制度化阶段的胜任力。在制度化阶段，大学生创业团队开始稳定下来，团队的组织结构基于制度而变得规范，开始形成企业的文化和价值观。大学生创业团队建立完成，团队进一步优化、发展，团队成员更明确地承诺贡献自己的力量来促使企业团队永续经营。大学生创业者可以开始去实施创业理想，从而识别和选择新兴的商业模式。制度化本身是一种治理方式和相互承诺。大学生创业团队治理需要解决的核心问题是创业团队成员间的互动关系。协调好团队成员之间的关系本就是制度化的一个重要目的。创业团队成员之间是同时拥有所有权和经营权，相对独立却又相互依存的分工协作关系。要想让团队成员密切合作并不是一件容易办到的事情。研究显示，在创业的前五年里，创始伙伴之间积压的大量不满情绪常常会阻碍新创企业的成长，团队合作破裂也很普遍。因此，为了使新创企业能够步入正常的发展轨道，提高创业团队成员间彼此的承诺能力十分重要。

创业团队治理是在团队成员之间设立的一种控制与激励机制。通过建立起一整套正式或非正式的制度安排，可以明确界定创业团队成员各自的权利与责任，协调成员之间的互动合作关系，以保证创业决策的科学和有效，从而实现成功创业。只有实现成功创业，才可能在保证团队整体收益的前提下最大化个人收益。因此，团队建设、领导下属、培训和监控的组织能力，团队成员之间相互分享知识来达到优势互补的知识共享能力及从以往自己或他人经历、关键事件中，主动学习并改变自己行为以提高工作效率的学习能力成为创业团队成员的重要能力。

7.3　大学生创业团队胜任力调查分析

从调查有效样本来看，大学生创业团队领导胜任力在现实中的状况如表7-4、表7-5所示。

表7-4　　　　　　　　大学生创业团队领导胜任力调查表

项　　目	非常满意	比较满意	一般	比较不满意	非常不满意
你所在团队领导的自信心	111	133	55	6	3
你所在团队领导的组织能力	98	136	66	6	2
你所在团队领导的沟通协调能力	105	135	58	6	4
你所在团队领导的统筹能力	98	136	65	7	2
你所在团队领导的规划能力	95	141	63	6	3
你所在团队领导的领导力	101	141	60	4	2
你所在团队领导的管理能力	96	134	67	8	3
你所在团队领导的学习创新能力	99	132	69	4	4
你所在团队领导的亲和力	107	135	58	4	4
你所在团对领导的人脉	101	140	58	6	3

表7-5　　　　　　　大学生创业团队领导胜任力调查百分比　　　　　单位：%

项　　目	非常满意	比较满意	一般	比较不满意	非常不满意
你所在团队领导的自信心	36.04	43.18	17.86	1.95	0.97
你所在团队领导的组织能力	31.82	44.16	21.43	1.95	0.65
你所在团队领导的沟通协调能力	34.09	43.83	18.83	1.95	1.30
你所在团队领导的统筹能力	31.82	44.16	21.10	2.27	0.65

项　　目	非常满意	比较满意	一般	比较不满意	非常不满意
你所在团队领导的规划能力	30.84	45.78	20.45	1.95	0.97
你所在团队领导的领导力	32.79	45.78	19.48	1.30	0.65
你所在团队领导的管理能力	31.17	43.51	21.75	2.60	0.97
你所在团队领导的学习创新能力	32.14	42.86	22.40	1.30	1.30
你所在团队领导的亲和力	34.74	43.83	18.83	1.30	1.30
你所在团对领导的人脉	32.79	45.45	18.83	1.95	0.97

从表 7-5 可以看出，95% 以上的创业团队成员对团队领导胜任力的满意度较高，说明初始创业团队组成上是经过精挑细选志同道合的成员，同时，也可以分析得出，虽然是自发组成的，但他们对所在团队领导胜任力的满意度在一般以下的也占到 20%～25%，说明在不同的发展阶段，团队成员对团队领导胜任力的满意度会随之发生变化，这与不同阶段不同要求有密不可分的联系，且符合大学生创业团队发展的实际需求。

7.4　小结

从大学生创业团队的创业胜任力来看，它们在不同发展阶段是呈现动态变化的，因而，可以从学校和创业者本身两个角度出发去培养和提高其胜任力。

1. 从学校层面来看，要从制度环境中提升学生的创业胜任力。首先，要依据各高校的特点制定大学生创业活动章程。结合社会需求，将大学生创业教育放到重要的位置，与所学学科相结合，加强创业课程的改造与研发，使之具有整合性。课程结合该校大学生的实际情况，从大学生创业的方向、创业的条件、创业的方法、创业的准备等方面来突破目前课程设置的"瓶颈"。其次，鼓励创业社团的发展。学校对创业社团的投入要增加，吸纳那些具有开拓创新精神、想自己创业的大学生参加。同时，定期或不定期开展以创业为主题的活动，推动高校创业教育氛围的形成，提高大学生创业的理论水平和决策思考能力。最后，各高校要利用自身的科研优势和将科研成果转化为生产力的优势，建立校企合作机制。采用引进来与走出去相结合的方式，利用暑期社会实践给大学生创业提供在合作企业实习的机会。在创业的环境下，学生充分发挥自身学科优势，不仅点燃了创业激情，还能够在艰苦实践中体验创业的艰辛。具有挑战性的创业活动能够锻炼学生的各项素质，能很好地提升学生的创业胜任能力。

2. 从学生自我发展上来看，要从创业所需能力上进行深度挖掘。一是要培养创业理念。创业理念是一种蕴藏于人头脑中的精神能量，这是学生自我发展的最初梦想，有梦想还需要有行动，这就需要学生要有创业的计划和坚定创业的理念。二是要在创业中重视竞争意识与合作能力的培养。随着社会发展，越来越强调合作与竞争的重要性，在竞争合作中谋求发展，一个人创业胜任力的培养，离不开合作。具有团队合作精神的人，才能真正地认识到自我，激发潜力，改善人际关系，激发创意，以一种积极的心态缓解在创业过程中的压力，团队合作与竞争是大学生在创业胜任力培养过程中必须得到重视的一环。三是大学生对风险的预测与评估能力。创业是具有风险性的，分析评估是为了减少创业失误，加强创业成功的必要能力之一，同时，决策能力也在创业过程中显得尤为重要。成功的创业者最终体现在决策能力上，一个具有决策能力的人在复杂环境和情景中能及时做出各种应变和决策，在学生自我发展过程中一定要不断地训练决策能力。如在创业行动之前设计详细的选择决策方案，分析每项选择的利弊，总体权衡，做出决策。

第8章
大学生创业团队的沟通分析

8.1 沟通理论

8.1.1 沟通的内涵

1. 沟通的概念。沟通的概念，从古至今都有记载，学者们百家齐鸣，都想试着去概括沟通的含义。十多年之前，美国著名教授 F. 丹斯统计了沟通的定义至少已经有 126 种。《大英百科全书》指出，沟通是"用任何方法，彼此交换信息。也就是说，以符号、视觉、收音机、电视、电报、电话等其他工具为媒介，实现人与人交换信息的方法。"[①] 《韦氏大辞典》认为，沟通就是"文字、文句或信息的交通，思想或意见的交换。"西蒙（H. A. Simon）认为，沟通"可视为一种程序，借此程序，组织中的一成员将其所决定的意见或前提，传送给其他成员。"

沟通是人与人之间、人与群体之间思想与感情传递和反馈的过程，管理学者认为沟通不仅仅是为了传递思想或感情，还在于把传达的思想感情所包

---

① 陈春花，杨忠，曹洲涛. 组织行为学 ［M］. 北京：机械工业出版社，2016.

含的意义加以理解并达到共识。如果沟通只是传递信息，却没有达到共识或者没有传达意义，那么沟通是无意义的。罗宾斯认为，沟通包括四个重要的作用，即控制、激励、情绪表达和信息传达，在团队组织中尤为明显。比如，上级领导与下属进行沟通，可以控制下属的行为，达激励效果，告诉员工什么是正确的、什么是错误的，并激励员工高效完成任务。此外，沟通能传递给他人情绪与有效信息，通过沟通，我们已经可以表达喜怒哀乐并分享自己的有效信息。时代在变化，产品日新月异，沟通依附于日常生活的任何活动中，沟通也随着科技带来的革命发生了改变，从拘束于书面沟通、面对面沟通，发展到当前的网络沟通。如今，沟通在大数据时代下，信息数量变得更大，更新更快，企业也意识到沟通必须与市场相结合，多元化、科学化的沟通是当今探索的话题。①

2. 沟通的模型。沟通过程就是信息的发讯者将信息通过选定的渠道传递给收讯者的过程。沟通的过程中一般包含12个要素：信息发讯者、编码、发出的信息、传递、通道、接受、接受的信息、译码、收讯者、反馈、背景、噪声。其中有六项因素比较重要，以下是我们对这些因素的解释。②

（1）编码：就是将接收到的信息转化成自己可输出的信息，这些可输出的信息可以是文字、图片、肢体语言、数字、声音等。发讯者必须将讯息编码成收讯者可以解码的信息。如果输出的信息是不清楚的，将会影响收讯者对信息的理解。

（2）通道：是指发讯者对收讯者发出信息时，传递信息的媒介物。口头交流的通道是声波，书信交流的通道是纸张，面对面交流的通道是口头语言和肢体语言。在日常生活中，通道的选择要切合实际并符合信息的性质与传递的有效性。

（3）译码：就是收讯者将获得的信息信号解释为可理解信息的过程。收讯者在译码的过程中，需要经验、知识与文化背景相结合，才能使获得的信号转换为正确的信息。如果解释错误，信息将会被误解或曲解。

---

① 罗军．互联网时代面谈沟通管理探讨［J］．电子商务，2014（22）：70.
② 吴芸．企业管理中的沟通理论及其运用［J］．郑州航空工业管理学院学报，2003（3）：69.

（4）反馈：就是将信息返回给发讯者，并对信息是否被接受和理解进行核实，它是沟通过程的最后一个环节。发讯者根据核实的结果再发出信息，以进一步确认所发出的信息是否已经得到有效地编码、传递与译码。只有通过反馈，才能真正使双方对沟通的过程和有效性加以正确地把握。在沟通过程中，反馈可以是有意的，也可以是无意的。

（5）背景：就是指沟通所面临的总体环境。这种环境可以是物质环境，也可以是非物质环境，而任何形式的沟通，都必然受到各种环境因素的影响。这些因素通常是指：物理背景；心理背景；社会文化的背景。

（6）噪声：就是指沟通过程中对信息传递和理解产生干扰的一切因素。噪声存在于沟通过程的各个环节，包括难以看清楚自己、方言、电话的噪声干扰等，只要是阻碍信息沟通的，都可以称之为噪声。

沟通模型如图 8－1 所示。

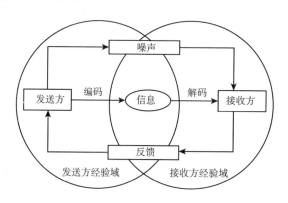

图 8－1　沟通模型

罗宾斯认为沟通在发生之前是带着意图的去触发，把要被传递的信息在信息主体间传送。如图 8－1，最基本的沟通模型是建立在接受方与发送方之间的信息传递。反馈是表达接收方对发送方发送信息的理解程度，噪声则表明信息受到外界干扰的程度，噪声程度越厉害，反馈越不尽如人意。

在图 8－1 中不难发现两个相交的大圈，除去集合部分，两个大圈各自有各自的经验领域。也就是说，每个人根据自己的能力对信息有不同的认知程度，如果信息主体本身对信息的背景知识一点都不知道，那么信息就很难掌握。信息主体通过对信息的理解进行编码，得到自己完全理解的信息。大圈的集合是在沟通过程中双方有兴趣的聊点，是沟通过程中的核心部分，是信息的中心内容。双方在沟通过程中，可以根据信息内容从简，既不浪费时间，又能达到信息完备的目的。综上，如果双方需要传递信息，那么双方都要掌握一定的信息与相关的知识，同时，又要掌握在沟通中如何运用双方的兴趣点来传递信息。

此外，在沟通过程中我们需要注意反馈和噪声。反馈，是反映信息传递的情况，在沟通过程中，反馈是很重要的，只有通过信息的反馈我们才知道如何行动。噪声，是影响信息传递的外部因素，噪声可以导致出现信息传递不畅、传递滞后等问题。

8.1.2　沟通的分类

1. 根据沟通方向分类。根据沟通方向，在组织结构内，上下级、平级进行的沟通可以分为垂直沟通与横向沟通。垂直沟通是指群体或组织中在高低各个结构层次之间进行的沟通，它有下行沟通和上行沟通两种形式。下行沟通是指信息由群体或组织中具有较高权威的层级流向权威较低的层级的沟通过程。上行沟通是指由下属向上级进行的信息流通。垂直沟通具有速度快，信息传递准确的优点，缺点是：如果组织内部层次多的话，信息传递会变慢，并出现信息滞后的情况。①

横向沟通是指组织结构中同一层次的人员之间所进行的沟通。横向沟通的主要优点和功能是加强彼此协作，且由于有更多的人加入沟通，故加快了信息传递的速度。横向沟通对于部门间工作的协调是必须的，常常是管理层中的主要沟通形式。横向沟通可以是正式的，但更多情况下是非正式的，且此时沟通的速度更快。横向沟通的优点是，沟通主体是互相平等的，沟通顺畅，容易理解；缺点是容易产生矛盾，难以控制局势。

2. 根据信息流通渠道分类。沟通可以根据正式场合与非正式场合，把沟通分为正式沟通与非正式沟通。正式沟通一般指在组织系统内，依据组织明

---

① 刘为军. 浅谈管理沟通的作用及途径［D］. 武汉：中国地质大学，2007（9）：23.

文规定的原则进行的信息传递与交流。例如，组织与组织之间的公函来往、组织内部的文件传达、召开会议、上下级之间的定期情报交换等。优点：严肃，约束力强，传递信息比较完整。缺点：消耗资源，效率低。

非正式沟通是指通过非正式沟通渠道建立起来的联系。在组织中，有些消息往往是通过非正式渠道传播的，即组织中存在着小道消息流通网。管理者应该了解本组织内部的各种非正式沟通网络，在必要的时候可以利用传播中的特殊人物（如小道消息的发布者），借用或抑制各种非正式网络。非正式沟通的优点是形式可以多样化，沟通速度快，沟通主体压力小；缺点是不正式，没有证据，没有形式，容易导致信息失真。

3. 根据沟通主体是否反馈分类。沟通按照是否进行反馈，可分为单向沟通和双向沟通。单向沟通是指发送者和接受者两者间的地位不变（单向传递）。单向沟通中双方无论语言或情感上都不需要信息的反馈。单向沟通的优点是速度快，意见统一，节约时间。缺点是没有得到信息的反馈，观点可能会是片面的。

在双向沟通中，发送者和接受者两者间的位置不断交换，且发送者是以协商和讨论的姿态面对接受者，信息发出以后还需及时听取反馈意见，必要时双方可进行多次重复商谈，直到双方共同明确和满意为止，如交谈、协商等。单向沟通的速度快，信息发送者的压力小。但是接受者没有反馈意见的机会，不能产生平等和参与感，不利于增加接受者的自信心和责任心，不利于建立双方的感情。双向沟通的优点是参与度高，沟通主体更有积极性。缺点是意见难以统一，浪费时间。

4. 根据沟通过程中是否运用语言分类。在沟通过程中，我们根据是否运用语言，把沟通分成语言沟通和非语言沟通。语言沟通是指以词语符号为载体实现的沟通，主要包括口头沟通、书面沟通和电子沟通等。语言沟通的优点是更容易让人理解，避免误解，缺点是相比非语言沟通可能浪费时间。

非语言沟通是指通过身体动作、体态、语气语调、空间距离等方式交流信息、进行沟通的过程。除特殊环境外，一般来说，语言沟通都伴随非语言沟通，而非语言沟通很少伴随语言沟通。非语言沟通的优点是，一个动作就能表达一长串语句，省时省力，同时具有秘密性；缺点是容易让人误解。

5. 根据沟通主体的规模分类。可分为单独沟通与集体沟通。单独沟通基本上指一对一沟通，但也包括与一个部门中的若干人进行沟通。集体沟通是指所有平等主体进行沟通。选择单独沟通还是集体沟通，应具体问题具体分析，没有优缺点的评判标准。

8.1.3 互联网时代的沟通

互联网沟通是指把互联网作为沟通的媒介，替代了面对面沟通的方式，以文字、媒体、音频、多媒体为沟通媒介，具体地说，网络沟通是通过基于信息技术的计算机网络信息技术来实现的。①

1. 主要形式。

（1）电子邮件。即电子信箱，它是一种用电子手段提供信息交换的通信方式。通过网络的电子邮件系统，价格非常低，普及范围广。通过电子邮件，用户获得的不仅仅是书信信息，还可以收到新闻、图片、声音等信息。这是任何传统的沟通方式所无法相比的。另外，电子邮件具有复制、群发等功能，这大大提高了信息传递的效率。

（2）网络电话。系统软件运用独特的编程技术，具有强大的 IP 寻址功能，可穿透一切私网和层层防火墙。无论是在公司的局域网内，还是在学校或网吧的防火墙背后，均可使用网络电话，实现电脑—电脑的自如交流，无论身处何地，双方通话时完全免费；也可通过电脑拨打全国的固定电话和手机，和平时打电话完全一样，输入对方区号和电话号码即可享受 IP 电话的最低资费标准。其语音清晰、流畅程度完全超越现有 IP 电话。通信技术的进步已经实现了固定电话拨打网络电话。通话的对方电脑上已安装的在线 uni 电话客户端振铃声响，对方摘机，此时通话建立。

（3）网络传真。网络传真是基于 PSTN（电话交换网）和互联网络的传真存储转发技术，也称电子传真。它整合了电话网、智能网和互联网技术。原理是通过互联网将文件传送到传真服务器上，由服务器转换成传真机接收的

---

① 崔佳颖. 管理沟通理论的历史演变与发展 ［J］. 首都经济贸易大学学报，2005（5）：15.

通用图形格式后，再通过 PSTN 发送到全球各地的普通传真机或任何的电子传真号码上。

（4）网络新闻发布。传统新闻信息基本从电视、报纸上获取，但是网络新闻是一场技术革新。网络新闻相较于传统新闻，可以传递图片、音频、多媒体等信息，并且有保存、分享、第一时间性等特点，这都是传统新闻无法比拟的。

（5）即时通信。即时通信（IM）是指能够即时发送和接收互联网消息等的业务。自1996年面世以来，特别是近几年的迅速发展，即时通信的功能日益丰富，逐渐集成了电子邮件、博客、音乐、电视、游戏和搜索等多种功能。即时通信不再是一个单纯的聊天工具，它已经发展成集交流、资讯、娱乐、搜索、电子商务、办公协作和企业客户服务等为一体的综合化信息平台。①

2. 网络沟通的优势。在如今社会中，网络沟通是不可或缺的，且网络沟通带给我们的便利是不可比喻的。具体有如下四方面。

（1）较低的沟通成本。沟通是需要成本的，因为沟通是一种信息交流，在网络出现之前，人们沟通主要通过面对面的口头沟通以及书信沟通。古时候，无事不登三宝殿，古人讲究串门求人需要带上礼品，这样人家才肯把信息愉悦地传达出来。而书信沟通，不仅需要基础的纸和笔，还需要送书信的人力资源，这就造成了距离远的信息昂贵且慢的特点。网络沟通打破了距离、运费的局限，只需要网络，所有信息都能传达到任何地方。②

（2）缩小信息存储空间。在古代，古人喜欢结绳记事，可见信息是需要载体记录的。随着纸和笔的出现，人们喜欢把信息记录在纸上，但是每天都有成千上万的信息需要记录，记载信息的载体纸就被大量需要，信息越多，纸张需求越多，用来存储信息的空间也越来越小。网络沟通的出现，一点点的空间就可以保存一个年代的信息，可见网络沟通的出现，缩小了信息存储空间。③

---

① 罗军. 互联网时代面谈沟通管理探讨［J］. 电子商务，2014（22）：71.
② 高智敏. 移动互联网时代的沟通革命［J］. 产业观澜，2011（9）：59.
③ 王重鸣. 互联网情境下的创业研究［J］. 浙江大学学报，2016（1）：134.

（3）为工作带来便利。在工作中，员工不需要大费周折去远地方传达信息，人们不再需要下楼上楼、打招呼、开车等方式去传递一些消息而浪费宝贵的时间，人们大可以节省这些时间去做更有意义的事情。同时，网络沟通也避免了面对面沟通中存在的问题，比如错误的非语言沟通、不雅的肢体沟通等，人们可以通过更随性、更轻松的网络沟通来达到传递信息的目的。

（4）跨平台容易集成。由于网络具有保存信息交流便利的特性，信息不再受距离、单一的局限，由于网络的存在，信息可以融合、集成。换句话说，古代的信息通过互联网保存下来，与现在的信息相结合，可以总结出新的信息。地球一端的信息与另一端的信息，凭借互联网没有地域局限性的特点，实现两地的信息结合，大数据时代下，信息资源十分重要，网络沟通在这个时代中扮演着举足轻重的角色。①

3. 网络沟通存在的问题。网络沟通发展迅速，高速发展的信息数字世界也存在一些问题。具体有如下四方面。

（1）网络沟通的基本礼仪缺乏。网络沟通使沟通不正式化，相比较于面对面沟通还是存在一些差异，网络沟通具有一定的神秘性、隐私性，沟通会变得无拘无束，毫无底线的沟通会造成难以挽回的麻烦。网络沟通礼仪是帮助我们在互联网中更好地沟通，塑造良好形象的重要技能，在信息化世界的网络沟通尤为重要。

（2）在企业内部，网络沟通有横向沟通疯狂膨胀，而纵向沟通不断弱化的趋势，这就会造成企业难以管理，下属难以服从上司的尴尬局面。

（3）网络沟通减少了面对面交流的机会，若所有信息都由网络沟通来传递，那就会减少同事之间直接互动的交流频率。

（4）网络沟通的真实性和互动性可以说是极少的，这就阻碍了人们口头沟通和肢体沟通的能力，无法准确传出表情、目光、神色等非语言信息。

---

① 李晓光. 移动互联网时代的沟通变革［J］. 行业分析，2012（6）：38.

8.1.4　沟通的障碍及改善

8.1.4.1　沟通的障碍

1. 发讯人对信息表达的障碍。在沟通过程中，由发讯人把信息传递给收讯人，发讯人如何正确传递信息是非常重要的。在发讯人向收讯人传达信息之前，发讯人是要完全理解信息的，即对信息有一套自己认知的编码。比如，在一个团队中，如果上级自己都不完全明白信息的动机，那么下面的收讯人收到信息时，也会一头雾水，对行动一筹莫展。发讯人在发送信息的时候要选择适宜的时机，如果错过了正确的时机，那么传递信息是不畅通的。比如，一家公司在开会，同时，上级又要求开会中的人去完成另一项任务，但是由于开会的限制，员工根本不能及时收到信息、反馈信息。关于态度问题，这是一种主观性很强的问题，由于主观上的偏见或者误会矛盾，都将让信息沟通不畅甚至产生错误。[①]

（1）错觉。错觉是歪曲的直觉，也就是人们受到直觉的干扰，把事实歪曲了，形成了与实际情况不同的信息。一般来说，精神不正常的人难以接收信息是因为受到错觉的干扰，由于接收到的信息受到了主观的扭曲，故接收的信息会与事实背道而驰。但是，正常人也会产生错觉，导致信息错误。如杯弓蛇影、草木皆兵、风声鹤唳等都是描写正常人受到错觉的典故。

（2）错猜。错猜是人们犯了先入为主的错误，通常在沟通的过程中，接收信息的人只听他自己想要听的话，没有完全接收信息，想当然的产生联想，这种沟通往往会产生障碍。

（3）信息发送人的信誉不佳。如果信息发送人是一名让人抵触、大家对他嗤之以鼻的人，那么相比之下，这名信誉不佳的人发出的信息也容易受到别人的无视。

（4）信息来源上的问题。信息来源主要涉及发讯者的问题。这种问题主要

---

① 陈英杰. 创业环境对大学生创业主体行为的影响［J］. 高校教育管理，2013（3）：116.

是过滤信息，发讯者假设接受者不需要理解这些消息，就故意地截留了一些消息。另外，也可能提供一些无意义的以及容易引起错误解释的信息。

（5）语言障碍。由于人们语言的不同，对于语言理解的不到位，故会造成沟通上的障碍。同时，发讯者的表达能力不佳、词不达意、口齿不清等问题也会造成沟通的障碍。

（6）时机不适。信息传播的时机会左右沟通的价值。在不适当的时机发送的信息，会造成信息耽搁、延误、收讯者不愿意接收信息等障碍。

（7）媒介障碍与方式不恰当。发讯人在传递信息的时候要选择正确的沟通渠道。如果沟通渠道不正确，可能让沟通失效，接受者甚至接收不到信息。发讯者在传递信息之前要考虑信息的性质，并选择正确的渠道来传递信息。

（8）沟通技能欠缺。人们的沟通能力有好有坏，这种差距也影响到了沟通。沟通技能的欠缺，会在沟通过程中暴露出来，造成误解的尴尬。

2. 收讯人对信息理解的障碍。在沟通过程中，收讯人需要接收发讯人传达的信息，并作出相应的行动。在信息沟通中，收讯人需要有相应的理解能力，在沟通过程中一定要确保信息是能让收讯人完全理解的，同时，收讯人要避免不懂装懂的问题。具体的障碍有以下三方面。

（1）知觉的选择性。接收信息是直觉的一种形式，由于人们知觉的选择性，往往习惯性、选择性地接受某一部分信息，忽略其他的信息。往往，这些人选择的是他们感兴趣、与自己利益密切相关的内容。

（2）收讯者对信息的过滤。收讯者在接收信息时，有时会按照自己的需要对信息进行过滤。

（3）收讯者的理解差异和曲解。收讯者往往会根据个人的立场和认识解释其所获得的信息，基于个人的社会环境、生活背景和思想愿望的不同，人们对同一信息的理解将有所差异。即使是同一个人，由于接收信息时的情绪状态或者场合不同，也可能对同一信息有不同解释。

3. 组织内部固有障碍[①]。组织是一个相对宏观的环境，人们在日常管理中，需要在组织内进行沟通。内部的有效沟通可以让组织形成良好的氛围。

---

① 王年军. 大学生创业团队的理论与实证研究 [D]. 武汉：武汉理工大学，2012 (6)：8.

组织内部的固有障碍包括如下两方面。

（1）组织结构不合理引起的信息沟通障碍。如果组织机构过于庞大，中间层次太多，那么信息沟通从最高决策层传递到最基层时，不仅容易产生信息失真，还会浪费大量时间。因此，一个组织如果设有太多部门，结构设置不合理，就会造成各部门分工不清、推卸责任、做事浮夸的不良氛围。

（2）组织气氛的不和谐。一个组织的气氛对信息接收的程度也会产生影响。信息发自一个相互高度信赖、开诚布公的组织，被接收的可能性要比一个气氛不争、互相猜忌的组织要大得多。一个信息的接受程度受到组织气氛的影响，这需要组织决策者完善组织规则，坚持诚信公平的环境。

沟通的障碍如表 8-1 所示。

表 8-1　　　　　　　　　　沟通的各种障碍

发讯人障碍	信息理解问题	对收讯人不了解 对信息不了解 沟通技能的问题 信息语句问题 信息太多或太少
	信息发送不当	错误时间发信息 错误地点发信息 发错收讯人
	态度不当	不想沟通 对信息毫无兴趣甚至抵触 对收讯人有偏见，并影响到交流 没有礼貌，粗鲁
收讯人障碍	理解问题	信息过于复杂 收讯人理解能力不强 假装明白
	听不清	信息传达通道过于冗长，途中信息有损耗 环境嘈杂 发讯人口齿不清 收讯人不专心
	态度问题	对发讯人有偏见 拒绝接收信息 不喜欢沟通 欠缺沟通能力

8.1.4.2 改善管理沟通

改善管理沟通的措施主要有如下四方面。

1. 提升员工沟通能力。沟通是一种能力，只有员工的沟通能力提升了，企业的效率才会提高，这需要企业与员工本人一同努力去提升沟通能力。企业应鼓励员工去和任何人进行适当沟通以获取信息，员工只有把自己的想法表达出来才能减少沟通产生的麻烦。员工需要注意自己的沟通表达能力，平时可以多看书、多练习对话来提升自己的表达能力，只有正确地表达出信息才能避免信息误解的问题。另外，员工在沟通过程中，应注意以下情况：选择恰当的时间、恰当的地点进行沟通，要注意沟通完后对方的反馈。

2. 完善企业内部渠道，建立信息交流平台。企业内部沟通一般与沟通制度、沟通渠道相关联。沟通渠道有许多，例如会议、面对面沟通、网络沟通等，每种渠道都有优点也有缺点。企业要根据沟通内容与预期效果来选择合适的沟通渠道。沟通制度，即纵向与横向，沟通流畅的公司应该保证纵向与横向的沟通是没有障碍的，没有过分膨胀也没有过分萎缩。企业要建立适合自身的沟通制度，保证企业内部的沟通效率。

3. 改善组织内部关系。企业内部员工应呈现竞争与合作的关系。员工间的关系好比双刃剑，运用得好事倍功半，运用得不好后患无穷。企业领导应该帮助员工统一目标，使员工明白目标是统一的，让员工合作一同向目标努力。员工间应保持不断地沟通，让员工与员工间互相理解，互相信任，让员工在企业中找到归属感。企业应实施公平的、正确的奖励制度，多劳多得，营造良好的竞争环境。

4. 完善组织沟通的氛围。为组织创造温馨的沟通环境，管理者可以通过奖励形式或者活动来增加员工的凝聚力。组织可以以活动的形式来举行一次沟通大会，沟通过程要开放，没有惩罚机制，让员工在活动中畅所欲言。管理者要以身作则，保证员工与高层一律平等，高层对待员工应真诚、公正。[①]

---

① 肖之兵. 中国企业管理沟通问题及对策探讨［J］. 管理纵横，2013（5）：70－71.

8.2 团队沟通

8.2.1 团队沟通的定义

两个及两个以上的成员拥有相同的目的，在团队中所发生的沟通即团队沟通。团队沟通犹如发动机里的润滑油，只有沟通的顺畅，才能让团队存在下去，但是只沟通还不够，还需要一个相同的目标，只有确定目标是统一的，才能保证团队的整体性与高效率。团队沟通是一个团队的本能，团队整合了成员的思想、智慧、力量，但是有些是重合的，有些是有矛盾的，团队沟通起着调节、整合的作用，让团队成员愿意为团队牺牲，让团队成员明白自己在团队中起到的作用，团队沟通是团队成员动机、需求、驱动力的结合体，团队沟通让员工与员工拧在一起，共同为同一目标奋斗。[①]

8.2.2 团队沟通的网络

1. 正式沟通网络。我们把人与人之间信息交流的结构形式称为沟通网络。信息沟通的有效性与它的结构形式有密切的关系。以下介绍五种沟通网络。

（1）链式沟通网络。是一个纵向的沟通网络，代表一个组织从上到下的信息交流。

（2）环式沟通网络。这是一个处于封闭状态下的沟通模式。在这个网络中，没有个人地位之分，人人平等。

（3）轮式沟通网络。在这种沟通中，要选择出一个中间人，由这个中间人来传递信息，其他人不得交流。中间人是各种信息的汇集点与传递中心。

---

① 陈康敏. 我国企业内部管理沟通文图及对策研究［J］. 学术论坛，2009（7）：117 – 119.

一个领导人与下级进行双向的沟通，下级之间没有沟通。

（4）全通道式。民主形式的沟通模式，成员之间相互交流，通过协商采取决策。

（5）Y式沟通。Y式沟通是一个纵向沟通网络，表示 4 个层次的信息逐级传递的过程。第二级主管是一个节点与两个上级联系，其中只有节点处于沟通的中心，成为沟通的中间媒介。如果将 Y 式沟通网络倒置，则称为"倒 Y 式沟通"。在企业组织中，这一沟通网络大体相当于从企业上层领导到中层机构，再到基层主管部门，最后到基层工作单位之间的 4 级纵向系统，它适用于企业规模较大而管理水平不高的大中型企业。[①]

正式沟通网络的图式与比较如图 8 - 2、图 8 - 3、表 8 - 2 所示。

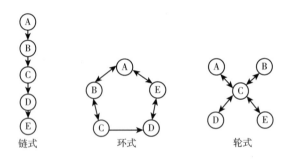

图 8 - 2　正式沟通网络图（一）

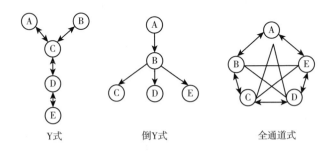

图 8 - 3　正式沟通网络图（二）

---

① 陈春花，杨忠，曹洲涛. 组织行为学 [M]. 北京：机械工业出版社，2016.

表8-2　　　　　　　　　　正式沟通网络类型的比较

类型	解决问题速度	组织化	领导人的产生	信息精准度	士气
链式	较快	慢，稳定	较显著	较高	低
轮式	快	迅速，稳定	显著	高	很低
环式	慢	不易	不发生	低	高
全通道式	最慢	最慢，稳定	不发生	最高	很高
Y式，倒Y式	较快	不一定	会易位	较低	不一定

2. 非正式沟通网络。非正式沟通是指以一定的社会关系为基础，与组织内部明确的规章制度无关的沟通方式。它的沟通内容与对象都是未经计划的，具有随机性。具体类型有如下两种。

（1）非目的性发散模式。由 A 为起点，将信息散发给 B、C、D 等人中的任何一个，这些选择的人都是由 A 随机选择的结果。其选择的原因多种多样，无法准确判断。然后收到信息的人又和 A 一样，随机传递给另外一些人，信息就这样不断扩散。但是该模式散发信息的缺点是，容易造成谣言，信息出现扭曲，产生信息传递的障碍。

（2）目的性发散模式。该模式与非目的性散发模式相似，都是通过一层层等级推进，使信息不断传播。但不同的是，与目的性散发模式相比，信息传递不是随机的，而是有目的性和选择性的。

目的性发散模式是非正式沟通与正式沟通区别最大的一种模式，因为这种模式中的沟通成员是由沟通的发起者自由选择的。在正式沟通中，由于受到层级结构、具体业务流程等因素限制，沟通的对象往往是既定的，既不能由信息发出者选择也不能随意更改。但在非正式沟通中，由于非正式组织打破了层级的限制，又不受组织中规章制度的束缚，所以，沟通有了一个极为轻松的氛围。无论是沟通的内容还是对象，都可以自由地决定和选择。这种自由的沟通模式也使人伦关系得到发展。①

非正式沟通网络具体如图 8-4 所示。

① 陈春花，杨忠，曹洲涛. 组织行为学［M］. 北京：机械工业出版社，2016（1）.

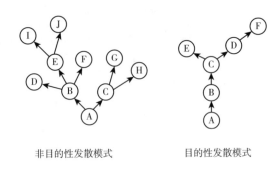

非目的性发散模式　　　　　　目的性发散模式

图 8 - 4　非正式沟通网络图

8.2.3　团队沟通障碍

1. 沟通渠道不顺畅。一个团队的沟通渠道是否顺畅，决定了团队成员掌握信息的程度。如果沟通渠道不顺畅将造成团队内的收讯者无法了解发讯者的初衷，如果沟通渠道冗长，那么信息将越传越离谱，甚至完全违背发讯者初衷。同时，一个团队的沟通渠道不畅通，将会造成信息滞后的危险，在如今的大数据时代下，科技日新月异，数据每分每秒都在更新，掌握最新的信息是一个团队的生存法则，如果信息由于团队沟通不顺畅而滞后，将会给团队带来重大的损失。团队沟通需要管理者掌握好方法，通过及时准确地沟通，带领团队突破自己。一般来说，团队沟通可以根据正式情况下与非正式情况下的沟通，分为正式沟通与非正式沟通。正式沟通的优势在于，严肃、信息传达性强，节约时间，但劣势也是有的，它会引起部分成员无法正确理解发讯者的真正意思，且正式沟通的互动性是没有的，发讯者无法得到信息的反馈，这对于一个团队是致命的。非正式沟通的优势在于，互动性很强，它可以确保每个成员完全理解发讯者的意思，减少沟通主体的心理压力，但是由于不严肃，传达信息弱，所以也是非常浪费时间的。因此，正式沟通、非正式沟通都会造成沟通渠道不顺畅。①

2. 团队成员抵触纵向沟通，横向沟通肆意膨胀。在规模小的团队中不明

① 沈超红. 创业绩效结构与绩效形成机制研究［D］，杭州：浙江大学，2006：56 - 60.

显，因为小团队往往成员构成简单，纵向级别跨度小，成员也愿意纵向沟通。但在规模大的企业中就不太一样，现在很多大型企业会效仿欧美的企业举行头脑风暴，不但让员工提供天马行空的想法，而且鼓励员工说出自己的想法，哪怕对方是自己的上级。在一些大型企业中，高层管理者不屑与自己等级跨度大的低级成员交谈，高层管理者更愿意把沟通变成命令，下达给属下的成员。反观，低级的成员也抵触与高层交谈，属下不愿与高管畅谈心扉。这就造成了纵向交谈的弱化，高层不了解属下的想法，而属下对高层又起了反抗之心，双方目标将会产生分歧，团队效率下降，团队沟通不良。由于纵向沟通的弱化，成员会将自己的想法与自己同级别的人说，以此产生共鸣来发泄情绪。这就会形成团队内部分裂成各种小团体，进一步阻隔信息沟通。①

3. 忽视未来。团队沟通应该一直把团队目标当作沟通的中心来拓展。有些企业在意当下，在意业绩，这就无形之中为团队中的每个成员带来了压力。团队沟通需要引起每个成员的共鸣，那个共鸣就是每个成员共同的目标，让目标成为意志，让意志化为行动的动力。因此，只有明确未来的长远目标，企业的动力才会源源不断。②

4. 忽视成员的个人情感因素。人生来就受着七情六欲的影响，人有了欲望才会去努力争取，同样，如果人失去了自己的情感，或者产生了负面情绪，那么这个人将会以消极的方式做任何一件事。团队在为目标共同努力时，管理者应该留心观察每个人的心情、情感等因素。管理者对于团队成员感情诉求的无视，是团队沟通的一大障碍。

8.2.4　团队沟通的解决方法

团队沟通的解决办法有如下四点。

1. 完善沟通渠道，选择适合的沟通方式。团队可以完善沟通机制，通过机制建立畅通的沟通渠道。作为团队管理人员，需要努力为团队成员营造适

---

① 谢小云. 团队学习——交互记忆系统与团队绩效 [J]. 心理学报, 2009 (41): 639 - 648.
② 赵金肖. 论团队沟通 [J]. 人力资源开发, 2009 (4): 211 - 212.

宜的沟通环境，这个环境应该包括：保证信息的完整性，确保团队成员对信息百分之百地掌握，团队管理人员要鼓励团队成员说出心中的想法，保证沟通的互动性。只有做到这些，沟通渠道才能通畅。另外，信息是各种各样的，沟通方式也应该是多元化的。团队成员应该正确掌握如何运用沟通方式把信息传达出去。①

2. 完善沟通机制，适当抵制横向沟通。团队仅掌握一个沟通方式还不够，因为没有好的沟通机制也会造成信息滞后，团队沟通应该确保纵向沟通与横向沟通是平衡的，且状态是舒适地沟通。根据现在企业大多是纵向沟通处于弱势化，故应该加强纵向沟通管理，要求管理者对待属下是真诚的、平等的，并且鼓励属下与自己分享心情，敞开心扉。同时，也要求员工学会如何正确沟通，明白沟通的重要性，理解管理人员，这样才能让纵向沟通充满活力。与此同时，要适当制止横向沟通，没有节制的横向沟通对团队是致命的，它会导致团队分裂。

3. 明确未来。在团队沟通中，团队要把团队目标挂在嘴边、写在邮件上，让每个团队成员明白自己的目标，让每个员工明白未来将会成就什么事业。只有明确的未来，团队沟通才能凝聚每一个员工。

4. 重视团队成员的情感因素。团队上层要时刻关心团队其他成员的想法，让团队成员有一种家的归属感，对于团队成员的诉求，团队上层一定要给予回复。同时，团队应该赏罚分明，做到公正，保证每个人的利益。

8.3　大学生创业团队沟通分析

8.3.1　宁波大学生创业团队沟通与领导相关性分析

1. 问卷介绍。本节通过对宁波大学生创业团队的调查问卷，调查了处于

---

① 张承龙. 在校大学生创业团队建设研究［J］. 经营管理者，2008（16）：116–118.

创业阶段的宁波高校学生的情况与满意度。本次研究调查设置两类问题：一类问题为自由填空形式，由创业团队成员填写，了解创业团队情况。另一类问题主要以选项形式来体现，由创业团队每个成员填写，用于收集创业团队相关因素的数据。2017 年 7 月，以宁波大学、宁波大红鹰学院、宁波理工学院等高校为调研对象，一共分发 308 份调查问卷，回收率百分之百。

在本次调查中，我们认为团队领导与团队沟通是有联系的，当一个团队中有一名精干的领导时，既会提高整个团队的工作效率，也会带来积极稳定的团队沟通。因此，我们提出假设，团队沟通会随着团队领导能力的提高而变得有意义、为团队带来积极的效果。

2. 问题假设。通过与调查团队的交流，我们发现了团队领导在团队沟通中起到了关键作用。这些团队中，有些领导是充满自信的，有些领导在组织活动时是有条有序的，有些领导具有广阔的社会人脉。正是这些领导，使团队的沟通变得有秩序而高效，而当领导不在场时，我们甚至能发现团队开始了无意义的沟通。

因此，我们假设 H_0：团队沟通的效率与团队领导的能力成正相关。

3. 问题设计如下。

L1：所在团队领导的自信心。

L2：所在团队领导的组织能力。

L3：所在团队领导的沟通协调能力。

L4：所在团队领导的统筹能力。

L5：所在团队领导的规划能力。

L6：所在团队领导的领导力。

L7：所在团队领导的管理能力。

L8：所在团队领导的学习创新能力。

L9：所在团队领导的亲和力。

L10：所在团队领导的人脉。

CO1：团队目前合作的状况非常好。

CO2：创业团队成员间总体亲密程度非常高。

CO3：创业团队成员间互动频率非常高。

CO4：创业团队成员对彼此非常了解。

CO5：您认为你们团队沟通的过程清晰、高效。

CO6：您在进行沟通之前会先准备好资料。

CO7：每一次沟通结束之后，会对沟通的内容进行总结或者反思。

CO8：我们理解并接受团队创业的业绩目标，即使这些目标没有写进正式协议中。

CO9：团队成员都明白，相处中出现的问题，要通过沟通和合作来解决，而不是通过正式协议来解决。

4. 信度分析。信度分析具体情况如表 8－3 所示。

表 8－3　　　　　　　　　　　　信度分析

项目	Cronbach's Alpha	题目数
团队领导量表	0.969	10
团队沟通量表	0.964	9

表 8－3 所示为各量表的信度分析结果，可知团队领导、团队沟通量表的信度系数分别为 0.969、0.964，均高于 0.95，可靠性较高，信度较高。

5. 描述性统计。描述性统计具体情况如表 8－4 所示。

表 8－4　　　　　　　　团队领导、团队沟通量表的描述性统计

问题序号	N	最小值	最大值	平均值	标准差	方差
L1	308	1	5	1.89	0.833	0.694
L2	308	1	5	1.95	0.818	0.669
L3	308	1	5	1.93	0.849	0.721
L4	308	1	5	1.96	0.824	0.679
L5	308	1	5	1.96	0.824	0.680
L6	308	1	5	1.91	0.792	0.627
L7	308	1	5	1.99	0.850	0.723
L8	308	1	5	1.96	0.836	0.699
L9	308	1	5	1.91	0.835	0.698
L10	308	1	5	1.93	0.824	0.679
CO1	308	1	5	2.00	0.850	0.723

问题序号	N	最小值	最大值	平均值	标准差	方差
CO2	308	1	5	1.97	0.861	0.742
CO3	308	1	5	1.98	0.833	0.694
CO4	308	1	5	1.99	0.864	0.746
CO5	308	1	5	2.02	0.880	0.775
CO6	308	1	5	1.98	0.848	0.720
CO7	308	1	5	2.02	0.846	0.716
CO8	308	1	5	2.01	0.886	0.785
CO9	308	1	5	1.98	0.833	0.694

表 8 - 4 所示为各个题目的描述性统计量表，包括样本量、最小值、最大值、均值、标准差和方差。可知在团队领导中均值最大的为团队领导的管理能力；在团队沟通中均值最大的是团队沟通的过程清晰、高效和每一次沟通结束之后，会对沟通的内容进行总结或者反思。

6. 相关性分析。Pearson 相关性分析结果，包括了相关系数、显著性 P 值和样本量。两者相关系数的显著性 P 值大于 0.05，表示不显著，即表示两者不相关；两者相关系数的显著性 P 值小于 0.05，表示显著，即表示两者相关；两者相关系数的显著性 P 值小于 0.01，表示非常显著，即表示两者相关。相关的两者相关系数为正，表示呈正相关；相关系数为负，表示呈负相关。相关的两者相关系数绝对值越接近 1，表示两者相关程度越高；绝对值越接近 0，表示两者相关程度越低。

（1）团队领导内部因素相关性分析。表 8 - 5 所示为团队领导各个题目的相关性分析结果。可知团队领导各个题目的相关系数在显著性 0.01 水平（双侧）上非常显著，相关系数分别为 0.726、0.720、0.723、0.695、0.761、0.711、0.730、0.805、0.737，均呈正相关，且大部分高于 0.7，相关程度较高，即团队领导随着团队目前合作的状况、创业团队成员间总体亲密程度、创业团队成员间互动频率、创业团队成员对彼此非常了解、团队沟通的过程清晰和高效、沟通之前会先准备好资料、每一次沟通结束之后，会对沟通的内容进行总结或者反思、我们理解并接受团队创业的业绩目标，即使这些目标没有写进正式协议中、团队成员都明白相处中出现的问题，要通过沟通和合作来解决，而不是通过正式协议来解决的增加而增强，这些因素相互之间相关程度很高。

表 8 – 5 　　　　　　　　　　团队领导内部因素相关性分析

项目		团队领导	L1	L2	L3	L4	L5	L6	L7	L8	L9
团队领导	皮尔逊相关性	1									
	个案数	308									
L1	皮尔逊相关性	0.726 **	1								
	个案数	308	308								
L2	皮尔逊相关性	0.720 **	0.787 **	1							
	个案数	308	308	308							
L3	皮尔逊相关性	0.723 **	0.773 **	0.803 **	1						
	个案数	308	308	308	308						
L4	皮尔逊相关性	0.695 **	0.772 **	0.805 **	0.738 **	1					
	个案数	308	308	308	308	308					
L5	皮尔逊相关性	0.761 **	0.801 **	0.783 **	0.760 **	0.776 **	1				
	个案数	308	308	308	308	308	308				
L6	皮尔逊相关性	0.711 **	0.695 **	0.762 **	0.714 **	0.742 **	0.659 **	1			
	个案数	308	308	308	308	308	308	308			
L7	皮尔逊相关性	0.730 **	0.760 **	0.765 **	0.717 **	0.745 **	0.782 **	0.758 **	1		
	显著性（双尾）	0	0	0	0	0	0	0			
	个案数	308	308	308	308	308	308	308	308		
L8	皮尔逊相关性	0.805 **	0.700 **	0.790 **	0.724 **	0.749 **	0.756 **	0.754 **	0.764 **	1	
	个案数	308	308	308	308	308	308	308	308	308	
L9	皮尔逊相关性	0.737 **	0.704 **	0.712 **	0.732 **	0.711 **	0.756 **	0.687 **	0.782 **	0.751 **	1
	个案数	308	308	308	308	308	308	308	308	308	308

注：**. 在 0.01 级别（双尾），相关性显著。

（2）团队沟通内部因素相关性分析。具体数据如表 8 - 6 所示。

表 8 - 6　　　　　　　　　　团队沟通内部因素相关性分析

项目		团队沟通	CO1	CO2	CO3	CO4	CO5	CO6	CO7	CO8	CO9	CO10
团队沟通	皮尔逊相关性	1										
	个案数	308										
CO1	皮尔逊相关性	0.721**	1									
	个案数	308	308									
CO2	皮尔逊相关性	0.753**	0.767**	1								
	个案数	308	308	308								
CO3	皮尔逊相关性	0.747**	0.812**	0.797*	1							
	个案数	308	308	308	308							
CO4	皮尔逊相关性	0.732**	0.733**	0.770*	0.792**	1						
	个案数	308	308	308	308	308						
CO5	皮尔逊相关性	0.725**	0.739**	0.790*	0.755**	0.765*	1					
	个案数	308	308	308	308	308	308					
CO6	皮尔逊相关性	0.748**	0.775**	0.778*	0.765**	0.823*	0.778*	1				
	个案数	308	308	308	308	308	308	308				
CO7	皮尔逊相关性	0.730**	0.720**	0.772*	0.784**	0.776*	0.831*	0.772*	1			
	个案数	308	308	308	308	308	308	308	308			
CO8	皮尔逊相关性	0.720**	0.705**	0.765*	0.703**	0.750*	0.783*	0.763*	0.746*	1		
	个案数	308	308	308	308	308	308	308	308	308		
CO9	皮尔逊相关性	0.750**	0.729**	0.704*	0.789**	0.761*	0.733*	0.755*	0.764*	0.732*	1	
	个案数	308	308	308	308	308	308	308	308	308	308	
CO10	皮尔逊相关性	0.735**	0.695**	0.730*	0.705**	0.792*	0.730*	0.739*	0.701*	0.720*	0.738*	1
	个案数	308	308	308	308	308	308	308	308	308	308	308

注：**. 在 0.01 级别（双尾），相关性显著。

表 8 - 6 所示为团队沟通各个题目的相关性分析结果。可知团队沟通各个题目的相关系数在显著性 0.01 水平（双侧）上非常显著，相关系数分别为 0.721、0.753、0.747、0.732、0.725、0.748、0.730、0.720、0.750、0.735，均呈正相关，且都高于 0.7，相关程度较高，即团队沟通所在团队领导的自信心、所在团队领导的组织能力、所在团队领导的沟通协调能力、所在团队领导的统筹能力、所在团队领导的规划能力、所在团队领导的领导力、所在团队领导的管理能力、所在团队领导的学习创新能力、所在团队领导的亲和力、所在团队领导的人脉的增加而增强，这些因素相互之间相关程度很高。

（3）团队领导与团队沟通相关性分析。具体数据如表 8 - 7 所示。

表 8 - 7　　　　　　　　团队领导与团队沟通相关性分析

项目		团队领导	团队沟通
团队领导	皮尔逊相关性	1	
	显著性（双尾）		
	个案数	308	
团队沟通	皮尔逊相关性	0.833 **	1
	显著性（双尾）	0.000	
	个案数	308	308

注：**. 在 0.01 级别（双尾），相关性显著。

表 8 - 7 所示为两个变量的相关性分析结果。可知团队领导和团队沟通的相关系数在显著性 0.01 水平（双侧）上非常显著，相关系数为 0.833，呈正相关，即团队沟通的效率，是由团队领导个人能力的强度而决定的，假设成立。

8.3.2　宁波大学生创业团队存在的沟通问题

1. 沟通后欠缺总结和反思。总结与反思，是为了厘清问题所在，找出根本原因，力争下次更完善。如今，宁波高校创业团队，或多或少的会总结反思沟通中存在的问题。每一次的总结与反思，都是一次非常好的沟通，是自己对自己的沟通，只有自己明白怎么沟通，才能清晰地与他人沟通。调查对象中，大部分都同意沟通后的总结与反思，只有一小部分人不同意。可能是认为沟通后的总结反思是浪费时间且没有意义，其实不然，只有反思总结，才能为下次更好地进行沟通做好准备。样本调查沟通现状如图 8 - 5 所示。

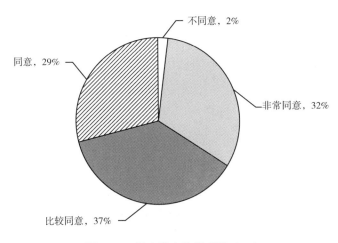

图 8 - 5 样本调查沟通现状（一）

2. 团队沟通缺乏清晰度。在团队沟通中，传递的信息非常重要，需要发讯方与收讯方共同努力。在创业团队中，沟通要越清晰越好，因为沟通的清晰度决定了团队中其他人接收信息的程度，当所有人都能掌握信息，才能做出高效率的合作。由图 8 - 6 可知，宁波创业团队中，基本上所有员工认为自己创业团队的沟通是清晰的，只有极少数员工认为团队沟通是不清晰的。其实这样的调查结果比较容易理解，这次调查对象主体为宁波高校创业团队，

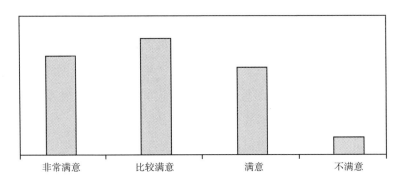

图 8 - 6 样本调查沟通现状（二）

具有高素质、年龄相仿、规模较小的特点，因此，团队成员之间沟通阻碍较少，沟通话题多，无论是接受能力还是表达能力，都是让人满意的。但是，仍有部分人认为团队沟通不清晰，团队效率不高，团队内沟通存在问题，故团队成员间需要寻找解决问题的方法，找到阻碍沟通问题所在并解决，避免升级成矛盾的尴尬局面。

3. 电子沟通中存在的问题。通过调查，我们不难看出，微信、邮箱、QQ等网络沟通程序在宁波高校创业团队中是十分流行的。这些电子沟通程序，减少了沟通成本，大家不用找一个统一时间来沟通，甚至在沟通过程中，也减少了面对面沟通中存在的负担。

电子沟通带来了许多方便，同时也存在一些问题。首先，电子沟通让组织与组织间的界限变得模糊不清，这不利于创业团队的管理。其次，电子沟通促进了团队内横向沟通肆无忌惮地发展，成员间的沟通无限制性，可能会带来无效的沟通，是一种浪费时间、浪费资源的现象。最后，电子沟通由于不是面对面的，会错失一些肢体语言。

8.3.3 宁波大学生创业团队沟通问题改善对策

1. 提升成员沟通水平。如今，大家都越来越认可人力资源在团队内的重要性。但是没有沟通，就像埋没了人力资源的精华。根据宁波大学生创业团队调查，我们发现，宁波大学生创业团队具有规模小、人数少、构成人员较简单的特点。因此，团队沟通相对较容易。

团队领导首先要调动员工沟通的积极性，即使人少，也会存在一些不善于沟通的成员，创业团队可以寻找所有员工的共同沟通话题，激励所有员工加入沟通中，发表自己的想法。彻底激发员工的积极性。所谓的积极性，就是让员工自主愿意分享自己的想法。创业团队可以根据团队情况，实行相关政策或者措施，提高员工沟通的积极性。

团队成员要提升自己的沟通水平。每个人都知道沟通是靠嘴说的，但其实沟通也分层次。一个优秀的沟通者，首先要学会聆听，好的聆听才能明白信息的内容，然后进行有效沟通。沟通是需要条理的，好的逻辑可以帮助沟通者传递让人易懂的信息。总之，想要成为好的沟通者，团队成员需要提升自己的沟通水平，可以通过书籍以及平时的练习来提升自己的沟通能力。

2. 团队对电子沟通的管理。电子沟通因为没有地域的限制，所以是自由的。自由过度将会造成混乱的局面。电子沟通帮助我们不用在办公室进行沟通，不用和成员约定时间来沟通，换一句话说，电子沟通的出现，实现了24小时无距离沟通。但这就造成了，组织间界限模糊化，成员可以随意随时和任何人沟通，也促使了团队内横向沟通的野蛮生长。纵向沟通没有限制，横向沟通不断增加，让整个团队沟通处于紊乱的状态。

团队上级应该对电子沟通采取相应的措施。一方面，制定电子沟通的规则，让团队成员的每一个人都要遵守。另一方面，寻找电子沟通的管理人员，帮助员工理解电子沟通的规则，让纵向沟通变得有序，横行沟通变得精简。宁波高校创业团队由于年龄的年轻化，都十分支持电子沟通，但是电子沟通并不是适合所有沟通，团队应该选择正确的沟通方式来进行沟通。

3. 提高沟通清晰度。沟通清晰度由宏观和微观决定。

微观上说，沟通的清晰度是由发讯方与收讯方决定的。如果沟通的主体在沟通的技巧上存在缺陷，那么沟通的清晰度将打折扣。要求沟通主体，一是思路清晰，明白自己想表达的内容。二是不要畏惧，提升自己的心理承受能力。三是控制语速，沟通主体在沟通过程中要控制好语速，太快或太慢的语速都影响沟通的清晰度。四是保持一个平稳的状态，句子与句子间稍有停顿。五是适当用一些肢体语言辅助表达。六是要学会成为一个好的聆听者，切记不要插嘴，认真理解对方所表达的内容。

宏观上说，噪声的影响会影响沟通清晰度。在嘈杂的环境中，沟通的信息传递是不畅通的，这因为信息内容会被噪声所消耗。创业团队应该塑造良好的沟通环境。良好的沟通环境应包括安静的环境以及及时的反馈。创业团队应该争取创造环境的机会。

4. 加入沟通后反思总结环节。自觉反思是团队沟通的重要环节。我们应该明白这样一个事实，任何沟通后的反思都是为了下次更好地沟通。每个人的沟通都不是十全十美的，沟通的有效性也因为沟通的方式而有差异。

宁波高校创业团队尚处于启蒙阶段，有些团队还未拥有成熟的沟通环节，因此，这些团队的沟通是没有束缚的，在这样的沟通环境下，沟通中产生同事间的摩擦是不可避免的。沟通双方应该多换位思考，双方的沟通应该秉承相互尊重的态度，每次沟通完后，每个人要学会反思，设身处地地思考沟通中是否存在可以改进的地方。

第 9 章
大学生创业团队的冲突分析

9.1   冲突理论

9.1.1   冲突的内涵与外延

1. 冲突的概念。所谓冲突是指利益抵触，双方因为利益得不到统一产生了纠纷。冲突往往伴随着对抗，当双方因为利益问题而互相对抗时，就产生了冲突，冲突的产生也带来了关系破裂、沟通无效的问题。冲突发生于人类社会活动的各个层面、各个领域和所有的行为主体当中，它是一种非常广泛且普通的社会问题。冲突是在社会学、心理学等学科都存在的概念，不同的学科对冲突又有不同的定义。如何避免冲突，是一门困扰学者许久的问题，同时，寄生于社会生活的不同地方。由于学者研究的方向不同，关于冲突的内容也是百家争鸣。

庞迪（Pondy，1967）认为冲突是组织行为的一种动态过程，并从四个方面对冲突进行了描述：①冲突产生的前提条件。比如团队成员在年龄、学历、性别等个体特征方面的异质性，价值观的异质性，专业背景的异质性，以及任务的复杂性和依赖性等都是产生冲突的前提条件；②冲突过程中产生的紧张、压力、焦虑等各种情感状态都是当事人对冲突的情感反应，以及所表现出来的对立态度；③个体对冲突的认知，也就是个体对于实际发生的冲突情境的感知和意识；④当事人表现出的冲突行为，包括消极的抵抗、公然的敌对等行为。

多伊奇（Deutseh，1973）从行为层面对冲突进行界定，认为冲突是不相容的行为活动，它指的是个体行为活动干涉、妨碍或以某种方式介入他人的行动。冲突的起源可能是由两方或者多方之间对立的利益、目标、价值或对上述的误解引起，然而只有当对立引起了它们彼此间不相容的行为时才会引起冲突。

耶思（Jehn，1995）认为冲突是其中一方感知到的在观念上的差异和关系上的对立等。

罗宾斯将冲突定义为感知意识、对立、稀缺和封锁。进而认为冲突是一种潜在的或公开的确定性行为。他把冲突定义为一种过程，在这个过程中一方努力去抵消另一方的封锁行为，因为另一方的封锁行为将妨碍他达到目标或损害他的利益。①

2. 冲突的特征。冲突是客观存在的、不可避免的社会现象，是任何组织的本质特征之一。冲突具有客观性。任何组织不可能不存在冲突，只有冲突程度和性质的区别。

冲突具有主观知觉性。客观存在的各种冲突必须由人们自身去感知、去体验。当反映成为人们大脑或心理中的内在矛盾斗争，导致人们进入紧张状态时，冲突才被人意识和知觉到，冲突对于组织、群体或个人既具有建设性、有益性，有产生积极影响的可能性；又具有有害性、破坏性，有产生消极影响的可能性。

冲突具有二重性。不仅要区别冲突的性质，还要进一步区别冲突发生的程度。当冲突达到最优程度时，它可以阻止迟滞、滞后，消除紧张，激活创造力，培养创新、创造的萌芽，使组织保持旺盛的生命力。②

3. 冲突分析模型。分析冲突是解决冲突的前提，关于冲突的分析模式，

① 陈春花，杨忠，曹洲涛. 组织行为学［M］. 北京：机械工业出版社，2016（1）.
② 刘俊波. 冲突管理理论初探［J］. 国际论坛，2007（1）：37 – 40.

许多学者都有不同的见解，这里重点介绍两位学者的冲突分析模型。

（1）罗宾斯的冲突过程分析。具体如图 9 - 1 所示。

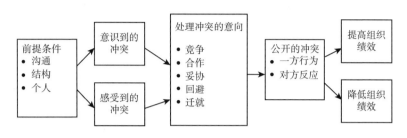

图 9 - 1　罗宾斯对冲突过程的分析

阶段 1：潜在对立与不相容。产生冲突需要导致产生冲突的因素，也可以被称作冲突原因。冲突的前提条件可分为：个人、结构和沟通。

阶段 2：认知与个人化。认知在冲突中是必需的。只有感知到冲突才会有冲突，但是不是所有的认知都伴随着冲突。

阶段 3：行为意向。冲突被成员双方感知后，群体成员就会产生应对冲突的行为意向。根据合作程度和肯定程度这两个维度，学者们确定出五种处理冲突的行为意向。

阶段 4：行为。在这一阶段，双方面对冲突通常会表现出一些行为。公开的冲突包括各种各样的行为，从微妙的、含蓄的、有意的横加干涉，到直接的、侵略性的、激烈的无控制的冲突。

阶段 5：结果。冲突双方的行为可能导致两类结果，可能是功能正常的结果，也可能是功能失调的结果。

（2）杜布林的系统分析模型。杜布林运用系统的观点来观察冲突问题。提出了冲突的系统分析模式。该模式分为三个要素：输入、干涉变量和输出。输入指的是冲突根源；干涉变量指处理冲突的手段；输出指的是冲突的结果。具体如图 9 - 2 所示。

9.1.2　冲突产生的根源

1. 信息不对称。沟通双方对同一事件的理解和期望不同，自然就会产生

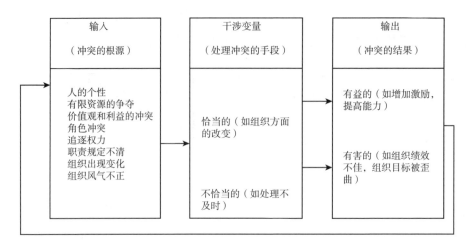

图 9 – 2   杜布林的冲突系统分析模式

冲突。比如员工 A 传递的信息是 a，员工 A 把信息 a 传递给员工 B，员工 B 误解成 b，a 不是 b，那就产生了信息不对称。A 期望结果是 a，可 B 把事情做成了 b，自然是理解与期望的不通，此时沟通就带来了冲突。

2. 沟通不畅。沟通一方或双方叙述不清，或者说话容易让人误解、产生歧义，也会引发冲突。沟通不畅是沟通中产生错误所带来的结果，往往是一个或者双方都在沟通中存在错误造成的。大部分是因为发讯者没有把信息传递正确或者收讯者没有理解信息真正含义造成的。另外，由于地域文化的差别，也会造成误解。

3. 关系紧张。冲突双方平时关系太紧张，稍有不慎就会产生流言蜚语，也容易引起不必要的冲突。当双方的关系处于紧张的状态时，稍有不慎的沟通就会产生不可避免的冲突。

4. 切身利益受损。员工没有得到相应的奖励，或者员工的利益被他人剥夺，将会产生冲突。如果一个团队的奖励制度是不公平的，并且这种不公平直接影响到团队成员的直接利益，那么冲突就像弦上的箭，一触即发。又如公司的资源不丰富，做项目时就需要各个部门一起配合。由于平时各部门没有合作机会，缺乏合作意识和团队精神，有时就会在会议上争夺有限的资源，因而发生冲突。

5. 价值观不同。每个人对事情的看法、做事的动机都与别人不同，这时如果缺少尊重就会引发冲突。俗话说，道不同不相为谋，如果三观迥异的一群人一起组成团队，发生冲突是不可避免的。因为目标和需求与三观相互联系，目标和需求都是不同的，冲突自然是会产生的。

6. 威胁权力和地位。如果下属的能力过强，甚至威胁到领导的权力和地位，这时领导人的看法和心态就会发生变化，也容易引起冲突。另外，领导的做事风格和员工的性格不符，或者员工的做事风格与领导的性格不符，也会成为产生冲突的诱因。

7. 行为方式和处世态度不同。与人交流时，要了解对方的行为方式，用其能够接受的方式进行沟通，否则就会引起冲突。

8. 文化与习惯差异。沟通双方的文化背景、工作习惯、说话习惯、沟通习惯都会有差异，如果一味坚持自己的个性，也容易发生冲突。[①]

9.1.3 冲突管理

1. 理论。冲突管理是一种管理手段，它需要调节因为利益受到冲突的双方，使双方感觉不到互相的差异，并且利用冲突来刺激双方，以达到管理的目的。在冲突管理中，一定具备以下因素：有共同的目标；有冲突管理的处理对象，处理对象为管理人员；是在一定组织活动中的。综上所述，冲突管理不仅仅是管理，更是一种协调，冲突管理的处理对象要通过已有资源来有效整合目标，通过自己的职能权利，妥协矛盾，淡化冲突。冲突管理的处理对象有指挥、沟通、协调、控制等功能。

广义而言，冲突管理包括冲突预防、冲突预警、冲突解决、冲突转化等。狭义而言，冲突管理，是指在冲突发生后，管理者进行的一系列举措，可以是冲突转化，也可以是冲突妥协，换言之，狭义的冲突管理是不需要解决冲突的，冲突的存在是合理的，冲突管理的存在只是组织冲突的严重化。综上所述，冲突管理具有三个核心：防止冲突的升级、减少冲突的危害、促进冲突双方合作。冲突虽然是因为利益目标不相容造成的，但是具有可合作性，

---

① 李先国，凤陶 . 产生渠道冲突的原因探析 ［J］. 商业经济文萃，2005（1）：52 – 54.

通过新的共同目标来促进合作，达成一种战略性管理。

2. 目标。冲突管理目标分为最高目标与最低目标。先从最低目标上说，即冲突管理应起到降低冲突所带来的损失，缓和紧张的关系，制止冲突这一持续性的活动。最高目标，即不仅完成最低目标，还需要管理人员通过冲突来诱导冲突双方完成任务，使企业利益最大化。

3. 冲突管理的条件和时机。对冲突进行有效管理需要恰当的时机。换句话说，有效管理冲突需要把握冲突当事方的接纳时机。

解决冲突的管理者，即一方如果想作为第三方对存在于两方之间的冲突进行从始至终的管理，要符合一些必要的条件：（1）冲突管理者需要权威性，并且受到冲突双方的认可。（2）冲突管理者要有一定的权利，甚至有处罚的权利，这样冲突双方就不会忽视冲突管理者的管理方式。（3）至少在冲突双方看来，冲突管理者是公正的、睿智的。

9.2　团队冲突

9.2.1　团队冲突的定义

一万个读者就有一万个哈姆雷特，每个人对冲突的理解不同，每个人对冲突的定义相互之间是十分微妙的。由于人类拥有特殊的社会性，团队冲突的问题也随之而来。查阅了大量文献资料，不同的研究者对团队冲突进行了不同的定义，对团队冲突的定义主要集中在两个研究领域，即社会学领域和组织行为学领域。

在社会学领域中，勒温（Lewin）认为冲突是强度相等、相对方向相等的两种以上的力量同时作用在同一点时的情景。阿可夫（Arkoff）则认为，冲突的情况其实是由于受到两种以上行为形态的对抗。沃勒尔（Worelt）在著作中定义，冲突除了心理学家公认的两个相反方向的反应倾向同时出现的情况外，还应该拥有以下的原因：相对个体面临同时存在的反应倾向后果是不确定的或者说是难以区分的情况，这些都能导致冲突。Jones，E. E. 对冲突的想法是，一个人受到被迫做两个或多个互不兼容的反应时所处的状态。乔·H·特纳从社会学理论的角度将冲突定义为，双方之间直接和公开的互动，在冲突中每一方的行动都是力图阻止对方达到目标。刘易斯·科塞（Lewis Coase，1996）认为冲突是为了价值和对一定地位、权力和资源的争夺而对立对手并使对手受损或被消灭的斗争。

在组织行为学领域中，庞迪（Pondy）认为团体中的个人冲突关系是冲突过程中一系列的行为，每一个冲突都开始于冲突的某些潜在因素。庞迪的定义几乎将所有组织行为都打上了冲突的印子，这个定义显得略宽泛了。雷文（Raven）认为冲突是由于实际与希望反映的互不兼容性而产生的两个或多个社会成员之间的紧张程度。Tommas，K. W. 认为冲突是参与者觉察到他人侵害或准备侵害自身利益的一个过程。Rahim，M. A. 将冲突定义为社会实体内部或社会实体之间出现不相容、不调和或不一致的一种互动过程。Wall Canister 认为冲突只是一种过程，在这个过程中一方感知自己的利益受到另一方的反对或者消极影响。①

9.2.2　团队冲突的特征

从团队冲突理论的发展中，可以看出团队冲突的特性。具体如下所述。

团队冲突具有两面性。既有积极性的一面，又有毁坏性的一面。适当的团队冲突能够促进成员竞争、沟通、合作的场景，这些场景具有建设性的作用，帮助高管确定合适的方法实现团队目标，这样的冲突是积极的。但是只要团队冲突过激，就会影响团队目标的实现，过激的团队冲突会激化成员间内部潜在的矛盾，削弱团队凝聚力，影响团队绩效，妨碍团队任务完成，这样的冲突是十分负面的。

团队冲突具有模糊性。团队冲突的性质不一定是清晰的，所有冲突也不一定都是消极的，比如，有些任务型团队的冲突可以被团队成员加以利用，

---

① 梅强，徐胜男. 高层管理团队异质性、团队冲突和创业绩效的关系研究［J］. 管理工程学报，2015（11）：94 – 101.

成为对团队有益的建设性冲突。此时，也可能没有被很好地利用而发展成为对团队绩效有消极影响的破坏性冲突，所以冲突不一定是消极的。[①]

团队冲突具有过程性。团队冲突往往并不是在团队刚成立时就存在，也不是从任务产生到团队任务完成始终不变，团队冲突有一个发展过程。在一个团队中，早期的冲突并不明显，性质不恶劣，可是当团队冲突发展到中期，出现责、权、利等冲突时，冲突就会呈现严重甚至恶劣的趋势。随着团队任务的完成，团队成员间明确了共同方向，此时，团队成员由竞争转向合作。团队冲突的这种过程性有利于团队成员在不同阶段采取不同措施对团队冲突加以利用。[②]

9.2.3　团队冲突的类型

1. 按冲突的先行条件进行分类。早期学者在研究管理团队冲突时，按照冲突的先行条件将冲突分为任务冲突和关系冲突两类。任务冲突被认为是团队成员对任务自身以及任务处理的方式、方法、步骤等看法有差异而导致的冲突。团队成员之间由于价值观、个性、利益等存在差异而导致的对其他团队成员情绪上的否定和不满则属于关系冲突。

艾荣森（Amason）将管理团队冲突分为认知冲突和情绪冲突，认知冲突和情绪冲突分别与任务冲突和关系冲突相一致。[③] 认知冲突是因为团队成员之间所受教育水平、工作经历等的差异使得他们对处理任务的方式、方法、步骤存在各自的见解，这样有助于发挥成员各自的优点和长处，从而可能有效地提高决策质量。情感冲突是由于团队成员各自的价值观、所在的部门不同导致的利益冲突，从而可能导致成员之间情绪上的否定和不满，这样会使得成员之间的行动不一致，从而可能降低决策质量。

认知冲突和情感冲突在出现概率上存在一定的正相关性，就是说如果认知冲突出现的频率提高，情感冲突发生的可能性也会提高，因此，认知冲突也不是越大越好，要把控在一定的范围内。所以，为了提高或者不降低管理

---

① 赵可汗，贾良定. 抑制团队关系冲突的负效应［J］. 管理世界，2014（3）：119.

② 陈亮. 管理沟通理论发展综述［J］. 中南大学学报，2013（12）：17.

③ 陈云. 企业高层管理团队冲突研究［D］. 武汉：武汉理工大学，2008（4）.

团队的决策质量应把控情感冲突，适当激发认知冲突。总结前人的研究成果不难发现，冲突不一定总是负面的，而是具有两面性，合理使用冲突能够产生有利于组织创新和竞争力提升的积极效果。

2. 按冲突的主体进行分类。按冲突的主体分类，团队冲突一般可以分为团队内部成员之间的冲突、团队之间的冲突、个人与团队之间的冲突三种。团队内部成员之间的冲突往往是因为成员之间的认知方式、价值观、教育水平等的差异性而形成的冲突。团队之间的冲突往往是因为利益取向的不同或者权利大小的差异性导致的，也就是说各个团队之间为了追求各自团队的利益或者权利而引起冲突。这类冲突往往也是从个人层次的冲突起源而发展起来的，由于累积效应而慢慢演变成管理团队之间的冲突。团队之间的冲突大多具有负面作用，对企业战略决策水平的提高有较大的负面影响。个人与团队之间的冲突往往是因为个人目标与团队目标的差异而引起的冲突，例如在股份制企业中，董事会基于股东的利益考虑确定的目标是追求企业的长期收益，而总经理往往关注的是与自己职业生涯相关的利益，这样就会导致董事会和经理层之间的冲突。①

3. 按冲突的动因进行分类。根据冲突的动因可以将团队冲突分为：信息冲突、角色冲突、利益冲突和文化冲突。管理团队一般是企业的决策层，团队成员是职能和权力结合的特殊个体。管理团队在企业中拥有很高的权力，他们往往身负重要职位，需要去维护他们的权力并履行他们的职能，保障团队成员在企业中的权力地位。高层管理人员容易陷入"权力困境""道德困境""政策困境"，一般来说角色冲突属于个人内在冲突。

信息冲突是指管理团队内部在沟通过程中因为信息不对称或者信息流通缓慢而导致的冲突，甚至存在成员故意利用自己掌握的信息优势，通过屏蔽、欺骗、扭曲信息等行为导致冲突的发生。信息冲突极有可能导致成员之间关系紧张、猜忌等，并且可能会导致团队成员进行重大决策时出现延迟，从而影响决策质量。

---

① 梅强，徐胜男. 高层管理团队异质性、团队冲突和创业绩效的关系研究 [J]. 管理工程学报，2015（11）：94-101.

团队成员都逃脱不了利己主义，往往也存在追求自身利益最大化的目标，例如名誉、权力、地位等，他们为了追求自身的利益也会损害其他成员的物质利益和非物质利益，因此，追求各自的利益而引发的冲突就是利益冲突。

由管理团队成员种族特征、籍贯、生活习惯、所接受的教育水平和背景、思维方式的差异而导致的冲突被称为文化冲突，例如中外合资企业、跨国公司中的跨文化冲突，国企改革过程中新老企业之间的文化冲突。①

4. 按冲突效果进行分类。学者按照冲突作用的效果把冲突分为两种：积极性冲突和消极性冲突，积极性冲突具有建设性，消极性冲突具有破坏性。Stephen P. Robbins 把这两类冲突也叫作功能正常的冲突和功能失调的冲突。建设性的冲突，即功能正常的冲突，被认为能够帮助管理团队成员发挥各自的知识和优势，能提高团队成员之间的认识，提高管理团队的决策质量。而破坏性的冲突，即功能失调的冲突，就是一般所认为的负面冲突，它往往表现为矛盾、对立、争吵、为了利益相互争夺、对抗，而导致的结果就是降低团队的决策质量。

5. 按冲突过程进行划分。美国行为科学家路易斯·庞迪（Louis R. Pondy）把冲突过程分为五个阶段，分别是潜在冲突、知觉冲突、意向冲突、行为冲突和结果冲突。

潜在冲突又称为隐形冲突，这是冲突的最早期也是潜伏期。在这个过程中，团队人员逐步开始累积一些导致冲突的前提条件，例如彼此之间对某一事件看法不同，彼此之间思维方式不同等等。这些前提条件不一定会产生冲突，然而却是日后冲突产生的根源，是冲突产生的必要条件。一旦这些冲突积累到一定的程度，冲突过程就会开始。

知觉冲突是冲突的认知阶段，在潜在期积累的冲突等一些前提条件下，在这个时期团队成员开始认识和感觉到冲突。团队成员对于在潜伏期积累的冲突的前提条件有了一些心理上的反应，如紧张、猜忌、怀疑等。管理人员都具备超常的敏感知觉和自控能力，所以，在企业管理团队中，知觉冲突持续的时间一般是最长的。②

---

① 要仲华. 企业管理沟通中存在的问题与对策 ［J］中国贸易，2014（10）：73.
② 陈焱. 管理沟通的现状、提升及其实务 ［J］长江大学学报，2012（35）：49 － 51.

意向冲突是冲突的判断阶段，在这个阶段团队成员根据自身的情绪、主观认知和外显行为对事情做出判断和决策。这个决策很有可能导致冲突的升级和突变。

行为冲突是冲突的行为阶段和表现阶段，经过判断期之后团队成员心中已经有了明确的行为意向的想法和决定，在其他因素的诱导下团队成员很容易将这一意向表现出来。这时冲突行为往往带有刺激性、对立性和互动性，在会议上往往会出现"唇枪舌战""拍案而起"等现象。

结果冲突是冲突的后果阶段，团队成员在行为期产生的冲突后果，有可能是积极性的，也有可能是消极性的。对于团队成员来说，他们一般会静观冲突的最终结果，但是也不缺少在冲突过后离职的情况。

9.2.4 团队冲突管理策略

著名美国科学家托马斯与他的同事克尔曼提出了一种团队管理策略模式，以沟通者潜在意向为基础，当冲突发生后，参与者有两种可能的策略供选择，即关心自己和关心他人。其中，托马斯二维模式（见图9-3）是以沟通者潜在意向为基础，以试图使他人的关心点得到满足为横坐标，以试图使自己的关心点得到满足为纵坐标，定义冲突行为的二维空间，并组合成五种冲突处理策略。[①] 具体内容如下。

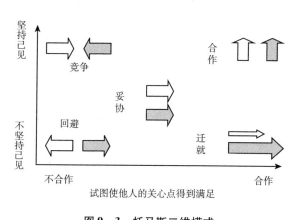

图9-3 托马斯二维模式

① 林培锦. 大学学术同行评议利益冲突的内涵解析及其特征，2013（3）：134-135.

1. 竞争策略。竞争策略又称强制策略，为满足自己的利益并且无视他人的利益。这是一种单方面胜利的策略，对方的结果与自己无关。双方都会试图压制住对方，坚持自己的观点，这种策略很难让对方心悦诚服，很少有解决冲突的好方法。但在处理危机或双方实力相差很大时往往有效。

2. 回避策略。是指既不满足自身利益，也不满足对方利益的策略。试图置身于外，或者保持中立。当冲突双方是相对独立的，回避可避免冲突，减少消极影响，但如果双方关系是合作的，那么回避就会影响工作。

3. 妥协策略。妥协的实质是交易。妥协策略也叫谈判策略，指的是一种适度满足自己的关心点和他人的关心点，通过一系列的谈判、让步等沟通技巧，缓解双方冲突的策略。妥协策略在双方都达成一致的愿望时会很有效，但让步的前提是在满足对方最小期望的同时，双方互相尊重。消极影响是双方可能因妥协满足了短期利益，但牺牲了长期利益。

4. 迁就策略。又称克制策略或迎合策略，当事人主要考虑对方的利益或屈从于对方愿意，压制或牺牲自己的利益和意愿。实行迁就策略者要么是为了从长远角度出发获取对方的合作，要么是不得已屈从对方的势力和意愿。

5. 合作策略。合作策略是为了满足双方的利益，解决冲突双方共同的问题，并且冲突双方都是公平的，双方都是积极处理冲突，只有满足这些条件，双方遇到冲突时才会积极沟通，了解冲突情况，寻找解决冲突的方法。

9.3　大学生创业团队冲突调查分析

9.3.1　宁波大学生创业团队冲突成因分析

1. 研究设计

（1）创业团队冲突测量。本节采用耶思（Jehn，1995）的任务冲突和关系冲突量表来测量宁波高校创业团队的冲突程度。耶思（1995）的团队冲突量表在国内外的学术界是受到研究者认可的，我国的研究大致上也会参考该分析法，该量表对于国内团队冲突研究的适用性已经得到了较好的验证，效度和信度都比较高。耶思（1995）中的任务冲突量表包含 4 个项目，样题如"团队成员对集体决策结果持较大的保留意见"等。耶思（1995）的任务冲突测量量表的标准化内部一致性信度系数为 0.88，具有较高的信度。关系冲突量表共包含 5 个问题，样题如"团队成员常会对工作任务的分配存在异议"等，用来测量团队成员之间因个人关系而存在着起冲突的可能性。耶思（1995）的量表中，关系冲突测量的标准化内部一致性信度系数达到 0.90，同样具有较高的信度。

耶思（1995）的任务冲突和关系冲突量表，采用的是李克特式的五点评分的计分方式，其中"1"表示完全不同意，"5"表示完全同意。本节调查问卷中任务冲突和关系冲突的具体测量指标如表 9 - 1 所示。

表 9 - 1　　　　　　　　　任务冲突、关系冲突的测量问题

冲突类型	问题编号	问题内容
任务冲突	C1	群体成员对所进行的工作常常持不同观点
	C2	群体成员之间的意见分歧很大
	C3	团队成员不想表达不同的意见和观点
	C4	群体成员时常因工作发生冲突
关系冲突	C5	团队成员都强迫对方同意自己的看法
	C6	团队内部常会对"谁应当做什么"存在争议
	C7	团队成员常会对工作任务的分配存在争议
	C8	团队内部有关任务职责方面的矛盾经常发生
	C9	对各个成员贡献度的看法存在不一致

（2）数据收集。本节通过对宁波大学生创业团队的调查问卷，调查了处于创业阶段的宁波高校学生的情况与满意度。本次研究调查设置两类问题：一类问题为自由填空形式，由创业团队成员填写，了解创业团队情况。另一类问题主要以选项形式来体现，由创业团队每个成员填写，用于收集创业团队相关因素的数据。问题包括个人和团队基本信息（包括规模），同时获得每个管理团队和团队成员的冲突数据、人口统计变量（包括性别，学历，创业时间等），2017 年 7 月，以宁波大学、宁波大红鹰学

院、宁波理工学院等高校为调研对象，一共分发 309 份调查问卷，回收率百分之百。

（3）描述性统计。对调查的样本基本情况进行了描述性统计分析，分析如果如下。

1）性别分布情况。样本总体性别的分布情况如表 9 - 2 所示，参与调查的男性 152 人，女性 157 人，女性比男性多 5 人。其中，男性占 49.19%，女性占 50.81%。

表 9 - 2 　　　　　　　　　有效样本数的性别分布状况

选项	小计（人）	比例（%）
男	152	49.19
女	157	50.81
本题有效填写人次	309	

2）学历分布情况如表 9 - 3 所示。

表 9 - 3 　　　　　　　　　有效样本数的学历分布状况

选项	小计（人）	比例（%）
大一	49	15.86
大二	101	32.69
大三	79	25.57
大四	34	11
研究生	9	2.91
往届毕业生	37	11.97
本题有效填写人次	309	

从表 9 - 3 中我们可得出调查对象的学历情况，大一占样本总体的 15.86%，大二占样本总体的 32.69%，大三占样本总体的 25.57%，大四占样本总体的 11%，研究生占样本总体的 2.91%，往届毕业生占样本总体的 11.97%。我们可以发现，大二占的比例最多，研究生占的比例最少。

创业时间分布情况如表 9 - 4 所示。

表 9 - 4　　　创业时间分布情况、有效样本数的创业时间分布状况

选项	小计（人）	比例（%）
大一	52	16.83
大二	67	21.68
大三	48	15.53
大四	20	6.47
研究生	2	0.65
毕业后	120	38.83
本题有效填写人次	309	

从表 9 - 4 中可以发现，有 16.83% 的学生在大一时开始了创业，有 21.68% 的学生在大二时开始创业，有 15.53% 的学生在大三时开始创业，有 6.47% 的学生在大四时开始创业，0.65% 的学生在研究生时开始创业，38.83% 的学生在毕业后开始创业。

3）创业团队规模数据如表 9 - 5 所示。

表 9 - 5　　　　　　有效样本数的创业规模分布状况

选项	小计（人）	比例（%）
1 ~ 3 人	100	32.36
4 ~ 6 人	134	43.37
7 ~ 10 人	34	11
10 人以上	41	13.27
本题有效填写人次	309	

从表 9 - 5 中我们可以发现，4 ~ 6 人规模的团队是最多的，有 134 人选择了该规模的团队。7 ~ 10 人的规模最小，有 34 人所在的团队是该规模。其中，1 ~ 3 人的团队和 4 ~ 6 人的团队比例差不多，7 ~ 10 与 10 人以上的团队规模的比例也是差不多的。

4）创业团队的互补性如表 9 - 6 所示。

表9-6 　　　　　　　　　有效样本数的创业团队的互补性分布状况

选项	小计（人）	比例（%）	
知识互补	63		20.39
性格互补	56		18.12
社会关系互补	40		12.94
资金互补	7		2.27
能力互补	143		46.28
本题有效填写人次	309		

在宁波高校创业团队中，有143人认为团队内的成员关系是能力的互补，这种想法占到了46.28%，而认为是资金互补的所占比例是最小的，只占了2.27%。知识互补、性格互补、社会关系互补这三种互补性所占比例是大致相同的。

（4）变量定义。被解释变量为创业团队冲突，分为任务冲突TC和关系冲突RC两种类型。

被解释变量分为创业团队成员的人口统计特征、团队结构和团队认知三个层次，人口特征包括团队成员的性别、学历、专业、创业时间，其中性别GENDER为团队成员中男性成员人数和女性成员人数的标准差系数，首先将女性赋值为1，男性赋值为2，然后计算标准差系数，即标准差除以均值；学历EDU为创业团队成员受教育程度的差异程度，由于调查者主要是宁波的各所大学，所以问卷中将受教育程度分为六个等级，分别为大一、大二、大三、大四、应届毕业生、研究生，按这五个等级分别赋值为1~6，然后计算每个团队成员受教育程度的标准差系数；创业时间TIME为创业团队成员创业时间的标准差系数。团队结构变量包括互补程度和团队规模两个变量，互补程度TCOMP即为创业团队成员专业的互补程度，根据本节的调查问卷，该变量分为工科、理科、艺术类、人文类四个等级，分别赋值为1~4，然后计算均值；团队规模TSIZE即为创业管理团队成员的总人数。团队认知变量为认知差异THETE，指的是创业团队成员之间思考问题方式的差异性。各变量定义如表9-7所示。

表 9 - 7   变量定义表

变量类型	变量名称	变量符号	含义
团队冲突	任务冲突	TC	根据文件测算出创业团队内的任务冲突程度
	关系冲突	RC	根据问卷测算出创业团队内的关系冲突程度
人口特征	性别	GENDER	创业管理团队性别差异程度
	学历	EDU	创业管理团队学历差异程度
	创业时间	TIME	创业管理团队创业时间差异程度
团队结构	互补程度	TCOMP	创业团队成员专业知识的互补程度
	团队规模	TSIZE	创业管理团队成员人数
团队认知	认知差异	THETE	创业团队成员思考解决问题方式的差异

2. 研究假设。(1) 创业团队人口统计特征对团队冲突的影响。回顾过去这几年的研究,团队理论的主要观点可以大体归结为两大理论流派:分别是认知资源多元化理论和相似吸引理论。顾名思义,相似吸引理论流派的主要观点是团队成员往往选取的是包含自己的人口统计特征的团队。当某人成为团队的一分子时,该团队的队员依然会把自己的人口特征与团队其他成员的人口特征做出分析比较,当两者的差异较小时团队成员会比较满意,但是当差异变大时,团队成员就可能会感到不舒服,团队的冲突就会随之出现。从心理学的研究中,我们发现有学者认为,性别差异导致男女在认知能力上有不同。因此,本节提出研究假设 1。

H1a:创业团队性别异质性越高,越容易导致任务冲突。

H1b:创业团队性别异质性越高,越容易导致关系冲突。

学历的高低狭隘地概括了认知水平的高低。从某种角度来说,学历越高,认知水平就越高;学历越低,认知水平就越薄弱。在一个团队中,学历的高低差距是存在的,故团队成员之间存在着认知差异。在研究中,过去有人提出,在团队活动中,学历差距越大越容易引起冲突。因此,本节提出假设 2。

H2a:创业团队学历异质性越高,越容易导致任务冲突。

H2b:创业团队学历异质性越高,越容易导致关系冲突。

很多时候,在学校中的学习只是起到伦理性的作用,真正的技能是在社会中起到作用的。在宁波高校创业团队中,团队高层的创业时间是不同的,有些是刚进入起步阶段，有些已经是在创业界中前进多年了。有些学者认为，创业时间的长短对于团队冲突有着一定的影响。因为时间能够让团队磨合，并且能见证团队存在的可能性。概括来说，团队创业时间越长，引起的冲突就越少，应对冲突的方法也越多。因此，本节提出假设3。

H3a：创业团队创业时间异质性越高，越容易导致任务冲突。

H3b：创业团队创业时间异质性越高，越容易导致关系冲突。

（2）创业团队结构特征对团队冲突的影响。有研究发现，团队规模大的团队在完成任务中的效率、氛围远不如一些团队规模小的团队。因为团队规模较小的团队具有灵活的优势，团队规模小的团队更容易直接交流，团队成员之间能有一种强烈的存在感，自我感知强，每个成员的自我感觉是良好的。因此，本节提出假设4。

H4a：创业团队规模大小异质性越高，越容易导致任务冲突。

H4b：创业团队规模大小异质性越高，越容易导致关系冲突。

团队的互补性是团队合作完成任务中的润滑剂，当两个人在完成任务时，因为互补的作用，往往能达到"1＋1＞2"的效果。故认为，团队的绩效是和团队成员的互补性挂钩的，一个团队成员间的互补性越高，那么该团队产生冲突的可能性越小。因此，本节提出假设5。

H5a：创业团队互补异质性越高，越容易导致任务冲突。

H5b：创业团队互补异质性越高，越容易导致关系冲突。

（3）创业团队认知特征对团队冲突的影响。学者米勒的研究发现，团队成员认知多样性与团队决策质量是相关的，而这种影响又会对团队承诺产生负面的影响，从而影响团队成员间的互相信任程度。因此，本节提出如下研究假设6。

H6a：创业团队认知差异程度越高，越容易导致任务冲突。

H6b：创业团队认知差异程度越高，越容易导致关系冲突。

3. 创业团队人口统计特征对团队冲突影响的实证分析。本节首先对创业团队的三个人口统计特征对团队冲突的影响进行实证分析，通过多元回归的方法检验不同人口统计特征是如何影响团队冲突的。

首先，分析团队成员人口统计特征对团队任务冲突的影响，回归模型如

下所示:

$$TC = a1 + a2GENDER + e \qquad (9-1)$$

$$TC = a1 + a2EDU + e \qquad (9-2)$$

$$TC = a1 + a2TIME + e \qquad (9-3)$$

$$TC = a1 + a2GENDER + a3EDU + a4TIME + e \qquad (9-4)$$

先分析单个团队人口统计特征对团队冲突的影响，分别是性别差异性 GENDER、学历差异性 EDU 和创业时间 TIME 三个解释变量，将这三个团队人口统计特征同时放入回归模型中，检验共同的影响机制。

回归结果如表 9 - 8 所示。

表 9 - 8　　　　创业团队人口统计特征对团队任务冲突的回归结果

	-1	-2	-3	-4
GENDER	0.0351			0.0352
	0.0245			0.0316
EDU		0.0764		0.0752
		0.0367		0.0297
TIME			0.0146	0.0175
			0.0549	0.5782
R^2	0.3243	0.2671	0.1943	0.4696
F 值相伴概率	0.0034	0.0057	0.0063	0.0121

从表 9 - 8 的回归结果中可以看出，各回归结果中拟合度 R^2 在 20% 左右的水平，F 值均在 1% 的水平上显著，说明方程总体拟合情况较好。在式 (9 - 1) 中，创业团队成员间性别差异程度 GENDER 系数为 0.0351，说明性别差异性与任务冲突正相关，Pro 值为 0.0245，具有统计显著性。在式 (9 - 2) 中，创业团队成员受教育水平的差异性 EDU 系数为 0.0764，Pro 值为 0.0367，说明受教育水平异质性与任务冲突存在显著的正相关关系。在式 (9 - 3) 中，创业团队成员创业时间异质性 TIME 系数为 0.0146，Pro 值为 0.0549，说明创业时间异质性与任务冲突存在显著的正相关关系。在式 (9 - 4) 中，将三个维度的创业团队成员异质性变量同时放入模型中进行回归，从结果中可以看出四个变量符号和显著性均为发生显著性变化。

其次，分析创业团队成员人口统计特征对团队关系冲突的影响，回归模型如式（9-5）至式（9-8）所示。

$$RC = a1 + a2GENDER + e \qquad (9-5)$$

$$RC = a1 + a2EDU + e \qquad (9-6)$$

$$RC = a1 + a2TIME + e \qquad (9-7)$$

$$RC = a1 + a2GENDER + a3EDU + a4TIME + e \qquad (9-8)$$

上述回归模型分析的是每个单独的团队人口统计特征对团队关系冲突的影响，分别是性别差异性 GENDER、学历差异性 EDU、创业时间差异性 TIME 三个解释变量。在式（9-8）中则将三个团队人口统计特征同时放入回归模型，检验共同的影响机制。

回归结果如表9-9所示。从表中的回归结果中可以看出，各回归结果中拟合度 R^2 在20%左右的水平，F 值均在1%的水平上显著，说明方程总体拟合情况较好。在式（9-5）中，创业团队成员间性别差异程度 GENDER 系数为 -0.0585，说明性别差异性与关系冲突呈负相关关系，Pro 值为 0.7119，Pro 值大于 0.05，不具有统计显著性。在式（9-6）中，创业团队成员受教育水平的差异性 EDU 系数为 0.0688，Pro 值为 0.0312，说明受教育水平异质性与关系冲突存在显著的正相关关系。在式（9-7）中，创业团队成员创业时间异质性 TIME 系数为 0.1391，Pro 值为 0.0004，说明创业时间异质性与关系冲突存在显著的正相关关系。在式（9-8）中，将三个维度的创业团队成员异质性变量同时放入模型中进行回归，从结果中可以看出，四个变量符号和显著性均为发生显著性变化。

表9-9　　　　创业团队人口统计特征对团队关系冲突的回归结果

	-5	-6	-7	-8
GENDER	-0.0585			-0.1391
	0.7119			0.3767
EDU		0.0688		0.0794
		0.0312		0.0293

	-5	-6	-7	-8
TIME			0.1391	0.1598
			0.0004	0.0001
R^2	0.0446	0.33	0.4031	0.4693
F 值相伴概率	0.0024	0	0.0001	0.0021

4. 创业团队结构特征对团队冲突影响的实证分析。接下来分析创业团队结构特征对团队任务冲突和关系冲突的影响，回归模型如式（9-9）至式（9-12）所示，式（9-9）至式（9-10）分析的是每个单独的团队结构特征对团队任务冲突的影响，式（9-11）至式（9-12）分析的是每个单独的团队结构特征对团队关系冲突的影响，团队结构分别是团队成员互补程度 TCOMP 和团队规模 TSIZE 两个解释变量。回归结果如表9-10、表9-11所示。

$$TC = a1 + a2TCOMP + e \qquad (9-9)$$

$$TC = a1 + a2TSIZE + e \qquad (9-10)$$

$$RC = a1 + a2TCOMP + e \qquad (9-11)$$

$$RC = a1 + a2TSIZE + e \qquad (9-12)$$

表 9-10　　　创业团队结构特征对团队任务冲突的回归结果

	TC	
	（9）	（10）
TCOMP	0.0962	
	0.0185	
TSIZE		0.2529
		0.0013
R^2	0.2469	0.3317
F 值相伴概率	0.0018	0.0013

表 9-11　　　创业团队结构特征对团队关系冲突的回归结果

	RC	
	（11）	（12）
TCOMP	0.0236	
	0.7497	

续表

	RC	
	（11）	（12）
TSIZE		0. 2323
		0. 0037
R^2	0. 1823	0. 2715
F 值相伴概率	0. 0074	0. 0037

由上述两表中创业结构特征对团队冲突的四个回归方程结果表明，各回归结果中拟合度 R^2 在 20% 左右的水平，F 值均在 1% 的水平上显著，说明方程总体拟合情况较好。在式（9 – 9）中，创业团队成员互补程度 TCOMP 系数为 0.0962，说明团队成员互补程度差异性与任务冲突呈正相关关系，Pro 值为 0.0185，具有统计显著性。在式（9 – 10）中，创业团队规模 TSIZE 系数为 0.2529，Pro 值为 0.0013，说明创业团队规模异质性与任务冲突存在显著的正相关关系。在式（9 – 11）中，创业团队成员互补程度 TCOMP 系数为 0.0236，Pro 值为 0.7497，说明团队成员互补程度差异性与关系冲突不存在显著的正相关关系。在式（9 – 12）中，创业团队规模 TSIZE 系数为 0.2323，Pro 值为 0.0037，说明团队成员互补程度差异性与关系冲突存在显著的正相关关系。

5. 创业团队成员认知特征对团队冲突的影响实证分析。接下来，分析创业团队认知特征对团队任务冲突和关系冲突的影响，回归模型如式（9 – 13）和式（9 – 14）所示，分别分析团队认知差异性对团队任务冲突和关系冲突的影响。回归结果如表 9 – 12 所示。

$$TC = a1 + a2THETE + e \qquad (9 – 13)$$

$$RC = a1 + a2THETE + e \qquad (9 – 14)$$

表 9 – 12　　创业团队成员认知特征对团队关系冲突的回归结果

	TC	RC
	（13）	（14）
THETE	0. 0720	0. 2815
	0. 0244	0. 0253
R^2	0. 2907	0. 4420
F 值相伴概率	0. 0024	0. 0065

从上面两个回归方程结果中可以看出，拟合优度 R^2 分别达到 40% 以上和 20% 以上，F 值均在 1% 的水平上显著，说明方程总体拟合情况较好。在式（9-13）中，创业团队认知差异程度 THETE 系数为 0.0720，Pro 值为 0.0244，达到统计显著性水平，创业团队认知差异程度与任务冲突之间存在显著的相关关系。在式（9-14）中，创业团队认知差异程度 THETE 系数为 0.2815，Pro 值为 0.0253，说明创业团队认知差异程度与关系冲突之间存在显著的相关关系。

6. 小结。本节从团队成员人口统计特征、团队结构特征、团队成员认知差异特征这三个角度对影响创业团队任务冲突和关系冲突的因素进行了实证分析，得到以下研究结论。

第一，部分团队人口统计特征对团队冲突产生影响，其中性别、学历和创业时间异质性均对创业团队任务冲突有正向影响，创业团队成员间性别、学历和创业时间异质性越高，团队任务冲突越严重。创业团队成员性别异质性与关系冲突显著负相关，性别差异一定程度地降低团队关系冲突，学历异质性对关系冲突有正向影响。创业时间异质性对关系冲突没有显著影响。

第二，在团队结构特征中，团队成员互补程度与团队规模对团队冲突中的任务冲突和关系冲突均是正相关关系，而团队互补程度则与关系程度呈现显著的正相关关系，说明团队成员间的互补性能够有效减少团队关系冲突发生的概率。

第三，团队成员间认知差异与关系冲突存在显著的正相关关系，即团队成员间对事物看法的差异性越大，越容易导致关系冲突的产生。

9.3.2 宁波大学生创业团队冲突管理存在的问题及对策建议

1. 存在问题。（1）团队规模与团队能力不匹配。一支团队的规模与该团队的能力应该是匹配的。规模小的团队应该在涉及的问题切口上是小而精的，处理问题是灵活多变的。规模较大的团队，可以涉及相对较广的业务，以统筹的角度来管理团队，各部门之间形成互补关系。如果小规模团队处理的业务大大超出了团队接受的范围，将会导致任务无法完成，团队成员分工不协调，容易形成矛盾。大规模的团队在处理相对规模小很多的任务上，会形成资源浪费、分工不均的局面，也容易造成冲突。

（2）团队高层忽视潜在冲突。在调查分析中发现，创业团队的高层往往容易忽视团队内的潜在冲突。潜在冲突是指在组织和个人所处的特定环境里，潜伏着但尚未凸显出来的冲突。只要人与人之间相互依存，就存在一定的差异，他们之间就可能存在潜在冲突，而且差异性越大，促使冲突表面化的可能性就越大，冲突的潜伏期就越短。

（3）团队高层未使用正确的方法处理冲突。冲突的存在是允许的，冲突的存在也意味着是合理的。冲突是一把双刃剑，它既可以让团队瘫痪，也可以让团队士气大增，提高效率。如何正确处理冲突，需要团队高层运用正确的方法在正确的时间上，及时解决。在宁波高校创业团队中，由于团队高层的专业性，部分高层是在意团队冲突的，并且希望通过掌握团队冲突来提高效率，但是有些高校创业团队的高层是不掌握相关知识的，这就会造成团队冲突发生时不知如何解决。

（4）团队成员间认知存在差异。慢慢发现，由于认知的差异带来的冲突是最持久且较难取得平衡的。对同一个问题，认知的不同导致了角度、观点的不相称，往往让双方甚是矛盾，而后也会产生强烈的抗拒心理。人们在争吵中，往往是因为意见无法得到统一，仔细一想引起吵架的原因却是相当可笑，当中完全不会涉及金钱、利益冲突等。只是一件事情，无论怎么阐述对方都能轻易地归结为不理解。阐述、分析是希望对方能用另外一个角度来看问题，希望会有新的东西带来改变。但认知的差异是无法用只言片语来解决的，有时过多的解释会成为冲突的导火索。

2. 对策建议。

（1）优化团队规模。通过数据分析，我们发现团队规模越大，团队冲突越大。这个不难理解，因为一个团队能力与团队规模是互相决定的，如果一个团队能力平庸，规模却庞大，那么团队人员难以管理，人与人之间矛盾产生的就比较多，团队矛盾随之而来。

对于宁波高校创业团队，应该清楚了解团队的能力，不要盲目扩张规模，正确定义团队。在执行工作时，尽量保证每个人都有工作，成员之间的工作内容应该少有冲突。使团队成员都要建立一个正确的团队理念：凝聚力、诚实正直、眼光长远、价值创造等，使他们意识到在一个命运共同体中应共享收益、共担风险。目标是有效的激励因素，是团队克服困难、取得胜利的动力。如果一个人理解了团队的未来发展目标，并认为随着团队目标的实现，自己可以从中分享很多利益。那么在面对冲突的时候，就能更加理性地看待问题并解决。在管理运行过程中，团队要权责清晰、确定适不适合关键任务、适合哪种关键任务以及谁对该关键任务承担什么责任，认真研究和设计整个企业生命周期的薪酬体系，使其具有吸引力，并使薪酬水平随贡献水平的变化而变化，但不受人员增加的限制，即能够保证按贡献付酬和不因人员增加而降低薪酬水平。

（2）团队高层识别冲突的类型。根据冲突对团队的影响，可以将冲突划分为两个类型，即建设性冲突与破坏性冲突。建设性冲突是功能正常的冲突，是指对组织有积极影响的冲突。而破坏性冲突则反之，为团队带来消极影响。身为团队高层要学会掌握如何区分冲突，冲突的类型是不同的，带来的影响是不同的。团队高层需要了解冲突的类型以及性质，才能为团队做出决策，正确处理冲突。

（3）团队高层使用正向激励。首先冲突的存在是合理的，但是冲突不能超过一定的界限，否则不仅不能成为组织发展的有益因素，还会削减管理的力度，成为团队发展的障碍。从另外的角度来看，如果一个团队死气沉沉、冲突没有或者极少，那么这个团队的氛围是消极的。因此，宁波高校创业团队的管理人员不仅要预防冲突过激，也要预防团队丝毫没有冲突的现象。

创业团队组建初期往往都会出现冲突过少的现象，故管理者应该采取正向激励策略有效激发良性的冲突。适度的冲突加上合理的管理，将使团队能够自我反省、自我调整、具有活力、不断创新。假如冲突过多，管理者则需要引导，避免冲突爆发。其中冲突的正向激励策略不能过火，重要的是有分寸感。

（4）减少团队成员认知差异。在创业团队中，每个人的认知是各有差异的。首先，在团队管理中，团队高层要抓住核心思想，通过宣传核心内容，让团队成员对于团队核心内容的认知基本保持一致。其次，团队可以通过定期的内部交流，让内部成员及时做出信息交换，及时改正认知，这也能减少团队认知差异引起冲突的可能性。最后，创业团队在招人时，设置的面试问题可以与创业团队核心内容相匹配，招人尽量招聘符合团队思想的成员，避免未来因为团队成员认知差异而导致冲突问题的产生。

第三篇

大学生创业团队绩效评价理论与实证分析

第10章
创业团队绩效评价的指标体系

10.1　绩效评价的理论基础

对组织内某阶段业绩的整体系统评估称为绩效评价，传统的企业绩效评价理论随着时代的不断发展而逐步改善，特别是生产有效性理论、行为科学理论、战略管理理论等思想理论在绩效评价中得到广泛应用，各具特色的绩效评价理论体系也应运而生，不断丰富着整个理论体系的持续发展。许多组织绩效评价之所以与组织内领导和管理者的绩效评价有关，是因为组织内主要领导管理工作的绩效评价往往以组织的整体绩效为主要评价指标。而为了更好地实现绩效管理的目标，通常在管理者根据公司实际情况明确、准确地确定目标和策略后，设计最终的绩效评价体系。组织目标和战略、确定绩效目标及其评价指标必须依据组织目标和战略，这样才能提高整个绩效管理工作的精确性。

在对生产效果进行绩效评价的基础上，一些学者从生产的角度对绩效评价进行了综合研究。这些学者普遍认为，绩效是组织成员在特定时期内的工作职能或活动的结果，与他们所负责的工作有关。组织和员工需要执行一些看似简单但实际上相对复杂的业务流程，例如管理、业务、技术、安全、财务、会计和其他活动。这些活动的实际工作效率将随着工作条件或工作方法的调整和重组而提高，从而改变组织的整体运行条件。1951 年，生产效率这个概念被提出。生产效率的经济意义是在库普曼和德布鲁提出的生产可能性概念的基础上产生的。1978 年，查恩斯等人（Charnes et al.）提出了一种数据包络分析（DEA）的理论和方法，该理论和方法可以评估相对复杂的多输入多输出系统中各评价单元的相对有效性，它被称为生产效率分析的里程碑。利用 DEA 方法，在决策者确定反映评价单元绩效的投入产出指标体系时，对其相对绩效进行评价。

基于行为和能力的绩效评价，20 世纪 50 年代，行为科学学派对绩效进行了内部研究，主要是从组织及其成员的行为与能力方面展开的。他们通常认为，绩效不是一个以行动为导向的结果，而是一个行动本身。组织的内部控制包括绩效，绩效是组织或个人直接或间接与其目标相关的行为和能力。依据行为和能力决定绩效，学者们对员工个体需求的满足与追求，在如何更好提高员工劳动生产率方面的作用进行了全面综合地阐述，以及为了让员工更好投入到工作，应不断提高工作能力，应采用相应的激励措施。

在战略管理绩效评价的基础上，根据战略管理绩效评价理论，企业绩效与企业整体经营战略密切相关，这是企业绩效评价不可或缺的。在企业内部进行绩效评价的关键在于从组织的长远角度考虑企业的经济利益。绩效评价体系应更加全面、具体，不能片面、笼统，能够反映管理层对绩效增长的积极影响。在此基础上，运用合理的定量工具和方法进行绩效评价。将一些对组织长远利益有深远影响的非财务因素引入战略管理绩效评价理论，将非财务因素和财务因素整合起来，试图反映企业综合管理的绩效。[①]

10.2　绩效评价的理论分析

企业要想在全球竞争中求发展，更好地通过提高产品和服务质量来满足

---

① 周云，刘沃野，王建华，谢小峰. 西方绩效评价理论的发展综述 ［J］. 价值工程，2012，31（22）：315–317.

消费者的需求，团队是必不可少的。通过团队解决问题已成为许多组织有效解决问题的方法。团队的特点是目标、角色和结果依赖性，这需要团队成员之间密切协作。故一个有效地团队绩效评估机制是必要的。[①]

任何一个团队要想成功，都必须建立明确的以结果为导向的绩效管理目标。团队的考核评价作为评估团队工作效率和效果的关键环节，逐渐开始受到国内外相关研究学者的广泛关注。目前，对团队的绩效评价还不够成为体系，对于项目成果的评价往往也是参照个体的考核评价方式。很显然，这种以个人评价体系代替团队评价体系的方式显然是不合理的，对团体整体的考核缺乏有效的考虑和办法，这对于当前团队整体工作管理也是不利的。[②]

10.2.1 团队绩效

关于团队绩效的内涵，学术界有很多不同的定义，区别主要在于绩效是面向结果还是面向行为。以结果为导向的团队绩效的内涵往往与任务、目标、结果、产出等绩效密切相关，如表 10 - 1 所示。[③]

表 10 - 1　　　　　　　　　　团队绩效定义相关研究

研究者	定义
布拉姆布拉奇（Brumbrach，1988）	认为绩效包括行为和结果两个方面，行为是达到绩效结果的条件之一，在给绩效下的定义中得到了很好的体现，即绩效是指行为和结果。
Sundstorm，1990）	团队绩效主要包括团队生产的产品的数量、质量、效率等，是团队实现预定目标的实际结果。
坎贝尔（Campbell，1990）	绩效需要与结果划清关系，因为结果会受到系统因素的影响，认为绩效是行为，所以将绩效定义为团队成员所进行的与组织目标相关的、可观测的事情。
赫格尔等（Hoegl et al.，2011）	一种观点认为团队绩效是团队实现特定质量、成本、时间等目标的能力，将团队绩效聚焦在效能与效率两方面。另一种观点则是从行为的角度对绩效进行定义。

① 徐芳. 团队绩效的有效测评 [J]. 企业改革与管理，2003（11）：44 - 45.
② 吕培明，刘曙光，倪颖，康瑾. 学术团队绩效评价机制研究 [J]. 中国高校科技，2012（9）：13 - 16.
③ 邹今友. 民营企业创业团队冲突：原因及对绩效影响分析 [D]. 长沙：中南大学，2014.

在这些研究者的相关研究中，可以认为绩效包括行为和结果。团队的整体表现体现在团队成员将团队的工作任务付诸实践，也体现了团队实现预定目标的实际结果。

10.2.2　团队有效性模型

绩效的评价脱胎于团队有效性模型。团队有效性模型最开始的理论框架是"输入—过程—输出（IPO）"，这也是在每个团队中的各个成员之间为了使得团队的运作更加高效，产出更高绩效的一个过程，在近几年的相关研究中可以发现，组织中各个方面的团队内部互动都会对整个团队组织的绩效和团队能力具有非常重要的意义。该理论的初始框架表明，输入变量和输出变量之间存在很强的相关性，即团队有效性。框架中的第一个变量是"输入"，一般指的是团队结构、团队成员背景等因素。中间变量为"过程"，是指团队成员之间的合作、沟通关系和社会信息因素，如个体关系、沟通、协调、与他人的合作和信任程度等。"输出"是指任务完成后的结果，包括团队绩效和团队满意度。国外研究者对团队有效性的研究，如表 10 - 2 所示。[①]

表 10 - 2　　　　　　　　团队有效性模型相关研究

团队有效性模型	输入因素
MeGrath 团队有效性模型	输入因素包括团队队员的个人因素（团队队员的技能、态度和人格特征）、团队因素（团队凝聚力和团队规模）、环境因素（团队任务特质和奖励制度），输出因素包括绩效产出（品质提升、快速解决问题、错误减少）、其他产出（工作满足感提升、团队凝聚力增强、团队成员态度的改变）。
Nivea 团队有效性模型	外在因素主要有团队队员的特征、团队的特质及人物特点和需求，Nivea 等人认为团队成员的特性、任务特性与需求都在一定程度上影响团队的特性。
Jweell 和 Reitz 团队有效性模型	组织系统（奖励系统、教学培训系统和信息系统）、团队设计（任务特质、队员特质和行为规范）和团队动力（协助团队进行互动过程）为自变量，环境资源（提供完成指派所需的所有资源）和团队绩效（满足顾客需求、队员成长和团队成长）。

---

① 孙玉侠. Campion 团队有效性理论及其在中国发电企业的实证研究 [D]. 北京：华北电力大学，2016.

团队有效性模型	输入因素
Hackman 团队有效性模型	物质环境因素（任务本质、资源与科技、空间安排）、个人特质（能力、技术、知识、智能和人格特质）、团队特质（结构因素与组成因素）和团队动力。
Gladsstein 团队有效性模型	群体构成（技能、异质性、组织任期和工作任期等）、团队结构（角色和目标确定、特定工作范围、任务控制、规模和正式领导等）、可得资源（培训和技术、咨询、市场服务）、组织结构（团队绩效、报酬和管理控制），此外还包括组织维度的输入因素，具体有可用资源（训练、技术、咨询和市场服务等），组织结构变量（团队绩效报酬和管理控制等），团队过程（开放式沟通、冲突、支持度、界线管理、策略讨论）。
Campion 团队有效性模型	群体效能与工作设计（自我管理、参与及任务多样性和统一性）、团体构成（异质性、灵活性、规模及群体工作偏好）、互依性（任务、目标、反馈和报酬的互依性）、环境（培训、管理层对培训工作的支持及团队间的沟通交流）和团队运行过程。

通过对众多国内文献的翻阅、总结，发现国内对于团队模型有效性的研究往往建立在国外模型的基础上对于各行业具体情况进行衍生，并没有提出自己的团队有效性模型。

10.2.3　绩效评价

从某种严格意义上来说，企业绩效评价始于 20 世纪 30 年代后期，1939年，美国的凯斯纳（Kesner）首次研究了美国的经理人报酬与绩效评价之间的关系。到了 50 年代，莫迪利安尼和米勒（Modigliani and Miller）提出 MM资本结构理论，以更加严谨的方法工具研究了企业价值与资本结构这两者之间的横向关系。从此之后，关于企业绩效评价的相关研究理论在不断增多。弗莱明（Fleming QW. Cost，1992）通过对欧洲以及北美 3000 多家企业的实证研究充分表明了无形因素，特别是知识资产、创新和质量等方面是获得竞争成就的驱动力。菲茨杰拉德（Fitzgerald，2000）将企业绩效的评价内容确定为财务、竞争、服务质量、革新、灵活性、资源利用六个方面。西蒙（Simon，2000）表明，财务评价忽略了战略制定过程的关键问题存在。他认为在战略制定过程中应将战略评价列为评价的内容。针对这一观点他提出了战略评价模型，依照数量、质量和无形资产指标与企业使命的优先关系排列战略并评价战略。马凯兹和威廉姆森（Markides and Williamson）对战略资产、核心能力与企业绩效的关系进行了研究，提出了企业绩效评价时应该注重对战略资产的评价，并设计了战略指数来具体进行评价。①

21世纪初，徐晓伟、张军从外部环境、企业质量、内部环境、竞争战略和发展前景四个方面构建了企业绩效评价的非财务评价指标体系，并用德尔菲法确定了各指标的权重关系。之后，曾祥云（2001）提出了基于供应链管理理论的企业绩效评价方法。王光杰（2002）建立了高新技术企业的绩效评价体系，包括财务、顾客、内部业务流程、学习与成长四个方面，每个方面各由一组指标表示，最终形成了一套高新技术企业绩效评价体系。姚正海（2006）构建了财务、成长性、价值链流程、产品与技术创新、智力资本开发五个维度的评价指标体系。卿放、干悦之（2010）提出我国企业绩效评价方法在实务和学术进展方面有一定发展意义，但对企业组织进行科学合理的评价确实面临许多不少的难题，这表明必须对传统绩效评价方法予以充实与创新，才能更好顺应组织企业的发展。② 苏海泉等人（2011）构建了由团队基本能力评价、经营管理能力评价、未来发展能力评价三个方面构成的大学生创业团队胜任力综合评价系统，从团队关系和文化、团队专业背景、核心人物素质、公民意识和法律意识、经营状况、管理及执行力、技术和创意优势、团队的存续性、把握机会能力和融资能力等方面进行综合客观评价，并运用灰色聚类的方法，对大学生创业团队胜任能力进行了综合评价，选择了最能影响大学生创业团队胜任能力的十个二级评价指标，确定了四大评估灰类，从而采用专家打分法进行评分，计算出白化权函数，以评估大学生创业团队的胜任能力。③

1973年，Satty首先提出对定性情况进行评估的AHP方法；如果指标中同一层次各个指标之间具有相关性，自身指标具有一定反馈能力，就会形成网络形态的层次分析法ANP；随后，有的学者在将定性指标逐渐量化的过程中，

---

① 王丽丽，陈雪. 企业绩效评价研究综述 [J]. 云南社会主义学院学报，2007 (2)：25－27.
② 张林. 创新型企业绩效评价研究 [D]. 武汉：武汉理工大学，2012.
③ 王年军. 大学生创业团队的理论与实证研究 [D]. 武汉：武汉理工大学，2012.

将模糊数学思想引入 AHP 方法中，从而形成模糊层次分析法（FuzzyAHP）。AHP、ANP 和 FuzzyAHP 均可应用于企业绩效评价。辛克和塔特尔（Sink & Tuttle，2001），采用绩效评价计划编排阶段的六步程序框架；基根（Keegan，1997）采用绩效评价矩阵；Lockamy（1999）采用四理论绩效评价体系模型等。①

本节结合众多国内外研究，从中选取最适合大学生创业团体绩效评价体系使用的理论，在众多的绩效评价框架中，平衡计分卡方法可以说是最具影响力的一种。它通过与组织战略的联系提供了一种合适的评估方法。它可以为短期计划设定目标和分配资源，加强战略沟通，促进部门与个人目标和战略的一致性，将奖励与绩效联系起来，为组织学习提供反馈。目前，有很多企业采用平衡计分卡，被众多企业证实其有利于实现绩效评价的最终目标，若在使用过程中结合模糊评价法能更好更快地确定大学生创业团体绩效的具体数值。凯皮恩团队有效性模型是凯皮恩等人研究了 80 个工作团体，在麦格拉斯、妮维雅、赖茨、哈克曼、格莱德斯坦等人的研究基础上提出来的模型，不是分析少数几个常见的影响要素，而是把影响团队有效性的因素都纳入考虑范围内，并采取不同的样本对该模型进行不同层面的实证研究，其适用性得到了更好地检验。

10.3　绩效评价方法及原理

本节试图通过对国内外团队绩效评价体系的对比研究，建立符合团队实际情况的绩效考核评价机制，通过将层次分析法与模糊评价法相结合，在平衡计分卡因素分析下确立团队绩效评价机制实施的主要内容，以期通过并论证为大学生创业团队绩效评价提供参考价值和指导意义。

---

① 李海琳，赵国杰，郝清民. 国外企业绩效评价研究综述［J］. 山东财政学院学报，2007（4）：85 - 88.

10.3.1 平衡计分卡法①

平衡计分卡法是从财务、顾客、内部过程、学习与成长四个方面对组织进行全面量化目标系统测评。对每个方面都需要建立相应的指标、分值以及衡量最终能否实现。以超越 KPI 计量为主的绩效衡量模式，使企业组织和团队的"战略目标"能够有效转化为"实际行动"。根据战略的要求给予各个指标不同的权重比例，实现对企业组织的综合评估，平衡计分卡也是战略实施工具中较为常见的一种，将企业的战略落实到可操作的目标、衡量指标和量化目标值当中，将原本较为笼统宽泛的理论量化在相应的指标权重中，这也是战略执行管理体系的核心组成部分。平衡计分卡内容如表 10－3 所示。

表 10－3 平衡计分卡内容

方面	具体内容
财务	改善成本结构、提高资产利用率、增加收入机会、提高客户价值。
客户	在价格、质量、时间和功能等方面增强产品和服务的特征；用服务增进客户伙伴关系。提升企业品牌形象；采取总成本最低、产品领先、全面客户解决方案和系统锁定的战略。
内部业务流程	生产和交付产品服务、提高客户管理、创造新产品和服务、改善社区和环境。
学习与成长	增强人力资本、增强信息资本、增强组织资本。

10.3.2 层次分析法②

一般以多目标复杂问题为系统，将目标分解为多个次要目标或准则，然后分解为多个层次的多指标（或准则、约束）。采用定性指标模糊量化方法，计算出层次化的单次排序（权重）和总排序，称为多目标多方案优化决策的系统方法，叫作层次分析法。

---

① ［日］三谷宏治著．经营战略全史［M］．南京：江苏凤凰文艺出版社，2016.
② 张炳江．层次分析法及其应用案例［M］．北京：电子工业出版社，2014.

首先，该方法将决策问题按总目标层、各子目标层、评价准则层直至具体方案层的顺序分解为不同的层次结构；其次，用求解判断矩阵特征向量的办法，求得每一层次的各元素对上一层次某因素的优先权重；最后，再利用加权求和的方式计算出不同方案下对总目标的最终权重，最终权重中得分最大的即为最优的方案解，再根据最终的最优方案解得出结果。

10.3.3 模糊综合评价法[①]

模糊综合评价法是一种基于模糊数学的综合评标方法，它根据模糊数学的隶属程度关系把定性评价转化为具体的定量评价，即用模糊数学对受到多种因素制约的事物或对象做出一个总体的评价。它具有结果清晰、系统性强的特点，能较好地解决那些模糊的、不可量化的问题，适合解决各种非确定性问题。模糊综合评价法的最显著特点可以概括为以下两点。

1. 因素相互比较。根据最优评价因子值，得出评价值为 1。其余评价因子根据其劣化程度得到相应的评价值。

2. 定量关系是基于特征的。即根据各种评价因子的特点，确定评价值与评价因子值（即隶属函数）之间的函数关系。确定这种函数关系（隶属函数）的方法有很多种，如 F 统计法、各种类型的 F 分布等。当然，也可以邀请有经验的评标专家进行评估，专家可以直接给出评估值。

10.3.4 德尔菲法[②]

20 世纪 40 年代，德尔菲法由 O. 赫尔姆和 N. 达尔克创立，T. J. 戈尔登和兰德公司进一步完善。德尔菲这个词起源于古希腊神话中关于太阳神阿波罗的故事。据传说，阿波罗有许多超能力，其中之一就是预见未来的能力。因此，这种预测方法被称为德尔菲法。1946 年，兰德公司首次采用

---

① 王年军. 大学生创业团队的理论与实证研究 [D]. 武汉：武汉理工大学，2012.
② 侯光明. 十六种典型创新方法 [M]. 北京：北京理工大学出版社，2015.

这种方法进行相应的预测活动。自那以后，德尔菲法在各个领域得到了广泛的应用。

从某种意义上说，德尔菲法是专家调查法中最重要的方法。是将需要解决的问题依次发送到相关专家学者，征求这些专家对这些问题的意见和建议，收集和总结这些问题的综合意见及预测，并单独反馈给专家，重新征求专家意见。专家们根据综合意见修改最后的意见，再进行总结。这种决策方法进行了如此多的周期，并逐步得到更加一致和准确的预测结果。

根据系统的具体程序，德尔菲方法在专家意见的全过程中采用匿名方式，即专家之间没有相应的讨论和沟通，不能发生接触，整个过程中只能与调查人员沟通，由调查人员多轮调查专家的意见。专家对问卷提出的问题，经过反复协商，综合意见，最后修订意见。总结专家对预测结果基本一致的看法。该方法具有广泛的代表性和可靠性。它最大的优点是简单和直观。具体如图 10 - 1所示。

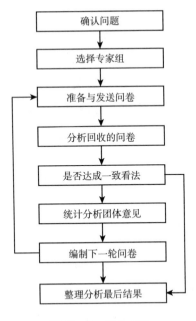

图 10 - 1 德尔菲法

不同评价方法的优缺点与适用范围分别如表 10 - 4、表 10 - 5 所示。

表 10 – 4　　　　　　　　　　　不同绩效评价方法的优缺点

方法	优缺点
平衡计分卡法	优点： 1. 克服财务评价方法的短期行为 2. 使整个组织行动一致，服务于战略目标 3. 能有效地将组织的战略转化为组织各层的绩效指标和行动 4. 有助于各级员工对组织目标和战略的沟通与理解 5. 利于组织和员工的学习成长与核心能力的培养 6. 实现组织长远发展 7. 通过实施 BSC，提高组织整体管理水平 缺点： 1. 实施难度大 2. 指标体系的建立较困难 3. 指标数量过多 4. 各指标权重的分配比较困难 5. 部分指标的量化工作难以落实 6. 实施成本大 7. 平衡计分卡的优秀增加了使用它的难度
层次分析法	优点： 1. 分析方法具有系统性 2. 决策方法简洁实用 3. 所需定量数据信息较少 缺点： 1. 有致命的缺点，它只能在给定的策略中去选择最优的，而不能给出新的策略 2. 所用的指标体系需要有专家系统的支持 3. 进行多层比较的时候需要给出一致性比较 4. 需要求矩阵的特征值，但是在 AHP 方法中一般用的是求平均值（算术、几何平均值，协调平均的方法来求特征值）
模糊综合评价法	优点： 1. 模糊评价通过精确的数字手段处理模糊的评价对象 2. 评价结果是一个矢量，而不是一个点值，包含的信息比较丰富且准确 缺点： 1. 计算复杂，对指标权重矢量的确定主观性较强 2. 当指标集 U 较大，即指标集个数较大时，在权矢量和为 1 的条件约束下，相对隶属度权系数往往偏小，权矢量与模糊矩阵 R 不匹配，结果出现超模糊现象，分辨率很差，无法区分谁的隶属度更高，甚至造成评判失效，此时可用分层模糊评估法加以改进。
德尔菲法	优点： 1. 可以加快预测速度和节约预测费用 2. 可以获得各种不同但有价值的观点和意见 3. 适用于长期预测和对新产品的预测，在历史资料不足或不可测因素较多时尤为适用 缺点： 1. 对于分地区的顾客群或产品的预测可能不可靠 2. 责任比较分散 3. 专家的意见有时可能不完整或不切合

表 10 – 5　　　　　　　　　　　不同绩效评价方法的适用范围

方法	平衡计分卡法	层次分析法	模糊综合评价法	德尔菲法
适用范围	平衡计分法不是一块适合于所有企业或整个行业的模板。企业应当设计出各有特点的平衡计分卡，以便使其与自己的使用、战略、技术和文化相符。	层次分析法适用于多目标决策，用于存在多个影响指标的情况下，评价各目标方案的优劣程度。	模糊综合评价法多用于在模糊环境下对受多因素影响的事物做综合决策的领域。	缺乏足够的资料、作长远规划或大趋势预测、影响预测事件的因素太多、主观因素对预测事件的影响较大。

10.4　绩效评价指标体系的构建原则方法

10.4.1　指标体系的构建原则

为了构建一套科学的综合评价指标体系，在指标体系的设计与构建过程中应该遵循一些原则。文献认为评价指标应宜少不宜多、宜简不宜繁，具有独立性、代表性与可行性；查阅相关文献可知评价指标体系的成功构建一般需要遵守科学性、系统性、可比性、（尽可能地）相互独立性与可测取性（或可观测性）5 个原则；Peter F. Drucker 提出了在组织目标或指标的设定过程中应遵循的 SMART 原则，即确定性（Specific）、可衡量性（Measurable）、可实现性（Attainable）、相关性（Relevant）与时效性（Timebound）五个原则。

1. 确定性。确定顾名思义指的就是要用具体的语言清楚准确地说明要达成的行为规范。明确的对象目标可以说是所有成功团队组织的共同特点。很多团队之所以失败是因为目标定得模棱两可，或者是并没有将目标有效及时地传达给相关成员或相关机构。在设定目标时要有项目、衡量标准、达成措施、完成期限以及资源要求等，这样才能使考核人员能够更清晰地看到部门或科室月计划工作以及计划要达成的效果。

2. 可衡量性。可衡量性表明目标应该是清晰的，而不是模糊的和一般的。应该有一套明确的数据指标作为衡量目标是否实现的基础。如果不能很好地衡量目标，就不能判断目标是否实现。避免领导和下属在团队目标上产生分歧，因为没有定量和可测量的分析数据，可能会影响企业或组织的发展。目标的平衡应以"能量化的量化、非量化的质化"为原则。使制定者和评价者具有统一的、标准的、清晰的、可测量的尺度，消除了在目标设定中使用形容词等概念的模糊、不可测量、主观描述。对于目标的可测量性，首先要从数量、质量、成本、时间、上级或顾客满意五个方面进行测量。如果仍然不能测量，那么可以考虑进一步细化目标，细化目标的组成部分，然后从以上五个方面进行测量。如果仍然不能测量，也可以用过程的方式描述和分析完成目标的工作。通过精简使目标可测量。

3. 可实现性。可实现性这一原则指的是目标是要能够使被执行人所接受，领导者应该更多地吸纳下属来参与目标制定的过程，即便是团队整体的目标。目标设置要坚持员工参与、上下左右沟通，使拟定的工作目标在组织及个人之间达成一致。既要使工作内容饱满，也要具有可达性。

4. 相关性。目标相关性是指实现这一目标与其他目标之间的总体相关性程度。如果其中一个目标实现了，但其结果与其他目标不相关，或者目标之间的关联度很低，那么即使目标实现了，其现实意义也不大。

5. 时效性。目标的时限是指目标必须有一定的期限。目标设置应该有时间限制，根据工作任务的权重和优先级，确定完成目标项目的时间要求。定期检查工程竣工进度，及时掌握工程进度的变化，以便及时指导下属，根据工作计划的异常变化及时地调整工作计划。

制定的过程是提高对部门或部门前期工作控制能力的过程，完成计划的过程是体验和实践现代管理能力的过程。总之，无论是制定团队的工作目标，还是对于员工个体绩效目标的制定，都必须符合以上五大原则，缺一不可。

10.4.2　创业团队绩效相关指标

10.4.2.1　财务维度

财务绩效指标可以突出企业的战略及其实施和执行是否有助于改善企业管理。财务指标是一般企业绩效评价中常用的传统指标。财务绩效指标可以显示企业的战略和实施是否有助于改善其最终经营成果，如利润。一般用于财务维度的指标如表 10-6 所示。

表 10-6 平衡计分卡财务指标

考核指标	指标描述/计算公式
主营业务增长率	本年度业绩额/上年度业绩额
总资产增长率	本年度总资产/上年度总资产
员工人均销售增长率	(本年度销售额/本年度员工数) / (上年度销售额/上年度员工数)
人均利润增长率	(本年度利润/本年度员工数) / (上年度利润/上年度员工数)
营销费用贡献率	考察企业营销方面投入与产出的效益关系，以及营销计划的执行情况；营销费用/销售收入
行业前景	投资者对项目的看好程度
总资产报酬率	净利润/总资产
净资产收益率	净利润/净资产
利润总额	设立该指标是为了反映企业的总体利润情况
销售费用率	反映企业在市场销售中投入和产出之间的效益关系；销售费用/销售收入
销售收入	反映企业的经营情况，销售收入是指在总收入基础上扣除客户退款、减价、折扣和其他赔偿后的收入
费用利润率	反映出企业整体的经营效率和获得利润的能力；利润总额/成本费用总额（成本费用是销售成本、销售费用、管理费用、财务费用的总和）
总资产周转率	销售收入/总资产
流动资产周转率	销售收入/流动资产平均余额（12/累计月数量）
存货周转率	反映企业对市场的预测能力、运营能力及企业各部门的协调能力；销售成本/平均存货成本
平均账期	反映企业的信誉度；每笔累计付款时间/累计付款次数
应收账款周转率	反映企业经营管理能力和管理效率；销售收入净额/平均应收账款余额
资金周转率	反映企业经营能力；销售收入/资金占用额
销售计划完成率	反映企业一定时期内的目标执行能力，也可以反映出企业对市场的预测能力；累计销售收入/当期销售收入计划
不良资产比率	按照中央银行贷款分类标准逾期不能收回的资产占可投资资产的比重/年初投资委员会确定的基准
投资回报率	反映企业投资情况和对市场的预测能力；资本周转率/销售利润率
资本保值增值率	反映企业一定时期内的资本增长情况；期末净资产/期初净资产
总资产贡献率	(利润+税金+利息)/平均资产总额（12/累计月数量）

考核指标	指标描述/计算公式
全员劳动生产率	产业增加值/员工数（12/累计月数量）
资产负债率	总负债/总资产
资产流动比率	流动资产总值/流动负债总额
速动比率	速动资产/流动负债
现金流动负债率	现金存款/流动负债
长期资产适合率	（所有者权益＋长期负债）/（固定资产＋长期投资）
预算费用支出率	反映企业现金流使用状况； 实际费用/预算费用
人均可控费用	反映企业行政管理效率； （办公费用＋电话费＋交通费）/员工数量
采购成本利润率	反映企业对成本的控制能力，以及对供应商的管理状况； 采购成本基准值（本期采购成本）/采购成本基准值
新产品研究开发费用预算达成率	新产品研究开发实际费用/新产品研究开发计划费用
招聘费用预算达成率	招聘实际费用/招聘计划费用
培训费用预算达成率	培训实际费用/培训计划费用

10.4.2.2　客户维度

客户维度使业务部门经理能够清楚地阐明客户和市场战略，以创造卓越的财务回报。企业应面向目标客户和目标市场，关注是否满足核心客户的需求，而不是试图满足所有客户的偏好。客户只关心五个方面：时间、质量、性能、服务和成本。企业必须为这五个方面树立清晰的目标，然后将这些目标细化为具体的指标。客户维度的指标衡量如表 10－7 所示。

表 10－7　　　　　　　　平衡计分卡客户指标

考核指标	指标描述/计算公式
包装水平客户满意度	接受随机调研的客户对包装水平满意度评分的算术平均值
某重点产品市场占有率	平均值：产品市场销售额/市场容量
公共关系效果评定	对于媒体、保险学会及社会的效果进行评定
解决投诉率	（解决的投诉数/投诉总数）×100%

考核指标	指标描述/计算公式
客户投诉解决速度	年客户投诉解决总时间/年解决投诉总数
营销计划达成率	（营销实际标保/营销计划标保）×100%
新契约保费市场占有率	（新契约标保/新契约市场总容量）×100%
新契约保费增长率	（本年度新契约标保－上年度新契约标保）/上年度新契约标保
续期任务达成率	二次达成率＝宽限期未实收的二次保费/考核期间应收的二次保费； 三次达成率＝宽限期未实收三次保费/考核期间应收的三次保费
市场知名度	接受随机调查的客户对公司知名度评分的算术平均值
媒体正面曝光次数	在公众媒体上发表宣传公司的新闻报道及宣传广告的次数
危机公关出现次数及处理情况	总公司级危机事件在中央级、全国性媒体出现的产生重大负面影响的报道次数及处理情况
公共关系维护状况评定	与媒体、保险学会及社会保持良好沟通和合作的状况
网站用户满意度	对客户进行随机调查的网站满意度评分的算术平均值
客户满意度	接受随机调研的客户和代理人对服务满意度评分的算术平均值
客户投诉解决的满意率	（客户对解决结果满意的投诉数量/总投诉数量）×100%
服务推广数量的达成率	（服务实际推广数量/服务计划推广数量）×100%
新客户增加数量	（本期新客户数/总客户数）×100%
相对竞争对手的成本	相同产品成本与竞争对手的差价
新产品的开发数量	产品上市的实际数量
技术服务满意度	对客户进行随机调查的技术服务满意度评分的算术平均值
直销客户满意度	对直销客户进行随机调查的满意度评分的算术平均值

10.4.2.3　内部流程维度

一个企业的内部操作相当于一个人脑，控制整个企业的经营发展。无论是财务管理、消费者忠诚度、品牌管理还是影响企业学习和成长的因素，这些影响企业各个阶段发展的因素都与企业的内部经营密切相关。同样，在创业过程中，创业团队的绩效也需要通过内部运作权衡彼此之间的关系。由于内部流程难以量化，经理需要确定关键的内部流程，帮助业务部门提供价值主张，以吸引和留住目标细分市场中的客户，并满足股东对卓越财务回报的期望。根据前人的研究经验，如表10－8所示。

表 10 - 8   平衡计分卡内部流程指标

考核指标	指标描述/计算公式
新产品开发数量	反映企业对客户新需求的满足情况；以新产品实际上市的数量为准
信息库更新率	反映企业信息更新程度和企业信息化程度； 信息更新数量/总体信息数量
内部员工满意度	反映员工对企业内部运营体系的满意度
内部网络安全性	反映企业运营的安全性；技术部门对内部网络安全的评估
系统与网络故障率	反映企业内部网络服务的质量；发生故障次数/故障数量（天数）
持续无故障时间	反映一定时期内企业内部网络服务的稳定性；实际未发生故障时间
内部沟通程度	团队内信息传递的通畅性
设备故障率	反映企业对企业资源和设备利用的关注度； 设备发生故障时间/设备应运行时间
差错率	反映企业员工对工作的责任心，多用于企业工资、合同签订、会计活动等评估； 差错金额/当期总金额；差错笔数/总笔数
差错金额	反映企业员工对工作的责任心，多用于企业工资、合同签订、会计活动等评估； 进行审计后所发现问题涉及的金额；下一工作程序中发现的上一工作程序中 出现的差错，并给予改正的金额
安全性	反映企业运营安全情况；实际发生安全事故及员工受伤次数
计划目标完成率	反映企业运营效率；实际完成目标数量/计划目标完成数
集中采购金额占总金额的比率	反映企业计划管理的效果，以及企业采购管理效率； 集中采购金额/总采购金额
设备维修费用降低率	反映企业对运营成本的控制； 基本费用（当期设备维修费用）/基本费用
企业政令传达及时性	反映企业运营效率［实际传达时间（制度规定的时间）/制度规定时间］
书面化制度比率	反映企业管理的制度化； 书面化的流程和制度数目/所有需要制定的流程和制度总数
策划方案成功率	反映企业策划方案执行情况；成功方案数/提交方案数
提交项目管理报告及时性	反映企业经营管理的效率；按时提交管理报告数/报告总数
个案完成及时性	反映企业经营管理的效率；个案完成的日期（个案上报的日期）
及时掌握相关政策、法规的变化	反映企业对相关政策变化是否能够及时掌握并做出相应的应对措施
领导胜任力	团队成员对领导者的满意度和服从性

10.4.2.4 学习与成长维度

关于学习与成长方面的因素指的是一个企业或组织在发展全过程中，在未来的运营管理中，是否能顺应市场发展，与市场同发展，与社会同进步。在如今的市场，竞争越来越激烈，一个企业能否有持续、健康、稳定的发展，学习和成长的因素非常重要。它建立了企业为创造长期增长环境和提高绩效必须建立的基本框架，也成为决定企业未来能否成功的关键。在企业的各个阶段以及发展的规模上，它都需要有进取心和创新精神。培养一支学习和成长能力强的团队，是一个持续而不受约束的发展课题。在平衡计分卡中有关学习与成长维度的指标如表 10 - 9 所示。

表 10 - 9　　　　　　　　　　成长维度的指标

考核指标	指标描述/计算公式
个人培训参加率	(实际参加培训次数/规定应参加培训次数) × 100%
部门培训计划完成率	(部门培训实际完成情况/计划完成量) × 100%
提出建议的数量和质量	领导认可的新产品建议的数量和质量
公司内勤培训规划的制定及实施	制定公司总体及各岗位的培训规划，并组织实施
团队成员异质性	团队成员所学的专业是否互补
员工自然流动率	(离职人数/现有人数) × 100%
团队氛围	团队成员对从事的事业有积极性
创新建议采纳率	(被采纳的创新建议数量/部门建议总数量) × 100%
培训种类	培训种类总计
员工培训与激励满意度（包括培训计划完成率、员工激励等）	下属员工满意度调查表评分
研究开发部员工满意度	满意度调查问卷评估
研究项目创新及项目规划、组织	中心总经理评估标准
培训与研讨参与率	(实际参加培训与研讨的员工数/规定应参加培训与研讨的总人数) × 100%
培训参与率	(实际参加培训的员工数/规定应参加培训的总人数) × 100%
内部员工满意度	综合管理部经理评估标准

第 11 章
大学生创业团队绩效评价模型构建及优化措施

11.1 大学生创业团队绩效评价的意义

大学生创业能否获得成功很大程度受创业团队综合实力强弱的影响，卓越的创业团队是大学生创业成功的保证，也是促进大学生创业目标顺利达成的基石。所以，评价大学生创业团队的绩效具有十分重要的意义。

第一，对于大学生创业者而言，这样做有助于大学生更全面地了解团队的优缺点，更有利于促进创业项目的进行和创业的成功。对大学生的合理评价就像一面镜子，敦促大学生创业者分析自身能力，剖析自身弱点，踊跃改进，锐意进取，不仅能更好地达成创业目标，还有利于促进社会的发展进步。

第二，对于投资者（如风险投资公司或者公益性投资机构）而言，合理地评估大学生创业团队绩效，不仅有助于投资者合理把控大学生创业进度，还有助于投资者为投资决策提供更完善的意见和建议。大学生创业团队在整个创业项目组成中有着不可忽视的地位和作用，准确评价大学生创业团队的绩效，对投资者具有十分重要的意义。一个表现不佳的大学生创业团队不利于创业项目的成功，因此，即使投资项目很有吸引力，没有一个高绩效的团队来推动，投资者也会踌躇不安。

第三，对于大学生创业的指导者和推动者（如高校和政府等机构）而言，确切地评估大学生创业团队绩效，有利于他们更好地制定和实施科学的创业政策，更好地引导大学生创业，推动更多的大学生踊跃参加创业实践，推动实践成果转化。[①]

第四，对于社会而言，准确地评价大学生创业团队绩效，有利于分析项目利弊，有利于对更多的大学生创业团体提供可靠的评价体系和方向性的指导，有利于他们在指导下更好地促进资源的合理配置，为社会创造更大的价值。因此，一个有效的绩效评价制度是团队成员之间齐心协力的基础，是大学生创业团队不断发展与壮大的保障，是社会发展进步的大势所趋。

11.2　大学生创业团队绩效评价指标

11.2.1　指标选取的原则

在设计大学生创业团队绩效的评价体系时，要认真归纳大学生创业团队的特征，深入了解大学生创业情况，将定性分析和定量分析相结合，构建出合理的大学生创业团队绩效评价指标。对于大学生创业者和投资者双方来讲，构建大学生创业团队绩效的评价体系十分重要。因此，大学生创业团队绩效的评价指标设计要遵循的一系列原则如下所示。

1. 科学性原则。所谓科学性是指，在评价大学生创业团队绩效时要客观、合理，避免脱离实际。在归纳分析大学生创业团队特点的基础上，结合国内外大学生的创业理论和创业团队的绩效评价理论，设计出一套科学的大学生创业团队绩效评价体系，指导大学生创业活动。

2. 以人为本的原则。大学生创业团队绩效评价以大学生为主体，因此，

---

① 王年军. 大学生创业团队的理论与实证研究［D］. 武汉：武汉理工大学，2012.

要结合其主体特征，严格遵循以人为本的原则。之所以在构建大学生创业团队的绩效评价指标体系时，要从大学生主体的特点出发，立足实践，鼓励创业，以人为本，是因为这样做能更好地促进大学生创业团队的改善，使大学生创业团队的绩效评价指标体系更具针对性。

3. 定性分析和定量分析相结合的原则。在构建大学生创业团队的绩效分析指标体系时，应在综合调研的基础上，将定性分析和定量分析相结合。在具体使用时，对一些难以量化的因素，可以采用定性分析，如专家打分法，对部分可以量化的影响因素可以使用定量分析和标准化处理。定性分析与定量分析相结合的方法能使大学生创业团队的绩效评价设计更加科学合理。

4. 系统性和综合性原则。在评价大学生创业团队绩效时，应同时具有系统性和综合性，决定大学生创业团队是否成功的因素不止一个，因此，要系统综合地考虑影响大学生创业团体绩效的各种因素。本书在调查研究的基础上，基于平衡计分卡的基本原理，从顾客、财务、内部运作、学习与成长四个方面对大学生创业团队的绩效进行了系统的评价。

5. 实践性和创新性原则。一方面，大学生开展一系列创业活动是将所学的专业知识付诸实践，因此，大学生创业团队的绩效评价要符合实践性原则。在调查研究不同地区、不同学校、不同专业大学生创业特点的基础上，设计出一套切实可行的大学生创业团队评价体系；另一方面，大学生主体具有创新性，所以，在评价以大学生为主体的创业绩效评价时要区分其他主体。为了更好地设计出具有创新性的大学生创业团队绩效评价体系，需要结合大学生创业团队的特征。

综上所述，在评价大学生创业团队的绩效时，不仅要遵循科学性原则和以人为本的原则，还要将定性分析和定量分析原则、系统性和综合性原则、实践性原则和创新性原则相结合。只有将这些原则统一起来，才能构建出更加科学合理的评价体系。

11.2.2　指标的选取

销售收入月增长率：顶线增长（top-line growth）理论简单地说就是销售

收入（或营业额）的增长。仅仅增加销售收入不足以进行绩效评估，它还必须以盈利增长为基础。[①] 刘斌、陈虹（2017）认为通过销售增长，投资者可以清楚地看到净利润中有多少来自公司的销售收入，它可以反映公司的增长能力。

项目市场前景：池正玉、黄雨桐（2015）通过对 42 篇相关文献进行统计分析，得出了现有研究对创业项目选择影响因素研究的结果，而行业发展前景的频数为 28。[②]

用户满意度：兰伯特和理查德（Lambert and Richard A. L, 1998）探讨了一系列非财务措施对企业财务绩效的影响，结果表明，为提高顾客满意度而采取的措施是提高财务绩效的关键。安德森（Anderson, 2004）指出，如何将顾客满意度与利润挂钩是顾客满意度研究中最重要的问题之一。摩根（Morgan, 2006）进一步强调了发展营销战略与企业财务绩效之间连贯的知识体系和模型的重要性。王毅（2012）研究证实顾客满意度对财务绩效有积极促进作用。[③]

相对竞争对手成本：混合绩效评价的意义在于，每个企业的"实际收入"不仅取决于自身的利润，还取决于其利润与竞争企业利润的差异。实际收入对利润差异的敏感性代表了绩效评估的相对权重。[④] 金姆（Kim, 2002）将项目维持期、项目成本和项目质量作为衡量项目团队绩效的指标。[⑤] 戴晓燕、韦文璐（2011）认为成本管理绩效考核是绩效考核的重中之重。[⑥]

新客户获得率：客户的收购率指标用于衡量吸引或获得新客户的公司的数量或比例。获得新客户的能力反映了企业开拓潜在市场和扩大市场份额的

① 王丽丽，陈雪．企业绩效评价研究综述［J］．云南社会主义学院学报，2007（2）：25－27．

② 池正玉，黄雨桐．大学生创业项目选择影响因素研究［J］．吉林省经济管理干部学院报，2015，29（1）：143－146．

③ 王毅，赵平．顾客满意对企业财务绩效的影响研究——基于中国部分上市公司的面板数据［J］．中国管理科学，2012，20（1）：185－192．

④ 寇宗来，周敏．混合绩效评估下的区位——价格竞争研究［J］．经济研究，2011，46（6）：68－79．

⑤ 王娟．新产品研发项目团队绩效测评研究［J］．科技管理研究，2011，31（5）：149－152，157．

⑥ 戴晓燕，韦文璐．项目成本管理中推进绩效考核的探讨［J］．当代经济，2011（3）：48－49．

能力，也反映了企业在公众心目中的声誉。

领导胜任力：约翰逊等（Johnson et al.，2002）发现，当员工表现出良好的行为，但上级将其解释为工具性动机时，他就不太可能得到上级的奖励。此外，兰、黄等（Lam、Huang et al.，2007）发现，如果领导将员工的行为归因于组织绩效，这将有效地提升员工与领导者关系的质量。徐芳（2003）认为中国企业管理者和团队领导者在实施团队绩效测评时应注意：他们必须赢得团队成员的关注与认可，团队成员需要充分了解他们的评估体系，确保团队战略和组织战略的一致性，并确保团队绩效评估的有效性。保证问题得到解决、改进团队工作是团队绩效评估的目标。[①]

内部沟通程度：哈尔曼（Hackman，J. R.，1990）越来越多的组织认识到，高绩效者并不一定是技巧型的拥护者，他不一定是智商高的人，而是那些善于处理自己和别人的关系的人。戈尔曼（Goleman，1998）认为，企业整体的情商水平决定了企业智力资本的使用程度及其业绩的总体表现水平。Dionne在1998年所进行的一项研究表明：团队的沟通能力可以有效地预测团队绩效。廖冰、纪晓丽等（2004）认为团队成员的个体情商水平会直接影响他们的个人工作表现，从而影响整个团队的表现；同时，它会影响周围同事的情绪，并影响周围同事的表现，这甚至会影响整个团队的表现。[②]

团队成员满意度：Nalder（1990）认为团队绩效主要包括三个方面：团队实现了组织的既定目标；团队成员的满意感；团队成员继续协作的能力。陆芸婷、卢鑫、郭森（2015）认为正确处理成员对于工作的抱怨可以提高工作绩效。

团队成员异质性：米利肯和马丁斯（Milliken and Martins，1996）通过总结有关异质性方面的研究后发现，无论是董事会、高管团队，还是工作团队，其成员在教育、专业背景及职业经验等方面的异质性都与团队认知方面的优势相关。张钢、熊立（2009）支持了这一观点，即专长异质性正是通过促进

---

① 徐芳. 团队绩效的有效测评 [J]. 企业改革与管理，2003（11）：44-45.
② 顾建平，李占祥. 团队情商管理对团队绩效的影响研究 [J]. 南京社会科学，2009（11）：36-41.

交互记忆系统这种团队认知机制对团队绩效产生作用。[①]

成员建言：梁等（Liang et al.，2012）认为员工为了提高他们工作单位的整体运行效率会表达新的想法或建议，包括提供改进现状的方法和防止有问题的工作实践。[②] Liang 和 Farh（2008、2012）认为建言的目的有两种，一是促进性建言，员工提出新的建议和想法，是为了改善组织运行效率和提高组织生产率。二是对组织问题的约束性建议、员工意见和建议（如不适当的程序、规则和政策）。[③] 魏昕和张志学（2014）指出建言是员工试图说服上级接受其提出的意见或者建议的过程。[④] 于静静和赵曙明（2013）认为上级领导采纳建言的数量或采纳的程度就是我们所讨论的领导采纳建言行为的含义，即员工建言是否真正有助于解决组织的实际问题。

团队氛围：安德森和韦斯特（Anderson and West，1994）将团队精神定义为对团队成员工作环境的共同认知，并指出他们需要在团队（群体）层面的共享感知和氛围有三个条件：个体间的相互作用、共同的目标、互相依赖的任务。斯密、柯林斯和克拉克（Smith、Collins and Clark，2005）根据经验指出，高科技公司的冒险和合作氛围对知识整合产生了显著的积极影响，进而影响了新产品的引入速度。刘冰、谢凤涛、孟庆春（2011）认为应创造一种自由的环境，尽可能早地培养团队的信任、认同和开放氛围，从而减少冲突的负面影响，对团队绩效和形成产生积极影响，并形成"和谐—高绩效—和谐"的良性循环，促进团队绩效的持续改善。[⑤]

提炼影响大学生创业团队绩效的因素，如图 11-1 所示。

---

① 张钢，熊立. 成员异质性与团队绩效：以交互记忆系统为中介变量 [J]. 科研管理，2009，30（1）：71-80.

② Liang J，Farh C I C，Farh J L. Psychological antecedents of promotive and prohibitive voice：a two-wave examination. Academy of Management Journal，2012，55（1）：71-92.

③ Liang J. Farh J L. Promotive and prohibitive voice behavior in organizations：A two-wave longitudinal examination [J]. Third Conference of the International Association for Chinese Management Research. Guangzhou. China，2008.

④ 魏昕，张志学. 上级何时采纳促进性或抑制性建言——上级地位和下属专业度的影响. 管理世界，2014（1）：132-143.

⑤ 刘冰，谢凤涛，孟庆春. 团队氛围对团队绩效影响机制的实证分析 [J]. 中国软科学，2011（11）：133-140.

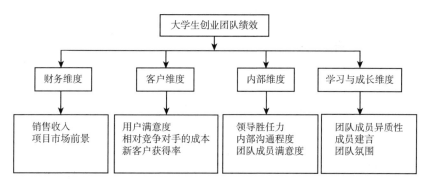

图 11 −1 大学生创业团队绩效评价指标体系

11.3 大学生创业团队绩效评价模型构建

11.3.1 大学生创业团队绩效评价权重 AHP 运算方法

11.3.1.1 建构结构模型

需要把相关因素按照其特点进行归纳整理。一般来讲，上层因素受较低层级因素的影响，同时，也受到更低层级因素的影响，在此基础上绘出层次结构图。如表 11 −1 所示。

表 11 −1　　　　　　　　　因素重要性标度表

定义（a_{ij}）	标度
I 因素比 j 因素极端重要	9
i 因素比 j 因素强烈重要	7
i 因素比 j 因素明显重要	5
i 因素比 j 因素稍微重要	3
i、j 两因素同样重要	1
i 因素比 j 因素稍微不重要	1/3
i 因素比 j 因素明显不重要	1/5
i 因素比 j 因素强烈不重要	1/7
i 因素比 j 因素极端不重要	1/9
上述两相邻判断的中间值，如属于同样重要和稍微重要之间	2、4、6、8、1/2、1/4、1/6、1/8

11.3.1.2　构造判断矩阵

因为每个因素对项目的重要程度都不同，并且都可以通过问卷调查分析出来，因此，在进行权重赋值时需要考虑其重要程度。一般采用的是成对比较法结合判断并对因素进行重要性分析，以此得到判断矩阵。

判断矩阵的一般形式如表 11 - 2 所示。

表 11 - 2　　　　　　　　　　　　判断矩阵

	P_1	P_2	P_3	...	P_n
P_1	b_{11}	b_{12}	b_{13}	...	b_{1n}
P_2	b_{21}	b_{22}	b_{23}	...	b_{2n}
P_3	b_{31}	b_{32}	b_{33}	...	b_{3n}
...	...	...	...	...	...
P_n	b_{n1}	b_{n2}	b_{n3}	...	b_{nn}

11.3.1.3　计算判断矩阵的特征向量

利用判断矩阵计算权重。

设判断矩阵 $B = \begin{pmatrix} b_{11} & b_{12} & \cdots & b_{1n} \\ b_{21} & b_{22} & \cdots & b_{2n} \\ \cdots & \cdots & \cdots & \cdots \\ b_{n1} & b_{n2} & \cdots & b_{nn} \end{pmatrix}$

权重 $W = \begin{pmatrix} W_1 \\ W_2 \\ \cdots \\ W_n \end{pmatrix}$

则权重 $W_i = \dfrac{1}{n} \sum_{j=1}^{n} b_{ij} \left(\dfrac{b_{ij}}{\sum\limits_{j=1}^{n} b_{ij}} \right)$

判断阵最大特征根 $\lambda_{\max}$ 的计算：$\lambda_{\max} = \sum_{j=1}^{n} b_{ij} \dfrac{(BW)_i}{nW_i}$。式中 $(BW)_i$ 表示向量 BW 的第 i 个元素。

11.3.1.4　一致性检验

由于主观评价在进行两两比较时会出现缺点和误差，所以对结果进行一致性检验是必要的。在做一致性检验时需要计算 CI 值，具体计算方法如下式所示：

$$CI = \frac{\lambda_{\max} - n}{n - 1} \tag{11 - 1}$$

其中，n 表示判断矩阵的阶数，$\lambda_{\max}$ 表示最大特征根。

一致性指标 CI 与平均一致性指标 RI 之间存在一定的差距，对于 $n = 1 \sim 11$ 阶判断矩阵的值 RI，其值如表 11-3 所示。

表 11-3					RI 值					
阶数	1	2	3	4	5	6	7	8	9	10	11
RI	0	0	0.58	0.9	1.12	1.24	1.32	1.41	1.45	1.49	1.52

注：$CR = CI/RI$

CR 是判断矩阵随机一致性的比例，当 $CR = 0$ 时，判断矩阵具有完全随机一致性；当 $CR < 0.1$ 时，判断矩阵具有满意的一致化指标的权重即为特征向量的分量；否则，需要重新调整判断矩阵，直到判断矩阵达到满意一致性为止。

对各个指标进行总排序并进行一致性检验，之前进行的是每个层次的单排序，而总排序是建立在单排序的基础上，在进行一致性检验之后最终得到的影响因素的权重。

11.3.2　宁波大学生创业团队绩效评价实证分析

11.3.2.1　构造判断矩阵

本书邀请专家对影响大学生创业团队绩效的指标进行评分，在打分时对因素进行两两比较，采用相对尺度来计算绝对权重，求出权重的平均值，并对结果进行归一化。本节以其中一份数据为例进行权重计算。

表 11 - 4 判断矩阵

	P_1	P_2	P_3	P_4	P_5	P_6	P_7	P_8	P_9	P_{10}	P_{11}
P_1	1	1	1	1	2	3	6	5	4	8	7
P_2	1	1	2	1	3	4	7	6	5	9	8
P_3	1	1/2	1	1	1	1	4	3	2	6	5
P_4	1	1	1	1	1	2	5	4	3	7	6
P_5	1/2	1/3	1	1	1	1	3	2	1	5	4
P_6	1/3	1/4	1	1/2	1	1	2	1	1	4	3
P_7	1/6	1/7	1/4	1/5	1/3	1/2	1	1	1	1	1
P_8	1/5	1/6	1/3	1/4	1/2	1	1	1	1	2	1
P_9	1/4	1/5	1/2	1/3	1	1	1	1	1	3	2
P_{10}	1/8	1/9	1/6	1/7	1/5	1/4	1	1/2	1/3	1	1
P_{11}	1/7	1/8	1/5	1/6	1/4	1/3	1	1	1/2	1	1
$\sum_{i=1}^{n} b_{ij}$	5.72	4.83	8.45	6.59	11.28	15.08	32.00	25.50	19.83	47.00	39.00

11.3.2.2 计算判断矩阵的特征向量

判断矩阵 $B =$

$$\begin{pmatrix}
1 & 1 & 1 & 1 & 2 & 3 & 6 & 5 & 4 & 8 & 7 \\
1 & 1 & 2 & 1 & 3 & 4 & 7 & 6 & 5 & 9 & 8 \\
1 & 1/2 & 1 & 1 & 1 & 1 & 4 & 3 & 2 & 6 & 5 \\
1 & 1 & 1 & 1 & 1 & 2 & 5 & 4 & 3 & 7 & 6 \\
1/2 & 1/3 & 1 & 1 & 1 & 1 & 3 & 2 & 1 & 5 & 4 \\
1/3 & 1/4 & 1 & 1/2 & 1 & 1 & 2 & 1 & 1 & 4 & 3 \\
1/6 & 1/7 & 1/4 & 1/5 & 1/3 & 1/2 & 1 & 1 & 1 & 1 & 1 \\
1/5 & 1/6 & 1/3 & 1/4 & 1/2 & 1 & 1 & 1 & 1 & 2 & 1 \\
1/4 & 1/5 & 1/2 & 1/3 & 1 & 1 & 1 & 1 & 1 & 3 & 2 \\
1/8 & 1/9 & 1/6 & 1/7 & 1/5 & 1/4 & 1 & 1/2 & 1/3 & 1 & 1 \\
1/7 & 1/8 & 1/5 & 1/6 & 1/4 & 1/3 & 1 & 1 & 1/2 & 1 & 1
\end{pmatrix}$$

可知 $W_1 = \dfrac{1}{n} \sum_{j=1}^{n} b_{1j} \left(\dfrac{b_{1j}}{\sum_{i=1}^{n} b_{ij}} \right) = 0.178$

同理得 $W_2 = 0.219$，$W_3 = 0.118$，$W_4 = 0.149$，$W_5 = 0.092$，$W_6 = 0.070$，$W_7 = 0.032$，$W_8 = 0.041$，$W_9 = 0.053$，$W_{10} = 0.021$，$W_{11} = 0.026$。故：

$$
权重\ W = \begin{pmatrix} 0.178 \\ 0.219 \\ 0.118 \\ 0.149 \\ 0.092 \\ 0.070 \\ 0.032 \\ 0.041 \\ 0.053 \\ 0.021 \\ 0.026 \end{pmatrix}
$$

11.3.2.3　一致性检验

$$
\lambda_{\max} = \frac{1}{n} \sum_{j=1}^{n} b_{ij} \frac{(BW)_i}{Wi} = 11.2834
$$

$$
CI = \frac{\lambda_{\max} - n}{n - 1} = 0.02834
$$

查表 11 - 3 可知，当 $N = 11$ 时，$RI = 1.52$，可知：

$CR = CI/RI = 0.0186 < 0.1$，判断矩阵具有一致的满意性。

11.3.2.4　总结

计算问卷的权重、权重平均值，并对其进行归一化处理，最终得到权重结果，如表 11 - 5 所示。

表 11 - 5　　　　　　　　　　　各变量权重

影响因素	权重
P_1 销售收入月增长率	0.178
P_2 项目市场前景	0.219
P_3 用户满意度	0.118

影响因素	权重
P_4 相对竞争对手的成本	0.149
P_5 新客户获得率	0.092
P_6 领导胜任力	0.070
P_7 内部沟通程度	0.032
P_8 团队成员满意度	0.041
P_9 团队成员异质性	0.053
P_{10} 成员建言	0.021
P_{11} 团队氛围	0.026

项目市场前景的得分是 0.219，分数最高，其次是销售收入月增长率、相对竞争对手的成本和用户满意度，远远大于其他因素的比重，因此，在团队绩效诸多影响指标中，财务层面和客户层面对团队绩效的影响最为显著。

11.4　大学生创业团队绩效优化措施

11.4.1　财务层面的绩效优化

1. 建立明确的销售指标，并不断向其努力。组建团队之前，必须明确"团队为什么存在？"，探讨团队任务和使命，清楚地阐明团队存在的意义。通常，团队的使命源于组织的要求，因此，团队的使命可以通过简化组织对新团队的要求或通过明确高级团队对新团队的要求来确定。根据团队使命制定团队销售目标，团队的目标必须遵循组织的目标，将组织目标中特定项目进行细化，且必须根据 SMART 原则设定目标。（1）明确性：明确说明要用特定语言实现的目标。如"提高销售指标"是非常不明确的描述，而"将销售指标由目前的 40% 提高到 60%"则是明确性的表述。（2）可衡量性：必须有标准去测量目标。如"将客户忠诚度由目前的 80% 提高到 90%"是很难衡量的，因为忠诚度不像满意度那样容易判断。（3）可接受性：给予团队或成员的目标必须是与团队或成员充分沟通后的结果。（4）可实现性：目标必须是在现有资源条件下可行的。太过于乐观或悲观的目标，对团队来说都不适合。（5）时限性：时间的遵循必须是严格的，时间要求必须十分清晰，同时，要明确阶段性时间要求，通过少量关键点不断提高团队士气。建立团队目标是带动创业团队发展的主要前进动力。团队内部人员虽然来自不同的专业，但是每个人都怀揣着想要通过创业来就业的梦想，这时为整个创业团队制定合理有效的销售指标是推进团队实现经济增长，建立管理权威的关键。

2. 合理客观地评估该行业的市场发展前景。创业团队应合理地对创业项目进行市场前景评估，根据实际的市场调研数据进行合理性以及可靠性分析，综合考虑多个因素，客观地进行分析。

11.4.2 客户层面的绩效优化

11.4.2.1 保证产品品质，提高服务意识

简单点来讲，服务是关照和伸出援手，是从微小之处创造收益，从微小之处提升质量。随着社会的快速发展和市场竞争的日趋火热，创业团队要想拥有一定的良性发展空间，除了要严格把握好产品质量之外，还需拥有一套完备的产品服务体系，故培养员工的服务意识必不可少。概括来讲，服务质量主要包括两个层面：一是软件方面，即工作态度，处理事情时镇定的思维和极高的忍耐度。二是硬件层面，即工作流程和工作方式。首先，从软件方面来讲，态度是首要，它决定了一切。员工在工作时应尽量避免受私人感情影响。在遵循工作原则和站在顾客角度的前提下，时刻抱有服务意识，提高员工自身素质，为顾客提供更优质的服务。其次，从硬件来说，团队成员应牢牢记住工作流程，并应引导客户的行为。最后，团队成员应增强自信心，有充分的信心去完成每一项工作并熟练掌握工作技能。只有这样才能减少服务时间，提升顾客满意度。在讨论如何增强服务意识时，最先应该提出的问题是服务应该怎么做？如何才能更好为顾客服务？员工需要做到的是：充分

了解客户和产品信息；增强主动服务意识，而不是在顾客的催促下工作；深刻了解每一位顾客多样的需求，避免提供给顾客不满足其要求的产品或服务；在为自己争取到充分时间的前提下，必须完美高效地完成答应顾客的承诺；保证提供给顾客资料的准确性。高质量的服务具体表现为以下三点：其一，在做好常规服务的基础上再做增值服务。顾客对服务的期待在发生变化，服务人员对本职工作—客户服务的概念定义也在发生变化。我们需要冲破旧框架的约束，为顾客源源不断地提供在团队成员能力和成本范围内可以为自己加分的服务，而一个好的加分服务可以带给顾客巨大的惊喜，同时，会在顾客心目中留下深刻的好印象。其二，积极主动服务顾客。根据经验来看，顾客比以往更重视服务人员的主动服务意识。顾客希望员工对产品有充分的了解和关心。他们不再满足于没有错误和缺点的服务，而是更期待有创新和惊喜的服务。其三，在与客户交流时，团队成员需要正视自己的位置，他们不是被动的服务提供者，而是主动的意见贡献者。持续的进步，不断地提供更好的服务，让客户看见团队的成长。

总而言之，全体人员都要参与到质量管理当中来，努力做到层层把关，人人负责，把质量问题扼杀在产生时。质量管理，贵在持之以恒。所以，每位成员要树立质量意识，真正做到"人人参与产品质量保障"，进而制造精品，奉献精品。服务意识要以用户满意为标准，仅仅在制度范围内做好本职工作，只是基本合格；而能够真正站在顾客立场为其着想，才是优质服务。因此，强调对成员服务意识的培养是非常必要的。先有了这样的意识，才能具备相应的能力，再加上必要的条件，才能使优质的服务得以实现。

11.4.2.2　不断提升企业（技术），降低产品成本

降低成本是企业提升收益的主要渠道之一。企业自身发展情况和对社会发展的贡献大小受成本高低的影响。在生产进程中，不仅要花费劳动对象和劳动资料，还要消耗劳动者的劳动，如果能节省下这些费用，就可以生产出更多更好的产品。

降低成本是企业获取利润的源泉。成本是补偿价值的标准，降低成本是补偿价值的减少，是为社会劳动创造剩余价值。企业要持续创新自身的技术，

降低自身经营成本，降低成本越多，增加的收益就越多，以增加国家和企业财富，提高人民的物质精神生活层次。

11.4.3　内部层面的绩效优化

11.4.3.1　增强团队领导者的素质

团队能否可以提升团队的绩效、达成团队的既定目标，与领导者的专业能力、领导方式、个性特点、手段行为有着密切的关联。一方面，团队领导人可以全面发挥自身拥有的团队影响力，在团队内部有效地传递自己的行为风格和工作习惯等，推动团队渐渐产生一个完备又高效的工作环境，帮助团队及其成员形成健康的工作心态；另一方面，团队领导者需要有创造活跃、和谐氛围的能力。团队领导要控制自己的情绪，避免过激行为的出现，以免对团队人员形成过多的影响，必须强化自我管理，应当充分结合物质和精神鼓励，让成员感受到被重视。彼此信任、尊重的团队氛围能够激发团队成员的潜力，促使其全心投入到工作中，更好地达成公司目标。高素质的领导人和高素质的团队成员对一个高绩效的团队来讲都必不可少。因此，团队成员需要不断提高自己的工作能力和处理人际关系的能力。①

11.4.3.2　畅通而有效的组织沟通，反馈机制的建立

沟通在绩效管理中有举足轻重的作用，从一开始的目标选定、目标达成到最后的绩效考核和结果反馈，都少不了沟通的存在，它贯穿了绩效管理的全过程。良好的沟通能够产生的效果如下：保障团队绩效目标与企业整体战略目标相符合，使每个团队成员都能明确自己的目标；将"事后考核"转化为"过程管理"，尽早把问题的隐患解决，控制风险，确保团队绩效目标达成；及时给予团队成员反馈，调动他们的积极性和工作动力；团队成员可以互相分享在完成目标过程中所需的各种知识和信息；能够加强组织与团队、

---

① 石亚楠. 探究现代企业团队绩效的管理与提高 [J]. 全国商情, 2016 (18): 111.

团队与成员、团队成员之间的信任感等。

团队的沟通方式有两种：正式与非正式。正式沟通是指定期举行的团队会议和定期发布的报表、数据等；非正式沟通是团队成员之间的随机交流，包括谈话、座谈会、建议等。正式沟通具有信息准确性、可靠性和系统性、定期性、可保存、可评估的优点，但也有一定的缺点，即决策层不能得到全面的信息，尤其是部分情绪化的信息，且信息的准确性以牺牲速度为代价，沟通缓慢和反馈缓慢导致了交流的不便。非正式沟通与正式沟通相比，建立在人际关系的基础上，传递更有主动性而且速度快、效率高，缺点是可靠性和系统性程度不高，受主观因素影响较大。因此，高效的团队沟通必须构建一套科学的正式沟通体系，并且也要提供一个合理的非正式沟通作为补充，两者缺一不可。[①]

高效团队的构建必须有高效的沟通。民主的团队管理离不开沟通的存在，而不是一味地下达强制的命令。让员工积极主动为企业目标努力时，需要不断提升他们的主人翁精神并重视成员的自我控制。随着企业的发展，企业组织内容和成员联系也在变得复杂。因此，团队成员需要增加彼此的信任和沟通，努力构建和谐的氛围；尽力避免冲突，达成共识，携手解决问题。以上沟通渠道的畅通有助于团队目标的达成和团队绩效的提高。

大学生团队成员在创业时，对专业技能的学习也必不可少。不断发展的现代信息通信技术的运用可以解决创业团队中的沟通障碍。运用现代信息技术与通信技术的远程虚拟沟通以时间为维度，可以分为同步与非同步的虚拟互动。伯尼·戴柯文在《管理者的整合》一书中提出："人们不可能单凭一种媒体建立有效的沟通与联系。"由此得出，大学生创业团队可以综合运用多种现代通信技术，以提高团队的沟通效率。首先，分析沟通的目的和工作任务的本质。当大学生创业团队成员将交流信息作为沟通目的时，如分享观点和意见、交流支持信息以及互动等，同步与非同步的通信技术都可以达到需求，相比之下，非同步的通信技术通常因为传递的信息量更丰富，形式更多样，所以效率会更高。但是，当大学生创业团队成员将处理具有冲突性、矛盾性

---

① 杨俐慧. 浅谈现代企业团队绩效的管理与提高 [J]. 广西师范学院学报，2003（4）：29–32.

问题作为沟通目的时，如解决在思想层面或利益层面的冲突、协商解决重要矛盾以及消除误解等。由于同步虚拟互动具有较高的即时互动能力，故交流双方可以快速互动、反馈。此时，选择使用同步虚拟互动的通信技术为优，或者采用同步虚拟互动为主、辅以非同步虚拟互动的沟通模式。其次，考虑通信技术的使用特征和能力。通信技术的不同会导致即时反馈能力以及传递信息的数量和形式等方面的不同。以电话为例，有较强的即时反馈能力，但受到语音传递这一单一形式的局限；相比之下，传真和电子邮件在传递信息上具有更丰富的形式，如文字、图形、表格等，缺点是互动不够即时。最后，不同的通信技术有不同的配置、使用成本、宽带及兼容性要求。综上所述，大学生创业团队在挑选通信手段时，必须首先全面考虑其特点以更好满足沟通需要。①

1. 完善沟通渠道，选择适合的沟通方式。团队可以完善沟通机制，通过机制建立畅通的沟通渠道。作为团队管理人员，需要努力为团队成员营造适宜的沟通环境，这个环境应该包括：保证信息的完整性，确保团队成员对信息百分之百的掌握，团队管理人员要鼓励团队成员说出心中的想法，保证沟通的互动性。只有做到这些，沟通渠道才能通畅。另外，信息是各种各样的，沟通方式也应该是多元化的。团队成员应该正确掌握如何运用沟通方式把信息传达出去。

团队内部要建立多样的沟通模式。当前信息时代的高速发展，给人们的沟通带来极大的便利，但始终取代不了面对面交流的沟通方式。面对面的沟通，能够使人通过面部表情、神态、说话方式等多个方面对其语言的含义进行分析。当团队内部遇见重大问题时，队内成员必须全部参加，通过面对面的直面交流形式确定问题的处理模式。但在其他时候，则可以采取多样的交流方式来进行沟通。例如在制定本学期或本年度的工作目标时，队内人员可采用邮件、传真、视频、语音等方式发表自己对工作目标的看法和意见，方便管理者进行即时的收集和处理，也避免了一些沟通障碍的

---

① 康舒 . 大学生创业团队绩效管理的问题与对策分析［J］. 学理论，2010（28）：270 – 271.

产生。①

2. 完善沟通机制，适当抵制横向沟通。一个团队掌握沟通方式还不够，因为没有好的沟通机制也会造成信息滞后，团队沟通应该确保纵向沟通与横向沟通是平衡的，且状态是舒适的沟通。首先，根据现在企业大多是纵向沟通处于弱势化，故应该加强纵向沟通管理，这就要求管理者在与下属交流时需要保持真诚和平等的态度，鼓励下属积极打开心扉，分享情绪。其次，也要求员工学会如何正确沟通，明白沟通的重要性，理解管理人员，这样才能让纵向沟通充满活力。最后，要适当制止横向沟通，没有节制的横向沟通对团队来说是致命的，它会将团队分裂。

3. 明确未来。在团队沟通中，团队要时刻把目标挂在嘴边、写在邮件上，让每个团队成员明白自己的目标，让每个员工明白未来将会成就什么事业。只有明确的未来，团队沟通才能凝聚每一个员工。

4. 重视团队成员的情感因素。团队上层要时刻关心团队其他成员的想法，让团队成员有一种家的归属感，对待团队成员的要求，团队上层一定要给予回复。同时，团队应该赏罚分明，做到公正，保证每个人的利益。

团队成员之间要形成一种互相尊重的氛围，彼此信任对方的品格和工作能力，相信团队中每个成员都是达成目标的重要因素。成员之间乐意分享交流知识、经验和信息，互相关爱，增强团队凝聚力。团队中要求同存异，建立一种开放包容的合作氛围。

11.4.3.3　重视人际协调，避免关系冲突

团队冲突通常表现在下列三个方面：与工作内容相关的目标冲突，如何完成工作的过程冲突，团队成员人际之间的关系冲突。研究发现，合理的过程冲突和目标冲突对团队绩效有促进作用，因为这些冲突会激发团队内部的讨论，从而完善团队。相反，关系冲突对团队工作基本没有推动作用。因此，团队的成功离不开内部和谐的人际关系。培养有效人际关系的四种主要方法

---

① 齐占佳，何剑红，林先旺．学生创业团队绩效管理的问题与对策分析［J］．经营管理者，2015（33）：267.

包括：（1）形成有效的360°人际关系。不仅局限于工作交流，还要涵盖生活层面，如工作之外的聚餐活动等。（2）构建令人信赖的团队愿景和使命。使团队成员为在团队中工作而感到荣幸。增强团队中每个人的集体荣誉感，以团队整体利益为先。（3）建立开放、及时和有针对性的双向沟通。该点在前面已有详述。（4）培养团队协作精神。团队合作能力培养的四个关键点是互相尊重，将心比心；和不同的人建立并维持主动的合作关系；在保证完成本职工作的基础上，能热心帮助他人；鼓励、支持他人，让每个人都能感觉到自己在团队中的价值。

冲突的存在是合理的，但是要把冲突控制在一定的程度之内，否则不仅不能成为团队发展的有利因素，反而会阻碍团队的发展进步。从另一个角度看，如果一个团队死气沉沉、冲突没有或者极少，那么这个团队的氛围是消极的。

团队，尤其对创业团队来讲，如果在团队成立初期出现冲突过少的现象，那么团队管理者应该使用正面激励策略有效激发良性的冲突。适度的冲突加上合理的管理，将使团队具有生命力，能够不断自我反思，自我调整，持续创新。如果团队冲突过多，那么团队管理者需要引导冲突，避免冲突发生。其中，冲突的正向激励策略不能过于偏激，重要的是保持在合理限度内。

11.4.4 学习与成长层面的绩效优

11.4.4.1 选择合适的成员，实现技能互补

在组建团队时，要选择合适的团队成员，充分了解成员的能力与不足，使成员之间可以优势互补，实现群体能力最大化。团队成员的选择一般应遵循如下原则：要选适合团队的成员，而不是选最优秀、最突出的人；要选择注重团队精神的人，不要选择喜欢单干的人；要把握成员的特长，诚信的人适合做流程，口才好的人适合做销售；尽量挑选价值趋同、性格和能力互补的团队成员。

目标是通过人员具体实现的，所以人员的选择是团队中极其重要的部分。

联想的创始人柳传志提出"搭班子、定战略、带队伍"的策略，搭班子处在第一位，说明团队成员挑选的重要程度。人员搭配合理对创业团队来讲十分重要。建立创业团队时应重视每个成员的素质和能力以及成员之间的相互配合。一个优秀的创业团队，既需要善于交际、获取新思想的资源调查者，又需要埋头苦干、脚踏实地将企业决策付诸实践的执行者；既需要出谋划策的创新者，又需要坚定目标、精益求精将工作落实和维护的完成者；既需要冷静谨慎、分析复杂问题的监控评估者，又需要鼓舞士气、促进合作的协作者。在实践中，因为创业团队的特殊性，在规模上和其所在的行业特征存在差异，故理论上的九种角色在初创的企业里通常不会由 9 个人担任，但九种团队角色的功能不能缺少和失衡。可以依照创业团队的五种角色将九种角色进行组合，搭配结合成符合行业特点和有益于公司发展进步的创业团队。在团队协作分工上，每一个团队成员所担任的职位应与其偏爱的角色相适应。在增加团队成员时，要在充分考虑现有团队成员角色搭配情况的基础上，计划需要的团队角色，再通过检验人选的角色胜任力，选择适合的团队成员。[①]

11.4.4.2　营造良好的团队氛围

安德森和韦斯特（1994）将团队氛围定义为团队成员对团队工作环境的共享感知，并指出要想在团队（群体）水平上具有共享的感知和氛围，必须存在三个要素（但不是全部条件）：个体间的相互作用；共同的目标；足够多的、需要相互依赖的任务。斯密、柯林斯和克拉克（2005）通过实证指出，高科技公司冒险与合作的氛围对知识整合有显著正向影响，进而影响引入新产品的速率。刘冰、谢凤涛、孟庆春（2011）认为创造一种自由的、能够畅所欲言的环境，有利于尽早地培养出信任、认同和开放的团队氛围，从而减少冲突的负面影响，对团队绩效施加积极的效用，并形成"和谐—高绩效—和谐"的良性循环，促进团队绩效的持续改进。

将权力授予成员及自主化的工作环境能令员工感到愉悦。给员工充分的自由，让他们去完成自己的本职工作。提供专业的职业发展和培训项目，来

---

① 李勇. 提高团队绩效的七项策略［J］. 人才资源开发，2008（9）：90－91.

培养和提高成员的素质与能力。给在团队中表现出色的成员一定的奖励，提升工作满意度，促进职业发展。营造家文化，加强成员归属感，营造出一种和谐共进的团队氛围。

11.4.4.3　积极采纳成员建言

随着商业环境的日益复杂，企业所面对的竞争也日益激烈。创业型企业如果想准确迅速地应对市场风险和机遇，团队领导人对市场变化的精确把握和全面性眼光以及团队成员的群策群力都是必不可少的。传递企业内部经营状况最真实的反馈，以此弥补团队领导人在认识上的缺陷，使团队领导人可以快速、准确地对外界环境的变化做出回应。由此可见，成员建言对于现代商业环境下企业的生存与长远发展有着非常重要的作用。成员建言是指团队成员踊跃提出与团队工作内容相关的建设性意见和建议。

建言采纳是指领导者接受员工为完善团队现状而提出的建议。员工通过建言这个渠道表达出自己的想法，其目的是希望自己的建言能得到领导的接受和采纳，以此改善当下的工作状态，一定程度上增强工作的控制感和自由度，在此基础上将其转变成实际存在的工作绩效。若建言没有被领导者采纳考虑，建言的作用就不能很好地发挥，同时，也削减了建言人的工作主动性和积极性。通常来说，领导者对员工建言的采纳总是选择性的，这样做有利于提高企业市场竞争力和快速反应力。员工针对企业存在的问题提出建议，这些建言很大程度上会威胁到建言对象的自身利益，导致建言对象对企业存在的问题避而不见，如对员工的建言实行不采纳、不实施、不奖励的"三不"政策，更有甚者，对提出建言的员工或建言的行为采取打击报复的行为，进一步破坏员工的建言效能感，打击员工的建言积极性。换句话讲，领导对员工建言的采纳与否以及对员工行为的评价将直接影响到员工的自我认知。根据马斯洛的需求层次理论可以得出的结论是，每个人都有得到尊重和认可的需求。建言行为是一种带有沟通性质的、创新导向的个体努力，它有利于员工慢慢赢得管理层和公司同事的尊重和认可，增强员工的工作积极性。若上级没有接受下级的建言，下级自然就无法感知到上级的认可，尊重和认可需要如果得不到满足，员工自身就会产生对工作能力和建言作用的怀疑，甚至产生一种消极的坏情绪，浪费心理资源，导致员工工作积极性不高，也就无法形成工作自我效能感。

员工的建言行为对组织的进步具有推动作用，组织要大力鼓励员工敢于建言、领导悦于纳言，更好地发挥出全体员工的智慧和才能，使企业决策科学合理。建言采纳水平的提升使得员工在工作上的自我效能感随着建言增多而增强，从而进一步提高团队的实际工作绩效。这告诉我们：第一，领导对员工的建言应及时有效作出反馈，让员工在第一时间知道自己的建言是否被采纳。建言分合理与不合理，对员工的合理建言，领导要采纳接受并作出适当表扬，让员工体会到成就感，从而提高其工作的积极性，完善工作绩效。对员工提出的操作性程度较低的建言，领导也应作出回应和评价，不能忽视，避免员工的工作积极性受挫。第二，除了鼓励员工踊跃提出建言之外，组织也应设计一套对应的建言采纳机制作为配套。要求领导者充分尊重并且认真对待来自员工的不同声音。第三，在日常的管理实践中，领导者可以开展一系列职业发展和工作能力的培训以及文化建设和制度建设来提高员工各方面的素质与能力，增强员工在团队中的归属感，培养员工的自信心以及工作自我效能感。

11.4.5　坚持实施团队考核评估，坚持赏罚分明

团队的考核评价作为评估团队工作效率和效果的关键环节，逐渐开始受到国内外研究学者的关注。目前，对于团队的绩效评价还未形成体系，对于项目成果的评价往往也是参照个体的考核评价方式。很显然，这种以个人评价体系代替团队评价体系的方式是不合理的，对团体整体的考核缺乏有效的考虑和办法，这对于当前团队整体工作管理也是不利的。

一个高绩效的团队必定不是止步不前的，需要持续完善自身的绩效考核和奖励机制。在过去，企业的绩效考核仅仅针对单独个体而言，但是随着社会的发展，高绩效团队则逐渐倾向于团队整体绩效的考评，不断增强团队的凝聚力。除此之外，将团队成员绩效评估与企业文化有机结合也必不可少，使企业文化贯穿团队工作始终，增强了团队员工的归属感。企业文化同迅速

有效的绩效反馈结合，不仅能充分发挥出绩效考核的积极影响，还能不断补充改善企业的考核体系。管理者对绩效考核的及时有效反馈能使团队成员更合理客观地了解自己的工作状态与未来的团队目标和业绩期望；能使团队管理者和成员共同分析工作中浮现出的各种问题和状况，找寻正确合理的解决措施，并再次明确努力的方向。如果管理者的信息反馈主动、合理，那么团队成员就会产生强烈的认同感和成就感，有利于团队整体工作积极性和团队绩效的提高。

清晰的标准引导团队前进，严明的赏罚保证目标达成。对任何一个团队来讲，在明确使命、愿景的前提下，必须对团队业绩的考核制定严格的赏罚制度。考核要同时兼顾团队和个人，设计单独个体的考核指标，让团队内部成员间形成良性竞争，并设计整体团队的考核指标，让成员间加强合作。一般情况下，竞争与协作的成分是三七开，过多的内部竞争将带来反面效果。团队绩效考核可采取"过程控制点，结果控制面"的方法进行。所谓"过程控制点"，是指在平常工作中以直接奖励或扣罚金额的形式，奖励团队或成员在过程中的卓越表现或惩罚其工作中的偏差。过程控制具有高度的不确定性，同时也能收到强有力的警示效果。"结果控制面"，则是指从五个方面，即目标的达成率、时效性、质量、难易程度和对组织的影响程度，来进行系统考核。团队的考核结果直接影响团队总体的奖金，然后结合团队业绩和个人业绩的考核结果，将奖金分配到个人。团队绩效考核应注意的事项包括以下四个方面：（1）赏罚制度必须事前约定，奖惩标准必须前后一致；（2）绩效标准必须得到80%及以上的成员认同；（3）绝对标准不可盲目相信，任何考核结果都是相对的，主要是要让成员体会到公平、公正；（4）对团队和成员的考核结果必须直接或间接地反馈到每个成员，让大家明白做什么会获得奖励、做什么会受到处罚，以此明确团队的价值导向，并制定持续改善的计划。

附录一　宁波大学生创业团队调查分析问卷

尊敬的大学生创业者：

您好！

我们正在进行一项关于宁波大学生创业团队调查，旨在了解宁波大学生创业团队的基本情况，以分析大学生创业发展的趋势和前景。您的回答不涉及对错，只要能真正反映您的想法，就达到我们这次调查的目的。希望您能够积极参与，我们将对您的回答完全保密。调查会耽误您 10 分钟左右的时间，请您谅解。谢谢您的配合和支持。

一、基本情况 ［单选题］［必答题］

1. 您的性别？（　　）

A. 男　　　　　　　B. 女

2. 您所在年级是（　　）。

A. 大一　　　　　　B. 大二　　　　　　C. 大三　　　　　　D. 大四

E. 研究生　　　　　F. 往届毕业生

3. 您所在的学校是（　　）。

4. 您所学的专业是（　　）。

A. 经管类　　　　　B. 艺术类　　　　　C. 理科　　　　　　D. 工科

E. 人文类

5. 您的家庭收入（　　）。

A. 低于 5 万元　　　　　　　　　　　B. 5 万 ~ 10 万元

C. 10 万 ~ 15 万元　　　　　　　　　D. 15 万元以上

6. 您家庭的居住城市是（　　）。

7. 您从（　　　）开始创业。

A. 大一　　　　　　B. 大二　　　　　　C. 大三　　　　　　D. 大四

E. 研究生　　　　　F. 毕业后

8. 您所在创业团队有多少人？（　　　）

A. 1～3 人　　　　　　　　　　B. 4～6 人

C. 7～10 人　　　　　　　　　D. 10 人以上

9. 您所在创业团队目前所从事的行业为（　　　）。

A. 高科技行业　　　B. 制造行业　　　C. 流通行业

D. 服务行业　　　　E. 教育行业　　　F. 金融行业

10. 你在团队中的角色是（　　　）。

A. 领导人　　　　　B. 成员　　　　　C. 其他

二、创业环境分析

创业环境	很不同意	不同意	一般	同意	非常同意
【学校教育】你所在的学校鼓励学生创业					
【学校教育】你就读的学校设置了足够多的创业课程					
【学校教育】通过学校的教育，你觉得你有能力去创业					
【学校教育】学校经常举办创业实践和创业计划大赛活动					
【学校教育】政府和学校为大学生创业提供了创业基金					
【家庭背景】你的家人或者朋友通过创业获得了成功，并对你有较大的影响					
【家庭背景】你的家人、朋友支持你创业					
【家庭背景】你的家人在你的创业之路上有物质支持					
【社会环境】你认为社会上创业的机会很多					
【社会环境】你很满意政府对大学生创业的激励政策					
【社会环境】政府关于规范创业行为的相关制度比较完善					
【社会环境】你所在创业团队在创业过程中能够得到政府部门对于创业的各种政策指导					
【社会环境】你所在的创业团队经常可以得到有关创业方面的各种培训或教育					

三、创业动机

1. 你的创业意向有哪些？

创业意向	很不同意	不同意	一般	同意	非常同意
我的事业目标就是成为一个创业家					
我将会付出一切努力去建立并经营我自己的公司					
我一定要在将来创立自己的公司					
对我来说,创业的好处大于坏处					
创业非常吸引我					
如果我有机会和资源,我很愿意创建公司					
成为一个创业家会给我很大的满足感					
我已经决定在将来创建自己的公司					

2. 你的创业动机有哪些?

创业动机	很不同意	不同意	一般	同意	非常同意
我想获得更好的社会地位					
我想考验自己					
我想激励和指挥他人					
我想继承家庭传统					
我想实现一种思想和创新					
我想追随别人的成功案例					
行动更自由					
成为自己的主人					
在自己的公司里更受尊敬					
走在技术的前沿					
从创业中挖掘自己的兴趣					

四、团队结构

1. 你认为一个大学生团队最合适的人数为 (　　) 人。

A. 1~3　　　　　　　B. 4~6　　　　　　　C. 7~10　　　　　　D. 10

2. 你认为自己在团队中扮演的角色是 (　　)。

A. 完美,各方面都表现很好,是很好的领导者

B. 沟通小能手,协调团队氛围

C. 讨论时表现一般,线上交流不回复,不太配合团队成员完成任务

D. 有很多古灵精怪的小点子，是创新者

E. 监督整个团队合作的工作进程，不会在讨论中跑题，只是安静地完成别人分配的任务

3. 你所在创业团队各成员之间组成方式是（　　　）。

A. 知识互补　　　　B. 性格互补　　　　C. 社会关系互补

D. 资金互补　　　　E. 能力互补

4. 在创业团队中，扮演各角色的人配置是比较合适的（　　　）。

A. 非常同意　　　　B. 同意　　　　C. 一般

D. 比较不同意　　　E. 非常不同意

5. 你认为下列条件哪些对于组建合理的团队是必不可少的（　　　）（多选）。

A. 跨年龄（相差 5 岁以上）　　　　B. 跨性别　　　　C. 跨专业

D. 跨地域　　　　E. 跨高校　　　　F. 跨学历

五、团队领导

团队领导	很不同意	不同意	一般	同意	非常同意
你所在团队领导的自信心					
你所在团队领导的组织能力					
你所在团队领导的沟通协调能力					
你所在团队领导的统筹能力					
你所在团队领导的规划能力					
你所在团队领导的领导力					
你所在团队领导的管理能力					
你所在团队领导的学习创新能力					
你所在团队领导的亲和力					
你所在团队领导的人脉					

六、团队沟通

团队沟通	很不同意	不同意	一般	同意	非常同意
您认为团队目前合作的状况非常好					
创业团队成员间总体亲密程度非常高					

续表

团队沟通	很不同意	不同意	一般	同意	非常同意
创业团队成员间互动频率非常高					
创业团队成员对彼此非常了解					
您认为你们团队的沟通过程清晰、高效					
您在进行沟通之前会先准备好资料					
每一次沟通结束之后，会对沟通的内容进行总结或者反思					
我们理解并接受团队创业的业绩目标，即使这些目标没有写进正式协议中					
团队成员都明白，相处中出现的问题要通过沟通和合作来解决，而不是通过正式协议来解决					

您所在团队的沟通渠道有（　　　）。（多选，按照使用频率从多到少排序）

A. 微信、QQ　　　　B. 会议　　　　　C. 面谈

D. 邮件　　　　　　E. 电话　　　　　F. 其他

七、团队冲突

团队冲突	很不同意	不同意	一般	同意	非常同意
群体成员对所进行的工作常常持不同观点					
群体成员时常因工作发生冲突					
群体成员之间的意见分歧很大					
团队成员都强迫对方同意自己的看法					
团队内部常常会对"谁应当做什么"存在争议					
团队成员不想表达不同的意见和观点					
团队成员常会对工作任务的分配存在异议					
团队内部有关任务职责方面的矛盾经常发生					
对各个成员贡献度的看法存在不一致					

1. 您的团队发生冲突后，普遍的解决方法是（　　　）。（多选）

A. 冷处理，回避该冲突　　　　　　　B. 寻求第三方帮助

C. 公开谈论冲突，相互妥协　　　　　D. 坚持自己的意见

E. 让矛盾的双方（或多方）私底下解决　　F. 其他

2. 结合实际情况，您认为上述方法能否很好地解决冲突？（　　　）

A. 能   B. 不能

3. 冲突给团队带来最主要的正面影响是（　　　）。

A. 改善决策质量   B. 激发创造力和创新能力

C. 有助于公开问题和消除紧张   D. 有利于团队的自我反思和进步

E. 其他

4. 冲突给团队带来的最主要的负面影响是（　　　）。

A. 削弱成员间信息分享，诱发他们保留有价值的资源和资料

B. 成员之间关系紧张，团队凝聚力降低

C. 个人利益目标被放大，阻碍团队任务目标的实现

D. 团队成员会因此分心

E. 其他

十分感谢您的配合，谢谢！

附录二　宁波大学生创业团队绩效评价指标体系权重专家调查表

各位专家您好：

这是一份针对宁波大学生绩效评价指标体系权重的调查表，P_1、P_2 代表财务层面的指标，P_3、P_4、P_5 代表客户层面的指标，P_6、P_7、P_8 代表内部流程层面的指标，P_9、P_{10}、P_{11} 代表学习与成长层面的指标，请您拨冗填写这份表格。

指标 含义	P_1 销售收入月增长率：（当月销售收入 – 上月销售收入）／上月销售收入 P_2 项目市场前景：对该行业发展前景的评估 P_3 用户满意度：用户对产品或服务的评价 P_4 相对竞争对手的成本：相同产品成本与竞争对手的差价 P_5 新客户获得率：（当月新客户的开发数量 – 上月新客户的开发数量）／上月新客户的开发数量 P_6 领导胜任力：团队成员对领导者的满意度和服从性 P_7 内部沟通程度：团队内信息传递的通畅性 P_8 团队成员满意度：团队成员对于从事的领域与团队的环境、氛围的满意度 P_9 团队成员异质性：团队成员所学是否互补 P_{10} 成员建言：对成员提出的可行性建议的采纳使用率 P_{11} 团队氛围：团队成员对从事的事业有学习的积极性

	定义（$aR_{ij}R$）	标度
评分 标准	i 因素比 j 因素极端重要	9
	i 因素比 j 因素强烈重要	7
	i 因素比 j 因素明显重要	5
	i 因素比 j 因素稍微重要	3

宁波大学生创业团队绩效评价指标体系权重专家调查表

续表

评分标准	i、j 两因素同样重要	1
	i 因素比 j 因素稍微不重要	1/3
	i 因素比 j 因素明显不重要	1/5
	i 因素比 j 因素强烈不重要	1/7
	i 因素比 j 因素极端不重要	1/9
	上述相邻判断的中间值	2、4、6、8、1/2、1/4、1/6、1/8

指标体系重要性判断评分表

	P_1	P_2	P_3	P_4	P_5	P_6	P_7	P_8	P_9	P_{10}	P_{11}
P_1											
P_2											
P_3											
P_4											
P_5											
P_6											
P_7											
P_8											
P_9											
P_{10}											
P_{11}											

非常感谢您的配合，谢谢！

附录三 国务院关于进一步做好新形势下就业创业工作的意见

各省、自治区、直辖市人民政府，国务院各部委、各直属机构：

就业事关经济发展和民生改善大局。党中央、国务院高度重视，坚持把稳定和扩大就业作为宏观调控的重要目标，大力实施就业优先战略，积极深化行政审批制度和商事制度改革，推动大众创业、万众创新，创业带动就业倍增效应进一步释放，就业局势总体稳定。但也要看到，随着我国经济发展进入新常态，就业总量压力依然存在，结构性矛盾更加凸显。大众创业、万众创新是富民之道、强国之举，有利于产业、企业、分配等多方面结构优化。面对就业压力加大形势，必须着力培育大众创业、万众创新的新引擎，实施更加积极的就业政策，把创业和就业结合起来，以创业创新带动就业，催生经济社会发展新动力，为促进民生改善、经济结构调整和社会和谐稳定提供新动能。现就进一步做好就业创业工作提出以下意见。

一、深入实施就业优先战略

（一）坚持扩大就业发展战略。把稳定和扩大就业作为经济运行合理区间的下限，将城镇新增就业、调查失业率作为宏观调控重要指标，纳入国民经济和社会发展规划及年度计划。合理确定经济增长速度和发展模式，科学把握宏观调控的方向和力度，以稳增长促就业，以鼓励创业就业带动经济增长。加强财税、金融、产业、贸易等经济政策与就业政策的配套衔接，建立宏观经济政策对就业影响的评价机制。建立公共投资和重大项目建设带动就业评估机制，同等条件下对创造就业岗位多、岗位质量好的项目优先安排。

（二）发展吸纳就业能力强的产业。创新服务业发展模式和业态，支持发展商业特许经营、连锁经营，大力发展金融租赁、节能环保、电子商务、现代物流等生产性服务业和旅游休闲、健康养老、家庭服务、社会工作、文化体育等生活性服务业，打造新的经济增长点，提高服务业就业比重。加快创新驱动发展，推进产业转型升级，培育战略性新兴产业和先进制造业，提高劳动密集型产业附加值；结合实施区域发展总体战略，引导具有成本优势的资源加工型、劳动密集型产业和具有市场需求的资本密集型、技术密集型产业向中西部地区转移，挖掘第二产业就业潜力。推进农业现代化，加快转变农业发展方式，培养新型职业农民，鼓励有文化、有技术、有市场经济观念的各类城乡劳动者根据市场需求到农村就业创业。

（三）发挥小微企业就业主渠道作用。引导银行业金融机构针对小微企业经营特点和融资需求特征，创新产品和服务。发展政府支持的融资性担保机构和再担保机构，完善风险分担机制，为小微企业提供融资支持。落实支持小微企业发展的税收政策，加强市场监管执法和知识产权保护，对小微企业亟须获得授权的核心专利申请优先审查。发挥新型载体聚集发展的优势，引入竞争机制，开展小微企业创业创新基地城市示范，中央财政给予综合奖励。创新政府采购支持方式，消除中小企业享受相关优惠政策面临的条件认定、企业资质等不合理限制"门槛"。指导企业改善用工管理，对小微企业新招用劳动者，符合相关条件的，按规定给予就业创业支持，不断提高小微企业带动就业的能力。

（四）积极预防和有效调控失业风险。落实调整失业保险费率政策，减轻企业和个人负担，稳定就业岗位。将失业保险基金支持企业稳岗政策实施范围由兼并重组企业、化解产能过剩企业、淘汰落后产能企业等三类企业扩大到所有符合条件的企业。生产经营困难企业可通过与职工进行集体协商，采取在岗培训、轮班工作、弹性工时、协商薪酬等办法不裁员或少裁员。对确实要裁员的，应制定人员安置方案，实施专项就业帮扶行动，妥善处理劳动关系和社会保险接续，促进失业人员尽快再就业。淘汰落后产能奖励资金、依据兼并重组政策规定支付给企业的土地补偿费要优先用于职工安置。完善失业监测预警机制，建立应对失业风险的就业应急预案。

二、积极推进创业带动就业

（五）营造宽松便捷的准入环境。深化商事制度改革，进一步落实注册资本登记制度改革，坚决推行工商营业执照、组织机构代码证、税务登记证"三证合一"，年内出台推进"三证合一"登记制度改革意见和统一社会信用代码方案，实现"一照一码"。继续优化登记方式，放松经营范围登记管制，支持各地结合实际放宽新注册企业场所登记条件限制，推动"一址多照"、集群注册等住所登记改革，分行业、分业态释放住所资源。运用大数据加强对市场主体的服务和监管。依托企业信用信息公示系统，实现政策集中公示、扶持申请导航、享受扶持信息公示。建立小微企业目录，对小微企业发展状况开展抽样统计。推动修订与商事制度改革不衔接、不配套的法律、法规和政策性文件。全面完成清理非行政许可审批事项，再取消下放一批制约经济发展、束缚企业活力等含金量高的行政许可事项，全面清理中央设定、地方实施的行政审批事项，大幅减少投资项目前置审批。对保留的审批事项，规范审批行为，明确标准，缩短流程，限时办结，推广"一个窗口"受理、网上并联审批等方式。

（六）培育创业创新公共平台。抓住新技术革命和产业变革的重要机遇，适应创业创新主体大众化趋势，大力发展技术转移转化、科技金融、认证认可、检验检测等科技服务业，总结推广创客空间、创业咖啡、创新工场等新型孵化模式，加快发展市场化、专业化、集成化、网络化的众创空间，实现创新与创业、线上与线下、孵化与投资相结合，为创业者提供低成本、便利化、全要素、开放式的综合服务平台和发展空间。落实科技企业孵化器、大学科技园的税收优惠政策，对符合条件的众创空间等新型孵化机构适用科技企业孵化器税收优惠政策。有条件的地方可对众创空间的房租、宽带网络、公共软件等给予适当补贴，或通过盘活商业用房、闲置厂房等资源提供成本较低的场所。可在符合土地利用总体规划和城乡规划前提下，或利用原有经批准的各类园区，建设创业基地，为创业者提供服务，打造一批创业示范基地。鼓励企业由传统的管控型组织转型为新型创业平台，让员工成为平台上的创业者，形成市场主导、风投参与、企业孵化的创业生态系统。

（七）拓宽创业投融资渠道。运用财税政策，支持风险投资、创业投资、天使投资等发展。运用市场机制，引导社会资金和金融资本支持创业活动，壮大创业投资规模。按照政府引导、市场化运作、专业化管理的原则，加快设立国家中小企业发展基金和国家新兴产业创业投资引导基金，带动社会资本共同加大对中小企业创业创新的投入，促进初创期科技型中小企业成长，支持新兴产业领域早中期、初创期企业发展。鼓励地方设立创业投资引导等基金。发挥多层次资本市场作用，加快创业板等资本市场改革，强化全国中小企业股份转让系统融资、交易等功能，规范发展服务小微企业的区域性股权市场。开展股权众筹融资试点，推动多渠道股权融资，积极探索和规范发展互联网金融，发展新型金融机构和融资服务机构，促进大众创业。

（八）支持创业担保贷款发展。将小额担保贷款调整为创业担保贷款，针对有创业要求、具备一定创业条件但缺乏创业资金的就业重点群体和困难人员，提高其金融服务可获得性，明确支持对象、标准和条件，贷款最高额度由针对不同群体的5万元、8万元、10万元不等统一调整为10万元。鼓励金融机构参照贷款基础利率，结合风险分担情况，合理确定贷款利率水平，对个人发放的创业担保贷款，在贷款基础利率基础上上浮3个百分点以内的，由财政给予贴息。简化程序，细化措施，健全贷款发放考核办法和财政贴息资金规范管理约束机制，提高代偿效率，完善担保基金呆坏账核销办法。

（九）加大减税降费力度。实施更加积极的促进就业创业税收优惠政策，将企业吸纳就业税收优惠的人员范围由失业一年以上人员调整为失业半年以上人员。高校毕业生、登记失业人员等重点群体创办个体工商户、个人独资企业的，可依法享受税收减免政策。抓紧推广中关村国家自主创新示范区税收试点政策，将职工教育经费税前扣除试点政策、企业转增股本分期缴纳个人所得税试点政策、股权奖励分期缴纳个人所得税试点政策推广至全国范围。全面清理涉企行政事业性收费、政府性基金、具有强制垄断性的经营服务性收费、行业协会商会涉企收费，落实涉企收费清单管理制度和创业负担举报反馈机制。

（十）调动科研人员创业积极性。探索高校、科研院所等事业单位专业技术人员在职创业、离岗创业有关政策。对于离岗创业的，经原单位同意，可在3年内保留人事关系，与原单位其他在岗人员同等享有参加职称评聘、岗位等级晋升和社会保险等方面的权利。原单位应当根据专业技术人员创业的实际情况，与其签订或变更聘用合同，明确权利义务。加快推进中央级事业单位科技成果使用、处置和收益管理改革试点政策推广。鼓励利用财政性资金设立的科研机构、普通高校、职业院校，通过合作实施、转让、许可和投资等方式，向高校毕业生创设的小微企业优先转移科技成果。完善科技人员创业股权激励政策，放宽股权奖励、股权出售的企业设立年限和盈利水平限制。

（十一）鼓励农村劳动力创业。支持农民工返乡创业，发展农民合作社、家庭农场等新型农业经营主体，落实定向减税和普遍性降费政策。依托现有各类园区等存量资源，整合创建一批农民工返乡创业园，强化财政扶持和金融服务。将农民创业与发展县域经济结合起来，大力发展农产品加工、休闲农业、乡村旅游、农村服务业等劳动密集型产业项目，促进农村一、二、三产业融合。依托基层就业和社会保障服务设施等公共平台，提供创业指导和服务。鼓励各类企业和社会机构利用现有资源，搭建一批农业创业创新示范基地和见习基地，培训一批农民创业创新辅导员。支持农民网上创业，大力发展"互联网＋"和电子商务，积极组织创新创业农民与企业、小康村、市场和园区对接，推进农村青年创业富民行动。

（十二）营造大众创业良好氛围。支持举办创业训练营、创业创新大赛、创新成果和创业项目展示推介等活动，搭建创业者交流平台，培育创业文化，营造鼓励创业、宽容失败的良好社会氛围，让大众创业、万众创新蔚然成风。对劳动者创办社会组织、从事网络创业符合条件的，给予相应创业扶持政策。推进创业型城市创建，对政策落实好、创业环境优、工作成效显著的，按规定予以表彰。

三、统筹推进高校毕业生等重点群体就业

（十三）鼓励高校毕业生多渠道就业。把高校毕业生就业摆在就业工作首位。完善工资待遇进一步向基层倾斜的办法，健全高校毕业生到基层工作的服务保障机制，鼓励毕业生到乡镇特别是困难乡镇机关事业单位工作。对高校毕业生到中西部地区、艰苦边远地区和老工业基地县以下基层单位就业、履行一定服务期限的，按规定给予学费补偿和国家助学贷款代偿。结合政府购买服务工作的推进，在基层特别是街道（乡镇）、社区（村）购买一批公共管理和社会服务岗位，优先用于吸纳高校毕业生就业。对小微企业新招用毕业年度高校毕业生，签订 1 年以上劳动合同并缴纳社会保险费的，给予 1 年社会保险补贴。落实完善见习补贴政策，对见习期满留用率达到 50% 以上的见习单位，适当提高见习补贴标准。将求职补贴调整为求职创业补贴，对象范围扩展到已获得国家助学贷款的毕业年度高校毕业生。深入实施大学生创业引领计划、离校未就业高校毕业生就业促进计划，整合发展高校毕业生就业创业基金，完善管理体制和市场化运行机制，实现基金滚动使用，为高校毕业生就业创业提供支持。积极支持和鼓励高校毕业生投身现代农业建设。对高校毕业生申报从事灵活就业的，按规定纳入各项社会保险，各级公共就业人才服务机构要提供人事、劳动保障代理服务。技师学院高级工班、预备技师班和特殊教育院校职业教育类毕业生可参照高校毕业生享受相关就业补贴政策。

（十四）加强对困难人员的就业援助。合理确定就业困难人员范围，规范认定程序，加强实名制动态管理和分类帮扶。坚持市场导向，鼓励其到企业就业、自主创业或灵活就业。对用人单位招用就业困难人员，签订劳动合同并缴纳社会保险费的，在一定期限内给予社会保险补贴。对就业困难人员灵活就业并缴纳社会保险费的，给予一定比例的社会保险补贴。对通过市场渠道确实难以实现就业的，可通过公益性岗位予以托底安置，并给予社会保险补贴及适当岗位补贴。社会保险补贴和岗位补贴期限最长不超过 3 年，对初次核定享受补贴政策时距退休年龄不足 5 年的人员，可延长至退休。规范公益性岗位开发和管理，科学设定公益性岗位总量，适度控制岗位规模，制定岗位申报评估办法，严格按照法律规定安排就业困难人员，不得用于安排非就业困难人员。加强对就业困难人员在岗情况的管理和工作考核，建立定期核查机制，完善就业困难人员享受扶持政策期满退出办法，做好退出后的政策衔接和就业服务。依法大力推进残疾人按比例就业，加大对用人单位安置残疾人的补贴和奖励力度，建立用人单位按比例安排残疾人就业公示制度。加快完善残疾人集中就业单位扶持政策，推进残疾人辅助性就业和灵活就业。加大对困难人员就业援助力度，确保零就业家庭、最低生活保障家庭等困难家庭至少有一人就业。对就业困难人员较集中的地区，上级政府要强化帮扶责任，加大产业、项目、资金、人才等支持力度。

（十五）推进农村劳动力转移就业。结合新型城镇化建设和户籍制度改革，建立健全城乡劳动者平等就业制度，进一步清理针对农民工就业的歧视性规定。完善职业培训、就业服务、劳动维权"三位一体"的工作机制，加强农民工输出输入地劳务对接，特别是对劳动力资源较为丰富的老少边穷地区，充分发挥各类公共就业服务机构和人力资源服务机构的作用，积极开展有组织的劳务输出，加强对转移就业农民工的跟踪服务，有针对性地帮助其解决实际困难，推进农村富余劳动力有序外出就业和就地就近转移就业。做好被征地农民就业工作，在制定征地补偿安置方案时，要明确促进被征地农民就业的具体措施。

（十六）促进退役军人就业。扶持自主择业军转干部、自主就业退役士兵就业创业，落实各项优惠政策，组织实施教育培训，加强就业指导和服务，搭建就业创业服务平台。对符合政府安排工作条件的退役士官、义务兵，要确保岗位落实，细化完善公务员招录和事业单位招聘时同等条件优先录用（聘用），以及国有、国有控股和国有资本占主导地位企业按比例预留岗位择优招录的措施。退役士兵报考公务员、应聘事业单位职位的，在军队服现役经历视为基层工作经历，服现役年限计算为工作年限。调整完善促进军转干部及随军家属就业税收政策。

四、加强就业创业服务和职业培训

（十七）强化公共就业创业服务。健全覆盖城乡的公共就业创业服务体系，提高服务均等化、标准化和专业化水平。完善公共就业服务体系的创业服务功能，充分发挥公共就业服务、中小企业服务、高校毕业生就业指导等机构的作用，为创业者提供项目开发、开业指导、融资服务、跟踪扶持等服务，创新服务内容和方式。健全公共就业创业服务经费保障机制，切实将县级以上公共就业创业服务机构和县级以下（不含县级）基层公共就业创业服务平台经费纳入同级财政预算。将职业介绍补贴和扶持公共就业服务补助合并调整为就业创业服务补贴，支持各地按照精准发力、绩效管理的原则，加强公共就业创业服务能力建设，向社会力量购买基本就业创业服务成果。创新就业创业服务供给模式，形成多元参与、公平竞争格局，提高服务质量和效率。

（十八）加快公共就业服务信息化。按照统一建设、省级集中、业务协同、资源共享的原则，逐步建成以省级为基础、全国一体化的就业信息化格局。建立省级集中的就业信息资源库，加强信息系统应用，实现就业管理和就业服务工作全程信息化。推进公共就业信息服务平台建设，实现各类就业信息统一发布，健全全国就业信息监测平台。推进就业信息共享开放，支持社会服务机构利用政府数据开展专业化就业服务，推动政府、社会协同提升公共就业服务水平。

（十九）加强人力资源市场建设。加快建立统一规范灵活的人力资源市场，消除城乡、行业、身份、性别、残疾等影响平等就业的制度障碍和就业歧视，形成有利于公平就业的制度环境。健全统一的市场监管体系，推进人力资源市场诚信体系建设和标准化建设。加强对企业招聘行为、职业中介活动的规范，及时纠正招聘过程中的歧视、限制及欺诈等行为。建立国有企事业单位公开招聘制度，推动实现招聘信息公开、过程公开和结果公开。加快发展人力资源服务业，规范发展人事代理、人才推荐、人员培训、劳务派遣等人力资源服务，提升服务供给能力和水平。完善党政机关、企事业单位、社会各方面人才顺畅流动的制度体系。

（二十）加强职业培训和创业培训。顺应产业结构迈向中高端水平、缓解就业结构性矛盾的需求，优化高校学科专业结构，加快发展现代职业教育，大规模开展职业培训，加大创业培训力度。利用各类创业培训资源，开发针对不同创业群体、各创业活动不同阶段特点的创业培训项目，把创新创业课程纳入国民教育体系。重点实施农民工职业技能提升和失业人员转业转岗培训，增强其就业创业和职业转换能力。尊重劳动者培训意愿，引导劳动者自主选择培训项目、培训方式和培训机构。发挥企业主体作用，支持企业以新招用青年劳动者和新转岗人员为重点开展新型学徒制培训。强化基础能力建设，创新培训模式，建立高水平、专兼职的创业培训师资队伍，提升培训质量，落实职业培训补贴政策，合理确定补贴标准。推进职业资格管理改革，完善有利于劳动者成长成才的培养、评价和激励机制，畅通技能人才职业上升通道，推动形成劳动、技能等要素按贡献参与分配的机制，使技能劳动者获得与其能力业绩相适应的工资待遇。

（二十一）建立健全失业保险、社会救助与就业的联动机制。进一步完善失业保险制度，充分发挥失业保险保生活、防失业、促就业的作用，鼓励领取失业保险金人员尽快实现就业或自主创业。对实现就业或自主创业的最低生活保障对象，在核算家庭收入时，可以扣减必要的就业成本。

（二十二）完善失业登记办法。在法定劳动年龄内、有劳动能力和就业要求、处于无业状态的城镇常住人员，可以到常住地的公共就业服务机构进行失业登记。各地公共就业服务机构要为登记失业的各类人员提供均等化的政策咨询、职业指导、职业介绍等公共就业服务和普惠性就业政策，并逐步使外来劳动者与当地户籍人口享有同等的就业扶持政策。将《就业失业登记证》调整为《就业创业证》，免费发放，作为劳动者享受公共就业服务及就业扶持政策的凭证。有条件的地方可积极推动社会保障卡在就业领域的应用。

五、强化组织领导

（二十三）健全协调机制。县级以上人民政府要加强对就业创业工作的领导，把促进就业创业摆上重要议程，健全政府负责人牵头的就业创业工作协调机制，加强就业形势分析研判，落实完善就业创业政策，协调解决重点难点问题，确保各项就业目标完成和就业局势稳定。有关部门要增强全局意识，密切配合，尽职履责。进一步发挥各人民团体以及其他社会组织的作用，充分调动社会各方促进就业创业的积极性。

（二十四）落实目标责任制。将就业创业工作纳入政绩考核，细化目标任务、政策落实、就业创业服务、资金投入、群众满意度等指标，提高权重，并层层分解，督促落实。对在就业创业工作中取得显著成绩的单位和个人，按国家有关规定予以表彰奖励。有关地区不履行促进就业职责，造成恶劣社会影响的，对当地人民政府有关负责人及具体责任人实行问责。

（二十五）保障资金投入。各级人民政府要根据就业状况和就业工作目标，在财政预算中合理安排就业相关资金。按照系统规范、精简效能的原则，明确政府间促进就业政策的功能定位，严格支出责任划分。进一步规范就业专项资金管理，强化资金预算执行和监督，开展资金使用绩效评价，着力提高就业专项资金使用效益。

（二十六）建立健全就业创业统计监测体系。健全就业统计指标，完善统计口径和统计调查方法，逐步将性别等指标纳入统计监测范围，探索建立创业工作统计指标。进一步加强和完善全国劳动力调查制度建设，扩大调查范围，增加调查内容。强化统计调查的质量控制。加大就业统计调查人员、经费和软硬件等保障力度，推进就业统计调查信息化建设。依托行业组织，建立健全行业人力资源需求预测和就业状况定期发布制度。

（二十七）注重舆论引导。坚持正确导向，加强政策解读，及时回应社会关切，大力宣传促进就业创业工作的经验做法，宣传劳动者自主就业、自主创业和用人单位促进就业的典型事迹，引导全社会共同关心和支持就业创业工作，引导高校毕业生等各类劳动者转变观念，树立正确的就业观，大力营造劳动光荣、技能宝贵、创造伟大的时代风尚。

各地区、各部门要认真落实本意见提出的各项任务，结合本地区、本部门实际，创造性地开展工作，制定具体方案和配套政策，同时，要切实转变职能，简化办事流程，提高服务效率，确保各项就业创业政策措施落实到位，以实现稳就业、惠民生，促进经济社会平稳健康发展。

国务院
2015 年 4 月 27 日

附录四 宁波市大学生创业园管理办法

第一章 总则

第一条 为深入实施大学生"创业引领计划",建设大学生创业集聚平台,有序规范市级大学生创业园的综合管理,根据《宁波市人民政府关于进一步做好新形势下就业创业工作的意见》(甬政发〔2015〕112号)和《宁波市政府办公厅关于进一步促进普通高等学校毕业生就业创业的意见》(甬政办发〔2014〕228号)文件精神,特制定本办法。

第二条 宁波市大学生创业园是以扶持大学生创业为核心目标,通过整合创业资源、汇集创业要素,集创业教育、创业实践、创业孵化、创业服务等功能于一体的创业平台和载体,是汇集市内外优秀创业项目、人才,引领我市大众创业、万众创新的集聚区和示范高地。

第三条 宁波市人力资源和社会保障局负责会同财政局等相关部门做好宁波市大学生创业园的认定、考核和管理工作,并制定发展目标和扶持政策。宁波市财政局负责宁波市大学生创业园补助资金的核拨和监督管理工作。

第二章 职能与要求

第四条 宁波市大学生创业园要面向市场,建立健全管理制度,建立高效、规范的运行机制,按照"自主经营、自负盈亏、自我约束、自我发展"的要求,通过提供优质服务、完善扶持措施、改善创业环境、降低创业风险和创业成本,提高创业企业成活率和成功率。

第五条 宁波市大学生创业园主要功能定位。

(一)深化创业服务。在提供创业场地,公共设施及工商、税务、法律等

"一站式"服务的基础上，进一步深化园区孵化功能，将服务贯穿于大学生创业全过程，提供专业化、个性化创业服务。积极向园区外延伸创业服务，将大学生创业园打造成为区域创业创新的服务高地。

（二）强化政策保障。贯彻落实就业创业扶持政策，汇总人社、科技、财政、税务等部门相关政策，加强宣传。对新引入的创业团队主要成员，园区应提供租房补贴或人才公寓等保障措施。协助和推动孵化企业获得相关支持，充分依托区域、产业政策优势，促进创业企业不断成长壮大。

（三）加大金融扶持。在园区建立创业担保贷款机制，积极对接金融机构，为企业申请创业贷款等金融扶持。设立和引入创业投资基金、风险投资机构，为创业企业提供资信评估和金融支持。

（四）协助开拓市场。构筑创业企业互动交流、产品推广、信息共享平台，提供相关科技和产业信息，依托园区资源协助企业开展经营策划、市场开拓、项目对接等活动，提高创业成功率。

（五）提供人才支撑。强化园区人才人事公共服务，了解企业人才需求，搭建引才聚才平台，满足企业发展过程中对人才的需求，实现人才助推企业创新发展。

（六）加强基础建设。加强园区党、群、团组织建设，积极引导企业参与社会公益活动。建立园区信息通报制度，根据要求及时通报园区企业数、产值、创业贷款、专利等数据。

第三章　认定条件及申请程序

第六条　在宁波市范围内，经当地人力社保部门认可，具备为大学生创业提供场地、政策支持，创业创新服务、创业培训实践的各类创业平台，均可申请宁波市大学生创业园。

第七条　认定条件。

（一）制度体系完善。创业园目标、性质、定位、发展方向明确，具备科学规范的企业进出评审、创业扶持、年度考核机制等园区管理制度和财务制度。

（二）服务功能健全。园区必须建立专业创业服务机制，坚持公益服务理念，能为大学生创业提供完善的政策咨询、各类扶持资金申请、企业登记注册、商务、融资、信息、咨询、市场、培训、技术开发与交流等方面的服务，鼓励有条件的园区实施股份换服务；园区拥有较强业务水平的专职管理服务团队，统一综合管理和配套服务。

（三）金融扶持措施完善。为园区内从事创业活动的大学生提供资信评估，有相对完善的创业贷款担保运作机制和贷款风险补偿机制。

（四）创业投资引导机制健全。园区应积极与风险投资机构、基金对接，建立合作关系，引入或者自行设立创业投资基金，为大学生创业提供不同阶段的资本需求。

（五）具有可自主支配的场地。园区场地建筑面积达到 2000 平方米以上，其中用于大学生创业企业使用的场地占全部出租场地（含公共服务面积）80% 以上。

（六）经营成效显著。由 35 岁以下大学生（含在校生）担任法人代表并出资或者大学生占股份在 30% 以上（大学生出资比例可累计）的企业总数不少于园区企业总数的 60%。园区企业是指注册地在本园区内的企业或由本园区投资孵化、品牌孵化的注册地在宁波市范围内的企业；专利申请、科技奖项、接收实习或见习大学生数量等达到一定规模。

（七）落实扶持政策。创业园要全面贯彻落实大学生就业创业相关政策，而且应因地制宜制定具有本园区、本地区特色的创业扶持政策，由园区或者所在地为入驻园区的创业者提供住房保障措施。

第八条 申请须提供的材料。

1.《宁波市大学生创业园认定申请表》一式三份；

2. 企业法人营业执照、税务登记证或事业法人证书（共建的应提供合作合同），可支配场所证明（包括房屋产权证、租赁合同及附图）原件及复印件；

3. 填写《宁波市大学生创业园基本情况报表》；

4. 创业园各项管理制度；

5. 大学生创业服务机构基本情况以及相关证明文件；

6. 创业贷款及贷款风险补偿情况；

7. 设立创投基金时，与风险投资机构合作的相关证明；

8. 现有入驻大学生创业企业、产值及创业项目清单；

9. 经营成效证明文件原件及复印件。

第九条 认定程序。

1. 申报。单位经当地人力社保部门认可后，向市人力社保局提交申请材料。

2. 初评。市人力社保局组织相关部门和专家组成初评组，对申报单位进行材料审核和实地考察，并进行投票打分，按得票数高低排名（得票数相同按分数高低排名）产生终评入围名单。

3. 终评。市人力社保局会同相关部门对终评入围单位进行评审，申报单位以陈述答辩形式进行，经投票打分，按得票数高低进行排名（得票数相同按分数高低确定排名）产生"宁波市大学生创业园"候选名单。

4. 公示。市人力社保局在官方网站对通过评审拟命名的园区进行为期五天的公示。

5. 公布。对符合条件的，授予"宁波市大学生创业园"的牌子并向社会公布。

第四章　考核管理

第十条 市人力社保局组织专家对认定的宁波市大学生创业园进行考核，并通报考核结果。不参与考核的园区直接取消市级大学生创业园资格，予以摘牌。

第十一条 宁波市大学生创业园自通过认定年度每满一年，应提交补助资金使用情况、考核指标完成情况，上年度工作总结、园区财务报表、入驻大学生创业企业名单、孵化成功企业、淘汰企业名录，创业园基本情况报表（见附件2）、业务开展情况、利税总额及其他有关材料。

第十二条 考核程序及结果运用。

（一）考核流程

1. 书面通知；

2. 根据考核要求准备材料；

3. 对考核材料进行审核，并进行相关调查；

4. 现场陈述及答辩；

5. 根据考核指标进行打分；

6. 以书面形式公布考核结果。

（二）考核等次

考核实行百分制，按照各项考核指标进行评分。考核等次分优秀、合格与不合格三种。80 分及以上合格，90 分及以上可按 20% 比例确定优秀，80 分以下不合格。

（三）考核标准

1. 优秀：园区全面完成考核指标，并具有下列情况之一的。（1）园区建设获国家、省、市授予荣誉称号或表彰的。（2）园区在现有的扶持政策上，有进一步突破的。（3）园区管理、服务工作模式，值得推广和学习的。

2. 合格：园区能全面完成年度考核指标的。

3. 不合格：有下列情况之一者，视为不合格。（1）园区开展大学生创业企业扶持工作，运行情况不佳，35 岁以下大学生（含在校生）创业企业总数少于园区企业总数的 60%。（2）考核年度内新引入大学生创业企业少于 10家。（3）没有落实相关就业创业政策的。（4）未按时上报相关材料，或所报材料内容不真实。（5）出现重大安全事故者。（6）出现重大违纪违规情况的。

（四）考核结果的应用

1. 对年度考核结果进行通报，并作为扶持资金拨付的依据。

2. 考核合格以上的，可继续挂牌"宁波市大学生创业园"。

3. 考核不合格的，暂停拨付扶持资金，须在三个月内进行整改，整改后仍达不到合格标准的作摘牌处理，并予以通报。

4. 考核优秀的园区，给予通报表彰，并作为推荐参评国家、省级创业孵化示范基地的依据之一。

第十三条 大学生创业园实行属地化建设原则，园区各项申报、汇报材料、数据需通过当地人力社保部门审核后上报。

第五章　经费补助和服务支持

第十四条　宁波市大学生创业园一经认定挂牌，给予建园单位 100 万元的补助，具体核拨程序如下：

1. 认定当年先拨付 50 万元；

2. 第一年考核合格以上的园区，拨付资金 30 万元；

3. 第二年考核合格以上的园区，拨付资金 20 万元；

4. 年度考核不合格的，暂停拨付剩余资金，限时整改。整改后通过考核的，按规定继续拨付余下资金；整改后仍未通过考核的，停止拨付资金。

第十五条　对考核期满的大学生创业园，继续实施考核，考核合格以上，当年新引入大学生创业企业 10 家以上且市外大学生创业企业占比 50% 以上的，由市财政局按每家 5000 元的标准给予补助。市外大学生创业企业是指外地户籍、外地生源或市外高校大学生创办的企业。

第十六条　鼓励支持宁波市大学生创业园申报国家级、省级创业园，对认定为省级、国家级创业园的，由园区所在地政府按规定给予奖励补助。

第十七条　补助资金只能用于支持大学生创业有关的支出，包括创业园场地统一租赁、装修、设备购置、环境建设、物业管理的开支等，不得挪用、借用；优先用于落实各项创业补贴政策支出，包括设立贷款风险补偿资金、投资基金、住房补贴等。

第十八条　宁波市大学生创业园应建立大学生创业导师队伍，为园区内的大学生创业企业提供创业辅导和服务。

第十九条　在宁波市大学生创业园区内创办创业实体的大学生，符合条件的，可申请创业担保贷款。

第二十条　宁波市大学生创业园应积极借助各类新媒体，做好宣传，为创业大学生提供资讯服务。

第六章　附则

第二十一条　宁波市大学生创业园应自觉接受相关管理部门的监督检查。对存在弄虚作假、虚报瞒报等行为的，追缴已拨付资金，并视情节轻重，按有关法律法规进行严肃处理。

　　第二十二条　各县（市）区、各有关部门要积极鼓励社会组织和条件成熟的各类创业平台建立大学生创业园，并根据本办法制定本地本部门大学生创业园的扶持政策。将大学生创业园建设作为"双创"的重要抓手，积极引导创业园与区域经济特点、产业特色对接，力争将大学生创业园打造成为引领产业转型升级，促进创新创业的新引擎。

　　第二十三条　本办法由宁波市人力资源和社会保障局、宁波市财政局负责解释，自 2016 年 10 月 18 日起执行。

参 考 文 献

[1] 安桂颖. 韩国大学生创业教育对我国的启示 [J]. 开封教育学院学报, 2015 (12)：283 - 284.

[2] 边贵鑫. 公司管理沟通问题研究 [D]. 天津：天津商业大学, 2015 (6)：10 - 12.

[3] 蔡尽萍. 论大学生创业能力的培养 [J]. 湖南农业大学学报 (社会科学版), 2000 (3)：60 - 62.

[4] 蔡晓珊, 张耀辉. 创业理论研究：一个文献综述 [J]. 产经评论, 2011 (5)：55 - 66.

[5] 参见：宁波市人民政府《关于进一步做好新形势下就业创业工作的意见》(甬政发〔2015〕112 号).

[6] 参见：《浙江省人民政府办公厅关于促进小型微型企业再创新优势的若干意见》(浙政办发〔2012〕47 号).

[7] 参见：中国人民银行宁波市中心支行、宁波市财政局、宁波市人力资源和社会保障局《关于大学生获奖创业项目及网络创业申请自主创业小额担保贷款的实施意见》(2015 年 1 月发文).

[8] 曹明. 基于 GEM 模型的中日创业环境比较研究 [J]. 厦门理工学院学报, 2007 (6).

[9] 常建, 张春颜. 社会冲突管理中的冲突控制与冲突化解 [J]. 南开学报, 2012 (6)：75 - 76.

[10] 陈春花, 杨忠, 曹洲涛. 组织行为学 [M]. 北京：机械工业出版社, 2016 (1).

[11] 陈芳丽. 领导采纳员工建言行为的研究 [D]. 泉州：华侨大

学，2016.

[12] 陈劲，王皓白．社会创业与社会创业者的概念界定与研究视角探讨 [J]．外国经济与管理，2007（8）：10-15.

[13] 陈康敏．我国企业内部管理沟通文图及对策研究 [J] 学术论坛，2009（7）：117-119.

[14] 陈亮．管理沟通理论发展综述 [J]．中南大学学报，2013（12）：17.

[15] 陈文华，邱贵明．社会生态系统中的大学生创业教育 [J]．江苏高教，2007（5）：85-87.

[16] 陈雁，符崖，陈晔，田婧．国外高校创业教育模式与中国高校创业教育的思考 [J]．创新与创业教育，2015（2）：134-137.

[17] 陈焱．管理沟通的现状、提升及其实务 [J]．长江大学学报，2012（35）：49-51.

[18] 陈英杰．创业环境对大学生创业主体行为的影响 [J]．高校教育管理，2013（3）：116.

[19] 陈云．企业高层管理团队冲突研究 [D]．武汉：武汉理工大学，2008（4）.

[20] 陈忠卫，雷红生．创业团队内冲突、企业家精神与公司绩效关系 [J]．经济管理，2008（8）：48-49.

[21] 程新英．西方社会冲突理论评析 [J]．河北师范大学学报，2010（7）：13-15.

[22] 池正玉，黄雨桐．大学生创业项目选择影响因素研究 [J]．吉林省经济管理干部学院学报，2015（1）：143-146.

[23] 崔佳颖．管理沟通理论的历史演变与发展 [J]．首都经济贸易大学学报，2005（5）：15.

[24] 戴晓燕，韦文璐．项目成本管理中推进绩效考核的探讨 [J]．当代经济，2011（3）：48-49.

[25] 戴育滨，张光辉，张日新．浅论知识经济时代大学生创业教育 [J]．科技创业，2006（6）：48-49.

［26］道客巴巴：美国大学生创业支持政策及其启示［EB/OL］．ht-tp：//www.doc88.com/p–6931371549378.html.2017–08–20.

［27］道客巴巴：美国小企业信用卡融资实践及对我国的启示［EB/OL］．http：//www.doc88.com/p–69839430913.html.2017–08–20.

［28］杜幕群．基于人性假设的中西方管理沟通理论综述［J］．产经评论，2010（9）：93–95.

［29］段学森，赵庚，天津市青年大学生创业支持体系建设研究［J］．人民论坛，2013（7）：220–221.

［30］范晓光，郑峰．大学生创业胜任力的特征模型构建及培养途径［J］．职业指导，2012（23）：86–87.

［31］房欲飞．大学生实施创业教育的内涵及意义［J］．理工高教研究，2004（8）：23–25.

［32］冯华，杜红．创业胜任力特征与创业绩效的关系分析［J］．技术经济与管理研究，2005（6）：17–18.

［33］符昱．中美大学生创业支持体系比较研究［D］．郑州：郑州大学，2012：28.

［34］高树琴，杨艳萍．高校创业教育与大学生创业能力培养［J］．湘潭师范学院学报（社会科学版），2007.29（4）：159–160.

［35］高智敏．移动互联网时代的沟通革命［J］．产业观澜，2011（9）：59.

［36］葛云锋．创业驱动对大学衍生企业的影响研究［J］．人才资源开发，2017（3）：87–89.

［37］顾建平，李占祥．团队情商管理对团队绩效的影响研究［J］．南京社会科学，2009（11）：36–41.

［38］郭鹉村．工研院研发人员离职创业相关因素之研究［D］．中国台湾私立中原大学企业管理研究所硕士论文，1998.

［39］国务院《关于进一步做好新形势下就业创业工作的意见》（国发〔2015〕23号）.

［40］侯光明．十六种典型创新方法［M］．北京：北京理工大学出版

社，2015.

[41] 胡俊峰，周奕.大学生创业团队建设机制研究 [J]，科技创业月刊，2011（12）：20－22.

[42] 教育部2009年工作要点 [N].中国教育报，2009（1）.

[43] 寇宗来，周敏.混合绩效评估下的区位——价格竞争研究 [J].经济研究，2011，46（6）：68－79.

[44] 李国平，郑孝庭，李新平等.大学生创新创业教育质量的模糊综合评判与控制方法研究 [J].特区经济，2004（9）：170.

[45] 李海琳，赵国杰，郝清民.国外企业绩效评价研究综述 [J].山东财政学院学报，2007（4）：85－88.

[46] 李先国，凤陶.产生渠道冲突的原因探析 [J].商业经济文萃，2005（1）：52－54.

[47] 李晓光.移动互联网时代的沟通变革 [J] 行业分析，2012（6）：38.

[48] 李晓华，徐凌霄，丁萌琪.构建我国高校创新创业教育体系初探 [J].中国高等医学教育，2006（7）.

[49] 李志刚.中小企业内部沟通障碍及对策研究 [D].广州：暨南大学，2009（6）.

[50] 李志永.日本大学创业教育的发展与特点 [J].比较教育研究，2009（3）：40－44.

[51] 廖中举，黄超，程华.基于共词分析法的中国大学生创业政策研究 [J].教育发展研究，2017（1）：79－84.

[52] 林海，严中华，何巧云.社会创业组织双重价值实现的博弈分析 [J].技术经济与管理研究，2011（9）：33－35.

[53] 林海，张燕，严中华.社会创业机会识别与开发框架模型研究 [J].技术经济与管理研究，2009（1）：36－37＋67.

[54] 林培锦.大学学术同行评议利益冲突的内涵解析及其特征 [J].漳州师范学院学报，2013（3）：134－135.

[55] 刘斌，陈虹.股权结构、业绩增长与财务绩效研究——基于《财

富》500 强制造业的样本分析 [J]. 当代经济, 2017 (4): 50 - 54.

[56] 刘冰, 谢凤涛, 孟庆春. 团队氛围对团队绩效影响机制的实证分析 [J]. 中国软科学, 2011 (11): 133 - 40.

[57] 刘俊波. 冲突管理理论初探 [J]. 国际论坛, 2007 (1): 37 - 40.

[58] 刘兰剑, 温晓兰. 大学生创业政策评价体系研究 [J]. 厦门理工学院学报, 2011 (1).

[59] 刘莉萍. 美国和日本大学生创业教育比较研究及启示 [J]. 陕西教育 (高教), 2014 (4): 8 - 9.

[60] 刘为军. 浅谈管理沟通的作用及途径 [D]. 武汉: 中国地质大学, 2007 (9): 23.

[61] 刘文超, 付欣, 张振华. 大学生创业团队的组建动机与组建过程研究 [J]. 管理观察, 2013 (12): 57 - 58.

[62] 吕培明, 刘曙光, 倪颖, 康瑾. 学术团队绩效评价机制研究 [J]. 中国高校科技, 2012 (9): 13 - 16.

[63] 吕薇. 美国的小企业担保贷款制度及其启示 [J]. 改革, 1999 (1).

[64] 罗军. 互联网时代面谈沟通管理探讨 [J] 电子商务, 2014 (22): 70.

[65] 马红民, 李非. 创业团队胜任力与创业绩效关系探讨 [J]. 现代管理科学, 2008 (12): 45 - 47.

[66] 毛翠云, 王世坤. 创业者胜任力模型构建及综合测评研究 [J]. 上海管理科学, 2012 (2): 93 - 96.

[67] 毛翠云, 王世坤. 基于素质模型的创业者胜任力测评研究 [J]. 科技管理研究, 2012 (21): 127 - 130.

[68] 梅强, 徐胜男. 高层管理团队异质性、团队冲突和创业绩效的关系研究 [J]. 管理工程学报, 2015 (11): 94 - 101.

[69] [美] 埃里克 G. 弗拉姆豪茨, 伊冯. 兰德尔. 企业成长之痛: 创业型企业如何走向成熟 [M]. 黄震亚, 董航译. 北京: 清华大学出版社, 2011: 19 - 28.

［70］［美］杰弗里，蒂蒙斯，小斯蒂芬，斯皮内利．创业学（第 6 版）
［M］．周伟民，吕长春译．北京：人民邮电出版社，2009：23－37.

［71］［美］杰弗里，蒂蒙斯，小斯蒂芬，斯皮内利著，周伟民，吕长春
译．创业学［M］．北京：人民邮电出版社，2005（7）：5.

［72］宁凯．我国企业团队沟通现状分析管理荟萃［J］．2012（3）：
103－105.

［73］蒲清平，赖柄根，高微．中德大学生创业教育比较［J］．中国青年
研究，2010（12）：89－90.

［74］秦连杰，徐惠忠．新加坡高校创新教育与创业能力的培养［J］．吉
林省教育学院学，2009（1）：20－21.

［75］任泽中，陈文娟．引入协同创新理念优化高校创业教育［J］．中国
高等教育，2013（5）：45－47.

［76］（日）三谷宏治．经营战略全史［M］．南京：江苏凤凰文艺出版
社，2016.

［77］阮小龙．研发团队冲突管理方式对创新绩效的影响机制研究［D］.
杭州：浙江工商大学，2012（10）：8－10.

［78］沈超红．创业绩效结构与绩效形成机制研究［D］．杭州：浙江大
学，2006：56－60.

［79］施菊华．大学生创业教育引导就业教育的探讨［J］．当代教育论
坛，2005（7）：126－127.

［80］十六大报告新思想新论断新举措专题读本［M］．北京：研究出版
社，2003.

［81］寿仁．德国萨尔兰大学为大学生创业加油［J］．科技创业，2002
（5）.

［82］束义明，陈悦明．高管团队沟通研究现状探析与整合框架构建
［J］．人力资源管理，2012（4）：54－55.

［83］苏晓纯．发达国家大学生创业精神培养体制及对我国的启示［J］.
湖北经济学院学报（人文社会科学版），2011（10）：159－161.

［84］孙卫，张颖超，尚福菊，马永远．创业团队冲突管理、团队自省性

与创业绩效的关系 [J]. 科学与科学技术管理, 2014 (6): 139-139.

[85] 孙玉侠. Campion 团队有效性理论及其在中国发电企业的实证研究 [D]. 北京: 华北电力大学 (北京), 2016.

[86] 汤耀平. 广东省大学生创业扶持政策: 实施、评价与完善 [D]. 广州: 华南理工大学, 2011.

[87] 唐伽. 大学生创业动机的多元共生现象研究 [J]. 论坛集萃, 2013 (4): 296-297.

[88] 田丰, 张振华, 刘文超. 创业团队胜任力及其结构研究 [J]. 消费导刊, 2011 (7): 19-22.

[89] 田学会, 杨琪, 李遥. 中英大学生创业贷款政策比较研究 [J]. 才智, 2016: 77.

[90] 王春明, 莫光政. 经济管理类大学生创业能力培养的实践与探索 [J]. 教育与职业, 2008 (2): 47-49.

[91] 王皓白. 社会创业动机、机会识别与决策机制研究 [D]. 浙江: 浙江大学管理学院, 2010: 53.

[92] 王红军. 我国大学生创业团队建设问题研究 [J]. 浙江工商职业技术学院学报, 2008 (3): 51-53.

[93] 王璜. 大学生创业精神的重要性及培养途径 [J]. 现代经济信息, 2008 (10): 155-156.

[94] 王娟. 新产品研发项目团队绩效测评研究 [J]. 科技管理研究. 2011, 31 (5): 149-152+157.

[95] 王丽丽, 陈雪. 企业绩效评价研究综述 [J]. 云南社会主义学院学报, 2007 (2): 25-27.

[96] 王年军. 大学生创业团队的理论与实证研究 [D]. 武汉: 武汉理工大学博士论文, 2012.

[97] 王取银. 软件与硬件的准备, 理论与实践的结合——谈大学生创业能力的培养 [J]. 太原城市职业技术学院学报, 2008 (10): 76-78.

[98] 王森. 德国政府支持大学创业——Exist 计划概要 [J]. 全球科技经济瞭望, 2002 (3).

[99] 王万山，汤明. 国内外高校创新创业教育模式比较研究 [J]. 九江学院学报：社会科学版，2012（2）.

[100] 王毅，赵平. 顾客满意对企业财务绩效的影响研究——基于中国部分上市公司的面板数据 [J]. 中国管理科学，2012，20（1）：185 - 192.

[101] 王玉帅. 创业动机及其影响因素分析 [D]. 南昌：南昌大学理学院，2008：98 - 102.

[102] 王重鸣. 互联网情境下的创业研究 [J]. 浙江大学学报，2016（1）：134.

[103] 魏昕，张志学. 上级何时采纳促进性或抑制性建言——上级地位和下属专业度的影响 [J]. 管理世界，2014（1）：132 - 143.

[104] 吴春燕. 创业团队决策模式特征与创业绩效的关系研究 [D]. 西南财经大学. 硕士学位论文，2008.

[105] 吴静然. 单位组织沟通障碍及对策研究 [D]. 昆明：昆明理工大学，2014（11）.

[106] 吴启运. 我国大学生创业支持体系构建研究 [J]. 科技创业月刊，2008（3）.

[107] 吴起华. 以民族精神培养大学生的创业精神 [J]. 国家教育行政学院学报，2005（3）：79 - 82.

[108] 吴珊. 大学生自主创业的政府扶持政策研究——以长沙市为个案分析 [D]. 长沙：中南大学，2012.

[109] 吴芸. 企业管理中的沟通理论及其运用 [J]. 郑州航空工业管理学院学报，2003（3）：69.

[110] 伍婵提，蒋天颖. 组织动态能力与知识创新的关系：一项元分析的检验 [J]. 技术经济，2018（4）：60 - 67.

[111] 伍婵提. 旅游网站用户满意度影响因素研究——以同程网为例 [J]. 企业经济，2017（11）：136 - 141.

[112] 夏人青，罗志敏，严军. 中国大学生创业政策的回顾与展望（1999～2011 年）[J]. 理论经纬，2012（1）：123 - 127.

[113] 肖之兵. 中国企业管理沟通问题及对策探讨 [J]. 管理纵横，

2013（5）：70 – 71.

[114] 谢小云 . 团队学习、交互记忆系统与团队绩效 [J]. 心理学报，2009（41）：639 – 648.

[115] 谢志远 . 大学生创业教育与创业精神的培育 [J]. 船山学刊，2004（3）：193 – 195.

[116] 熊礼杭 . 高校大学生创业教育的实践探究 [J]. 武汉科技大学学报（社会科学版），2007（4）：397 – 400.

[117] 熊伟 . 大学生创业政策体系的构建框架与实施模式 [J]. 陕西教育学院学报，2009（9）.

[118] 徐芳 . 团队绩效的有效测评 [J]. 企业改革与管理，2003（11）：44 – 45.

[119] 徐汇宽 . 美国、日本、印度三国大学生创业教育的比较与启示 [J]. 中国市场，2016（22）：116 – 117.

[120] 徐若臻，臧明军，钟云萍 . 构建"三个课堂"教学管理模式，培养大学生创业能力 [J]. 陕西教育理论版，2006（9）：9 – 15.

[121] 徐小洲，梅伟惠，倪好 . 大学生创业困境与制度创新 [J]. 中国高教研究，2015（1）：45 – 53.

[122] 许锋华 . 基于共生哲学视角的学校道德教育问题反思 [J]. 国家教育行政学院学报，2012（2）：50 – 54.

[123] 许蓉艳 . 浙江省扶持大学生创业的政策研究 [D]. 上海：上海交通大学，2010.

[124] 严中华，杜海东，孙柳苑 . 社会创业与商业创业的比较研究及其启示 [J]. 探索，2007（3）：79 – 82.

[125] 杨保军 . 社会冲突理论视角下的规划变革 [J]. 城市规划学刊，2015（1）：25 – 27.

[126] 杨军 . 美国风险投资和小企业投资公司（SBIC）计划比较研究 [J]. 金融经济，2006（5）：57 – 58.

[127] 杨茂庆，袁琳 . 基于德国经验的中国大学创业教育思考 [J]. 职业技术教育，2011（10）：84 – 88.

［128］要仲华．企业管理沟通中存在的问题与对策［J］．中国贸易，2014（10）：73．

［129］叶宝忠．高校创业教育发展的国际比较与经验借鉴［J］．创新，2015（6）：112－116．

［130］叶涌，陆静．基于德国经验的中国大学生创业教育的思考和启示［J］．继续教育研究，2017（4）：111－112．

［131］余敢才．试谈大学生创业精神的培育［J］．传承，2008（12）：62－63．

［132］袁美学．市场经济条件下创业教育是解决大学生就业难的根本途径［J］．商场现代化，2005（2）：106－107．

［133］袁年兴．共生哲学的基本理念［J］．湖北社会科学，2009（2）：100－102．

［134］张炳江．层次分析法及其应用案例［M］．北京：电子工业出版社，2014．

［135］张承龙．在校大学生创业团队建设研究［J］．经营管理者，2008（16）：116－118．

［136］张钢，熊立．成员异质性与团队绩效：以交互记忆系统为中介变量［J］．科研管理，2009，30（1）：71－80．

［137］张菡．创业团队胜任力研究述评［J］．西南农业大学学报（社会科学版），2011（7）：30－31．

［138］张俊，颜吾菱．论大学生创业教育［J］．北京交通大学学报（人文社科版），2008（1）：95－99．

［139］张林．创新型企业绩效评价研究［D］．武汉：武汉理工大学，2012．

［140］张远凤，邓汉慧．匹兹堡的社会创业：比尔和他的事业［J］．管理案例研究与评论，2009（3）：174－183．

［141］张振华．创业团队胜任力结构与创业绩效的关系研究［J］．当代经济研究，2009（12）：22－25．

［142］张振华，刘文超．创业团队胜任能力测评量表开发与质量检验的实证研究［J］．税务与经济，2013（1）：50－55．

［143］章德林，康胜利，胡振宇．高等中医院校大学生创业能力培养模式的研究与实践［J］．科技信息（学术版），2006（12）：279–280．

［144］赵观石．美国、瑞典、印度三国大学生创业教育比较及启示［J］．教育学术月刊，2009（5）：62–64．

［145］赵金肖．论团队沟通［J］．人力资源开发，2009（4）：211–212．

［146］赵可汗，贾良定．抑制团队关系冲突的负效应［J］．管理世界，2014（3）：119．

［147］浙江省人民政府办公厅《关于促进普通高等学校毕业生就业创业的实施意见》（浙政办发〔2013〕91号）．

［148］《浙江省人民政府关于支持大众创业促进就业的意见》（浙政发〔2015〕21号）．

［149］中国人民银行、财政部、人力资源和社会保障部《关于进一步改进小额担保贷款管理积极推动创业促就业的通知》（银发〔2008〕238号）．

［150］钟建华，胡明山，易聪．大学生创业精神培养探析［J］．探索与交流，2006（26）：174–175．

［151］周劲波．多层次创业团队决策模式及其决策绩效机制研究［D］．浙江大学博士学位论文，2005．

［152］周荀，姜峰．英美国家大学生创业支持体系对我国大学生创业的启示［J］．出国与就业，2010（7）．

［153］周云，刘沃野，王建华，谢小峰．西方绩效评价理论的发展综述［J］．价值工程，2012（22）：315–317．

［154］朱红．服务业创业环境、社会网络对创业机会识别的影响研究［J］．长春：吉林财经大学，2010．

［155］朱先奇．对大学生创业教育的文化思考［J］．黑龙江高教研究，2007（17）：61–63．

［156］朱再法，郭亚芳．推进大学生创业教育的若干思考［J］．中国高教研究，2001（6）：69．

［157］邹今友．民营企业创业团队冲突：原因及对绩效影响分析［D］．长沙：中南大学，2014（6）．

［158］ AnaMaria Peredo. MurdithMcLean. Social entrepreneurship：ACritical Review of the Concept ［J］. Journal ofWorld Business，2006.

［159］ Bornstein. David. How to Change the Eorld：Social Entrepreneurs And the Power of New Ideas ［M］. Oxford：Oxford UniversityPress，2004.

［160］ Chandler G N. Lyon D W. Entrepreneurial teams in new ventures；Composition. turnover and performance ［J］. Academy of Management Proceedings，2001：A1 – A6.

［161］ Chanti Wu，Mengze Zhang，Ki – Hyung Bae，Tong Ying. Construction of Ecosystem Evaluation Indicators for International Journal Publishing of Academic Journals ［J］. Ekoloji 28 (107)：1797 – 1805 (2019).

［162］ Chanti Wu，Min Luo. Construction Research of Informatization Evaluation Model of Local Government ［J］. Wireless Pers Commun，2018 (102)：2535 – 2542.

［163］ Cooper. A. C. Daily C. M. Entrepreneurial teams ［M］ in Sexton. D. L. Smilor. R. W. (Eds). Entrepreneurship，1997：127.

［164］ David M H. Entrepreneurship Policy：What it is and where it came from New York ［R］. Cambridge：Cambridge University Press，2003.

［165］ Degadt J. Foramore Effective Entrepreneurship Policy. Perception and Feedback as Preconditions ［R］. Brussels：Rencontres de Saint – Gall，2004.

［166］ Gartner. Shaver. Gatewood&Katz. Finding the entrepreneur in entrenpreneurship ［J］. Entrepreneurship theory and Practice，1994：18，5.

［167］ Gartner WB. Shaver Kg. Gatewood E. Katz JA. Findingthe entrepreneur in entrepreneur ship ［J］. EntrepreneurshipTheory and Practice. 1994. 18：5 – 10.

［168］ Kamm. J. B. Shuman. J. C. Seeger. J. A. and Nurick. A. J. Entrepreneurial teams in new venture creation；a research agenda ［J］. Entrepreneurship Theory and Practice，1990，14 (4)：7 – 17.

［169］ Liang J. Farh C I C. Farh J L. Psychological antecedents of promotive and prohibitive voice：a two-wave examination ［J］. Academy of Management Journal，2012，55 (1)：71 – 92.

［170］ Liang J. Farh J L. Promotive and prohibitive voice behavior in organizations: A two-wave longitudinal examination [J]. Third Conference of the International Association for Chinese Management Research. Guangzhou. China, 2008.

[171] Schjoedt. L. Kraus. S. Entrepreneurial teans: Definition and performance factors [J]. Management Research News, 2009, 32 (6): 513 –524.

[172] Stevenson lois. Lundstrom Anders. Entrepreneurship Policy for the Future [J]. Swedish Foundation for Small Business Research, 2001 (1): 372 –389.

[173] Wencang Zhou. Elizabeth Rosini. Entrepreneurial teamdiversity and performance: toward an integrated model [J]. Entrepreneurship Research Journal, 2015, 5 (1): 31 –60.